Daniel Saladin

Aktion S.

Daniel Saladin

Aktion S.

Eine Hetzjagd nimmt ihren Lauf

Rotpunktverlag

Der Verlag dankt für die finanzielle Unterstützung:

Cassinelli Vogel Stiftung

Stadt Zürich
Kultur

MIX
Papier aus verantwortungsvollen Quellen
FSC® C083411

www.rotpunktverlag.ch

Umschlagzeichnung: Lorenz Meier, lorenzmeier@gmx.ch
Druck/Bindung: CPI – Clausen & Bosse, Leck, www.cpibooks.de
ISBN 978-3-85869-583-3
1. Auflage 2014

Für Pascale.
Sie hat mich begleitet,
wie mich niemand hätte begleiten können.

Inhaltsverzeichnis

Patrick und das Rauchverbot

Wir saßen in einem italienischen Restaurant bei Rotwein. Du regtest dich fürchterlich auf. Nicht weil du selber rauchtest. Eine Zeittendenz, die ins Ungeheuerliche führe. In den Totalitarismus. So sagtest du. Es gehe nicht ums Rauchen. Ob wir in einer freien Gesellschaft oder einem Verbotsstaat leben wollten, das sei die Frage. Ich fand deine Position übertrieben. Sah den Totalitarismus nicht. An Georg W. Bush, so fuhrst du fort, sei nicht das Schlimmste, dass er politisch rechts stünde oder im Irak einmarschiert sei. Beängstigend sei der Law-and-Order-Typ, den er verkörpere. Ein Typus Mensch, der sich in allen gesellschaftlichen Funktionen durchzusetzen beginne. Und du erwähntest jenen Gefängnispsychiater, der, als Schwuler einst selbst Gejagter, nun zum Hardliner in Sachen Strafvollzug geworden sei. Noch immer dachte ich, du übertreibst.

Kurz bevor du starbst, sagtest du bei einem letzten Glas Johannisberg: Ich bin ein Mensch des 20. Jahrhunderts. Im Grunde ist es richtig, dass ich sterbe. Ein Leben im Totalitarismus, das interessiert mich nicht.

Mehr als fünf Jahre sind vergangen seit deinem Tod. Und nun weiß ich: Du hast nicht übertrieben.

Übers Vergleichen

Hofgeismar liegt in der Mitte Deutschlands. Umgeben von Feldern und dem Reinhardswald. Einige Grimm-Märchen haben da ihren legendären Ursprung. Eine kleine Fläche des größten Waldes Hessens ist als Urwald gekennzeichnet. Die Bäume in diesem Urwald sehen aus wie die Bäume auf den Bildern Caspar David Friedrichs. Vor allem die Eichen. Neben dem Urwald liegt der weitläufige Tierpark. Über ihm, auf einer Anhöhe, thront das Dornröschenschloss Sababurg. So weit die Idylle.

Die Familiengeschichte meiner Frau streift dieses Gebiet. Ihr Vater erlebte frühe Kriegsjahre in der kleinen Stadt Hofgeismar. In den Vorkriegsjahren, als auch hier Menschen langsam zu Unkraut wurden, gab es, so wird erzählt, in der Nachbarschaft der Familie einen Jungen, elfjährig. Der konnte sie erkennen. Einfach so. Zwei, drei Worte hin und her und er wusste: Das ist einer. Oft brauchte es nicht einmal Worte, er spürte es einfach. Das, so kann man sich denken, war eine wertvolle Gabe in jenen Jahren. Sie hatte mit der Nähe des Urwaldes und der Grimm-Märchen wohl nichts zu tun, auch wenn der Wald als solcher ein Jagdgebiet ist und seine Nähe gewisse Jagdinstinkte vielleicht begünstigt. Die Jagd, die in diesem Buch stattfindet, spielt nicht in einem Wald. Sie spielt in einer Stadt, die gerne eine Weltstadt wäre. Und sie beginnt mit einem Klingeln an der Tür, nicht mit Hörnern.

Zürich, viele Jahre nach Hofgeismar 1933: Wieder gibt es einen Jungen, wieder ungefähr elfjährig, wieder mit einer Erkennungsfähigkeit. Dieser Junge, Sohn einer Bekannten, braucht kaum fünf Minuten, ein kurzer Wortwechsel reicht, und er weiß: Das ist einer. Aus Dokumenten weiß man: Auch bei der Hexenverfolgung spielten kindliche Erkennungsfähigkeiten eine Rolle. Zumal den Hexen teilweise ähnliche Vorwürfe zum Verhängnis wurden wie den Gejagten von heute. Und was ergibt sich daraus? Dass sie eben existieren, die Hexen, diese oder jene? Oder eher: dass in Köpfen zu existieren beginnt, was als soziales Konstrukt genügend lange aufgetragen wird?

Am sozialen Konstrukt, das heute zur Jagd legitimiert, wird schon seit Jahren erfolgreich gewoben. Es ist ein einheitliches Konstrukt. Komplexe Dinge können über dieses Konstrukt rasch einem Urteil zugeführt werden. Könnte man zusätzlich die Terroristen frühzeitig erkennen, so wäre die Welt wohl definitiv zu retten. So der Kerngedanke der Jäger. Und für diese Früherkennung wird alles getan. Letzte Freiheitsrechte geopfert, letzte Geheimnisse ausgeräumt. Rotkäppchen geht nicht mehr ab vom Weg, und wenn: Sie trägt einen Chip auf sich. Freiwillig. Zu ihrem Schutz. Gläserne Menschen haben nichts zu verbergen.

Weshalb ich von der Fähigkeit jenes Jungen von Zürich weiß? Ich hatte seiner Mutter etwas abzugeben. Sie war bei meinem Eintreffen noch beschäftigt, im Gespräch mit einem anderen Besucher, und ich redete deshalb, die fünf Warteminuten überbrückend, mit dem Jungen, den ich zuvor vielleicht zweimal schon gesehen hatte, als er ein Kleinkind noch war. Die Schule, die Aufnahmeprüfungen ans Gymnasium, die ihm bevorstanden, das waren die Themen. Wochen später, als die Jagd schon begonnen hatte, die Jagd auf mich, sagte mir die Mutter an einem windigen Augustvorabend in der Bäckeranlage, einem Park der Stadt, sie wisse nicht, ob sie mir das mitteilen solle, vor allem in der Situation, in der ich mich befinde. Ihr Sohn habe nach jenem Gespräch gesagt, ich sei einer.

Was sollte ich entgegnen, zumal ich fröstelte, so sehr frischte der Sommerwind an jenem Augustabend auf. Inzwischen denke ich: Nahtloses Ansprechen, unmittelbares, gleichsam kindliches Sicheinfinden in der Perspektive des Gegenübers: das ist es vielleicht. Das weckt den Spürsinn. Vielleicht war es dieses Nahtlose, was das junge Gespür aufgedeckt und mit dem nun schon seit Jahren aufgetragenen Konstrukt verknüpft hat. Ob auch die Mutter, die mich angezeigt hat, dieses Gespür besaß? Oder die Staatsanwältin, um die es, unter anderem, in diesem Buch geht? Die allerdings haben mich nicht aus einem Gespräch heraus aufgespürt. Die haben gar nicht mit mir geredet. *Frühlings Erwachen* war es, der weltbekannte Text des Dramatikers Frank Wedekind aus dem Jahre 1890, worauf ihr Gespür angesprungen ist.

Man muss vergleichen. Das sagt der elfjährige Junge Ingmar in Lasse Hallströms wunderbarem Film *My Life as a Dog* aus dem Jahre 1985 (wer ihn nicht kennt, sollte ihn schauen, bevor er verboten wird). Er vergleicht das Schicksal seines Hundes, der in ein Tierheim abgegeben wird, mit demjenigen Laikas. Laika ist die Hündin, die 1957 von den Sowjets zu Forschungszwecken in den Weltraum hinausgeschossen wurde. Im Vergleich zu dieser ins All hinauskatapultierten Laika habe es sein Hund immer noch gut, so urteilt der Junge. Auch ich muss vergleichen. Und da ist zu sagen: Natürlich sind andere Zerstörungswerke schlimmer, auch bedeutender als das, was ich zu erzählen habe. Aber, und das ist vielleicht der Gedanke, der mir durch den Kopf schießt und das Schreiben antreibt, die großen Zerstörungswerke beginnen weit von der Endlösung entfernt, in die sie münden. Deshalb erzähle ich.

Man macht etwas nicht schlimmer, indem man vergleicht. Auch nicht besser. Doch Vergleiche helfen. Sie fördern Wünschenswertes, verhindern Schlimmes. Vielleicht. Aus Vergleichen entstehen Erkenntnisse. Ich werde mich in diesem Buch an Ingmar und nicht ans Vergleichsverbot halten, ein Vergleichsverbot, das im Grunde ein Denkverbot ist.

7. Juli 2009 bis Ende 2009

Überfall am 7. Juli 2009; Suspendierung vom Schulunterricht; Absage der ersten Einvernahme im September; Klinikeintritt; nachgeholte erste Einvernahme am 22. Oktober; Ausreise aus der Schweiz im Dezember.

Beginn der Geschichte

Wo meine Geschichte genau beginnt, weiß ich nicht. Sie beginnt vielleicht bei einer Unruhe, einer Irritation, vielleicht einer Verzweiflung oder einem Selbsthass der Schülerin LG, deren Initialen ironischerweise gleich lauten wie die abgekürzte Bezeichnung der Schule, welche sie besucht und an der sie einen Lehrer zu Fall bringt. Diese Schülerin ist durchaus präsent, meldet sich zu Wort, hat eine gute Deutschnote (die Note ist es also nicht). Ich bin dieser Lehrer. Ihr Deutschlehrer an einem Gymnasium in Zürich.

Vielleicht beginnt die Geschichte, die mein Ende als Lehrer einleitet, jedoch nicht mit LG, sondern mit ihrer Mutter, die ich nicht kenne und die während der Jagd, die folgt, eine anonyme Instanz bleibt. Buchstaben, mehr nicht. Ich kenne kein Gesicht, wir haben nie ein Wort gewechselt. Sie ist Muslimin, stammt aus der Türkei. Das weiß ich von der Tochter. Ob die Mutter der Verleumdung Anfang war, auch dessen bin ich mir nicht gänzlich sicher. Sicher ist bloß eines: Jemand musste Josef K. verleumdet haben. So beginnt Kafkas *Proceß*.

Nach allem, was ich heute weiß, steht LGs Mutter keiner gläubigen Tradition nahe. Wahrscheinlich wäre diese Geschichte mit gläubigen Muslimen nicht passiert. Zeitgenössische Jagdhysterie, Angst vor lauter Sicherheit und eine riesige Leere, so vermute ich, treiben die Jagd an. Auch Karrieregedanken. Allah kaum.

Weshalb diese Mutter in Literatur Pornografie zu erkennen begann, in Texten, die in vier von fünf Fällen niemals und nirgendwo und von niemandem auf der Welt als Pornografie eingestuft beziehungsweise im Fall von *Frühlings Erwachen* bis 1912 als Pornografie verschmäht und dann zu Weltliteratur und zum kanonischen Schulliteraturstoff geworden ist, das bleibt vorerst ein Rätsel. Was sie dazu führte, Unterrichtsereignisse zu erfinden, ebenso. Vielleicht lag das alles an ihrem Gespür. Auch die Rolle des Vaters von LG, kein Muslim, sondern ein Goldküstenzürcher, FDP-Mitglied offenbar, Jurist, Journalist, dann administrativer Direktor eines Krankenhauses, blieb und bleibt weitgehend, doch nicht gänzlich im Dunkeln. Die Eltern sind nie aufgetreten, bei keinem Schulanlass, erst recht nicht mit kritischen Fragen bei mir persönlich. Sie folgten vielmehr dem klassischen Denunziationsmuster: Eine höhere Macht einschalten und sich davonstehlen. In Ödön von Horváths Roman *Jugend ohne Gott* aus den 1930er-Jahren wird das Muster vorgeführt: Menschen verleumden und dabei anonym bleiben. So funktionierte es. Und weil es ein durchorganisiertes Beamtensystem war, merkten die Leute, die zur Jagd schritten, gar nicht, dass es Verbrechen waren, die sie begingen. Es waren Amtshandlungen. Alles hatte seinen geordneten Lauf. Alles fußte auf Papieren, auf Unterschriften mit Datum.

Ich werde in dieser Geschichte die Handlungen dieser Ordnung, die sich Rechtsstaat nennt, beschreiben und auch mit Dokumenten belegen. Die Tochter und ihre Eltern werden nur am Rande eine Rolle spielen. Sie repräsentieren nicht diesen Staat. Von ihnen zu erwarten, dass sie nicht lügen und dass sie gerechtfertigte Gründe haben, wenn sie zur Jagd blasen, wäre vielleicht unrealistisch. Dies von staatlichen Organen zu erwarten, das indes hat sich als naiv herausgestellt. Diese Geschichte zeigt, warum.

Der Überfall

Es ist vollständig irreal. Wenn ich daran zurückdenke. Wie diese Beamten in unserer kleinen Wohnung stehen. Nicht als Gäste, nein, als Befehlshaber. Doch im Grunde ist es bereits zuvor schon irreal. Um zehn vor sechs Uhr etwa, also zu einem Zeitpunkt, da es noch gar nicht geklingelt hat. Und irreal ist es nicht nur in der Erinnerung. Vielmehr ist die Zeit unwirklich, noch bevor es geklingelt hat. Das ist schwierig zu erklären und natürlich ist auch die Unwirklichkeit eine Erinnerung und damit eine Rechnung des Gehirns. Trotzdem, es ist eindeutig: Der staatliche Überfall schreibt alles Leben um, auch das, das sich davor abgespielt hat.

Ich döse also vor mich hin, wie fast jeden Morgen, segle durch seltsame Welten, begegne Menschen, denen ich gar nicht begegnen könnte, und doch ist da bereits ein Ton, eine Sirene, untergründig, irgendwo tief drin, im Kopfkissen. Und dann höre ich es tatsächlich klingeln. Es klingelt zweimal, seltsam. Einmal drin, im Kopfkissen, einmal real. Dann der Schuss. Durch mich hindurch, durch mich hinab. Als Nächstes höre ich die Stimmen in der Gegensprechanlage. Plärrender Dialekt. Pascale ist vor mir aus dem Bett gesprungen, hat die Gegensprechanlage bedient. *Polizei, wir machen eine Hausdurchsuchung.* Wirklich, sie sagen zuerst »Polizei«, wie wir es bei unseren Spielen in der Kindheit ebenso taten: »Polizei, aufmachen!« Diesen Satz also, in einen plärrenden Dialekt verpackt, höre ich durch den kurzen Korridor. Irgendwie weiß ich augenblicklich: Das ist eine Hinrichtung. Pascale, so sagt sie im Nachhinein, hat im ersten Augenblick geglaubt, das Auto stehe im Parkverbot.

Am Vorabend haben wir den Geburtstag einer Freundin gefeiert. Es war ein Abend, bei dem nichts auf einen baldigen Einschnitt hindeutete. Über Reisen wurde gesprochen und über die Musik von Archive. Eine ebenfalls eingeladene Journalistin störte sich am Pathos dieser Musik, wie sie sagte. Ja, das Pathetische irritiert, entgegnete ich. Man mag es gern leicht und unbeschwert. So haben wir also gesprochen, auch über

Patrick und dessen Tod und wie wir damit umgehen. Auch der Tod ist pathetisch und wir kommen nicht klar damit. So habe ich gesagt und nicht gewusst, dass in acht Stunden meine Welt zu Ende ist. Im Nachhinein war es eben doch ein End-Abend. Was darin gesagt und was verschwiegen wurde, auch das Vergessene, alles bekam im Rückblick eine Bedeutung. Eine andere. Und das galt für alle Gespräche davor, für *alles* überhaupt. Selbst für den Tod Patricks. Die Freundin, deren Geburtstag wir am Vorabend feierten, war in der ersten Zeit nach dem Überfall eine große Stütze. Dann, mit der Fortdauer des Processes, mit dem unendlich langen Verschleppen und Zermürben drehte sie ab. Wie fast alle. Patrick, der tote Freund, fehlte. Er hätte nicht abgedreht. Auch nicht, wenn ich ein Dutzend Menschen ermordet hätte. Allerdings habe ich niemanden ermordet. Niemanden missbraucht oder geschädigt. Jemand musste Josef K. verleumdet haben, denn ohne dass er etwas Böses getan hätte, wurde er eines Morgens verhaftet. So beginnt Kafkas *Proceß*.

Offenbar wird hauptsächlich zur Morgenstund verhaftet. Es sind Frühaufsteher, die staatlichen Jäger. Wahrscheinlich ist das Wild am Morgen am einfachsten zu stellen, muss es sich doch erst mal den Schlaf aus den Augen reiben. Auch sitzt der Schock am tiefsten, liegt der Gejagte noch im Bett, in den Pyjama gehüllt. Welch lächerliches Textil, spätestens in einem solchen Augenblick. Nie einen Pyjama anziehen: ist das vielleicht die Lehre aus allem? Die Jäger dagegen haben die morgendliche Toilette hinter sich. Sie haben uriniert, ihre Hosen sind zugeknöpft, ihre Blusen ebenso. Die Kleider sitzen und die Kluft zwischen dem erschrockenen Wild und den gefassten Gesichtern der Beamten und ihren staatlichen Abzeichen und Papieren, die sie ihm entgegenhalten, könnte niemals größer sein. Ob auch die weißrussische Justiz vorab morgens einfällt, das müsste geprüft werden. Man muss vergleichen, sagt der Junge Ingmar in Lasse Hallströms Film *My Life as a Dog*. Wer erkennen will, muss vergleichen.

Niemanden getötet und missbraucht. Die beiden Dinge – nur weil ich es soeben getan habe, sei es kurz angesprochen – sollten heutzutage nicht mehr in einem Atemzug erwähnt werden. Ermorden, das ist das eine. Das verjährt. Missbrauchen nicht. So ist jetzt die Moral. Zumindest in der Schweiz. Und was heißt schon missbrauchen: Das beginnt lange, bevor Gewalt im Spiel ist. Etwas Sexuelles, etwa im Beisein eines vierzehnjährigen *Kindes,* auch nur denken – das ist durchaus ein Anfang. Denn Kinder sind asexuell. So geht die Logik jenes Schutzes, der auch in meinem Fall am Werk war. Sie haben asexuell zu sein – Engelwesen in einer global entarteten Ökonomie, die uns mehr zu Raubtieren werden ließ als je zuvor (man muss vergleichen, immer wieder). Und wegen dieser ökonomischen Entartung – alles kann man kaufen, befriedigen, ficken – brauchen wir die Engel. Als Ausgleich. Balsam fürs Gewissen. Kreditkarten allerdings: dagegen ist nichts einzuwenden. Sigmund Freud mit seiner Theorie frühkindlicher Sexualität hingegen: ein Perverser. Und Kindern etwas Sexuelles vorsetzen, einen Text etwa, bei dem Sexualität eine Rolle spielt: das können nur … – tja, eben *jene.* So etwa muss die Mutter LGs gedacht haben.

Im Land, wo diese Logik ihren Lauf nahm – nicht die Türkei, nicht Afghanistan, die USA sind gemeint –, werden für Kinder ab vier Jahren Terror-Ferienkurse, geleitet von israelischen Militärs, angeboten. Mit Echtwaffen schießen bereits vierjährige Mädchen auf realistische Figuren. Das Zusammensacken der getroffenen Figuren, das sei der Höhepunkt am Ende der viertägigen Veranstaltung, sagt der israelische Kursleiter in einer Reportage des Deutschlandfunks. Es sei für ihn jedes Mal befriedigend zu sehen, wie unsichere Kinder dadurch an Selbstwertgefühl gewännen. Wer die Lust am Schießen und Töten entdeckt, der braucht keinen Sex. Der masturbiert nicht. So vielleicht der Kerngedanke dieser Pädagogik. In meinem Fall geht es nicht um vierjährige, sondern um fünfzehnjährige Kinder (alle längst geschlechtsreif, das soll, so banal es ist, an einer Stelle kurz gesagt sein). Mit ihnen *Frühlings Erwachen* lesen: Bis etwa 1912 war das eine Straftat, das Buch überhaupt verboten, in Einzelfällen wurde es noch von der Nazijustiz verfolgt. Ich hätte auch im Jahre 2009 in der Möchtegernweltstadt Zürich besser Gewehre verteilen und damit auf realistische Figuren, auf diese und jene und solche schießen lassen sollen. Dann wäre ich wohl nicht verhaftet worden. Stattdessen, ich gebe es zu, habe ich mit den fünfzehnjährigen »Kindern« *Frühlings Erwachen* behandelt.

Wie war das Wetter am 7. Juli 2009? Es war nicht schlecht. Es hatte nicht wirklich Wolken. Der Himmel war heiter, gewissermaßen, und doch war er bedeckt. Unsichtbar bedeckt. Verschleiert zumindest. Wie ich im Nachhinein darüber nachdenke, scheint mir: Das Wetter fehlte. Es war wie nicht vorhanden und doch irgendwie da. Zumindest war etwas da, das ihm gleichkam. Ich erinnere mich, wie mein Blick, noch bevor der Trupp in den Korridor einfiel, kurz durchs Fenster den Horizont streifte. Mein Wettereindruck beruht empirisch einzig auf diesem kurzen Augenblick. Was denn wollte mein Gehirn dem Himmel entnehmen? Was suchte es? War es eine Anrufung? Wusste es wirklich, dass die Inquisition zurück war? Ganz und gar? Der Himmel jedenfalls, unter dem stattfand, was nun folgte, war etwas anderes als der Himmel gestern, als alle Himmel zuvor. Um die Mittagszeit, als ich vor der Polizeikaserne auf die Straßenbahn wartete, scheinbar entlassen, aber in den Fängen der Staatsmacht, auf ein Urteil wartend, sehr lange wartend, schaute ich wieder bewusst zum Himmel und sah: Er hatte sich geleert. Das innere und das äußere Wetter kann ich seither kaum mehr unterscheiden.

Der Polizeitrupp ist also vor der Tür. Pascale öffnet. Arme fallen in den kleinen Korridor, Stimmen. Ein Blatt Papier wird ausgestreckt. Die Legitimation für den Überfall. Ich lese: »Pornografie etc.« Das ist es also, was den Trupp antreibt. Das Protokoll, das ich Monate später erhalte, hält die Teilnehmer fest: Staatsanwältin PB, Protokollführer RS und die Polizisten RM, HH und RB. Die sind nun also rechtsstaatlich in unsere Wohnung eingedrungen. Zuerst der schrille Dialekt durch die Gegensprechanlage, nun die Gesichter im Korridor. Beamtengesichter.

Dass ich die Tür zum Klo nicht schließen darf – nicht nur nicht abschließen, sie hat offen zu stehen, während ich uriniere –, bereitet der leisen Hoffnung, das alles sei nicht wirklich, ein Ende. Ich stehe vor der Kloschüssel, der Pyjama flattert um den Leib, und weiß die Beamten hinter mir, zwei Meter entfernt im Korridor durch die offene Tür spähend. Sie sind wirklich und absolut, diese Figuren hier in unserer Wohnung. Nichts ist provisorisch, nichts ein Witz.

Nichts ist ein Witz. Abgesehen vom Witz am Ende der Durchsuchung. Der allerdings ist in diesem Augenblick (einige Minuten nach 6 Uhr) noch nicht erzählt. Dass ich entgleiten könnte, durch die Kanalisation gleichsam entschwinden könnte (*vanish and disappear*, davon singt das Musikerkollektiv Archive in seinen teilweise episch langen Stücken, ein Musikerkollektiv, das mich mit seinem Gesang in der dunkelsten Zeit ein Stück weit am Leben erhielt), dass ich also entgleiten und gleichsam zum romantischen Wanderer mutieren, quasi Novalis-like Grenzen überschreiten könnte, dass dies also der Grund sei, weshalb sich die Staatsanwältin gegen das Schließen der Türe ausspricht, denke ich definitiv nicht im Augenblick, da ich zusammengeschrumpft im Pyjama im kleinen Korridor stehe, umzingelt von den Beamten, bloß Hülle noch im Grunde, Hülle meiner selbst, die abweisende Antwort irgendwie zur Kenntnis nehmend. Vielleicht brauchen PB und die Polizisten einen urinierenden Verhafteten, vielleicht brauchen sie das Plätschern des Harnstrahls, vielleicht ist eben doch so viel Freud noch mit im Spiel. Novalis, ich habe den Namen soeben erwähnt, wird noch eine Rolle spielen bei dieser ganzen Sache.

Hände durchkämmen die Wohnung. Pflügen um, fahren in Gestelle, in Schubladen. Eignen sich Dinge an. Das Leben der Anderen. Ich sitze im Schlafzimmer, auf dem Bett. Da wurde ich abgesetzt. Da muss ich bleiben. Ein Befehl. In meinem Gehirn eine seltsame Mischung aus Dröhnen und Leere, aus Pressluftbohrer und Magnetresonanzröhre. Zwischen mir und den Beamten die Zimmerwand. Wie sie nach meinen Fotoalben greifen, nach Schriftstücken, Briefen, wie sie die soeben verfassten Maturitätsarbeiten einstecken – das alles sehe ich nicht. Ab und zu schlagen meine Hände gegen meinen Kopf. Ich versuche etwas zu entwerfen, einen Plan, eine Zukunft, einen Gedanken. Alles löst sich auf, fortwährend. Und immer wieder die Frage: Wer hat das angeordnet, wer hat verleumdet?

Ist einer Hand im Alltag, bei einem Händedruck etwa, wenn sie einen Stift hält, eine Tasse hebt, ist einer Hand anzusehen, dass sie eine Durchwühlhand ist? Dass sie sich jeden Morgen in fremde Zusammenhänge einwühlt? Ist den Händen der Polizisten, ist den Fingern der Staatsanwältin und der Kinderschutzbeamtin anzusehen, dass sie berufsmäßig in anderes Leben greifen? Wenn ja, was müsste zu sehen sein? Eine besondere Faserung? Sind es fleischige Hände? In Bernardo Bertoluccis genialem Filmepos *Novecento* (auch dieser Film wird bald verboten, man sieht darin kurz das erigierte Geschlecht des elfjährigen späteren Arbeiterführers Olmo) gibt es eine Szene, in welcher schwarz gekleidete Mussolini-Schergen eine Wohnung durchsuchen. Sie schmeißen die Dinge um, schlagen Schränke zusammen, werfen Kisten aus dem Fenster und hinterlassen eine Verwüstung. Die Hände von HH und Co. gehen deutlich weniger grob zu Werk. Und doch hinterlassen auch sie eine Verwüstung – jeden Morgen irgendwo. Heute bei mir. Als Verwüstung allerdings sehe ich das Ganze erst am frühen Nachmittag bei meiner Rückkehr.

Befriedigend sei es zu sehen, wie das Selbstwertgefühl steige, wenn die vierjährigen Kinder das Zusammensacken der Figuren begreifen. Sagt der israelische Militär und Kursleiter. Gestärkt gehen sie aus der Aktion hervor (die im meinem Fall übrigens »Aktion S.« heißt). Gestärkt ziehen sie aus den durchwühlten Räumen ab. Jeden Morgen ein Sieg. Und die Sache ist nachhaltig. Wo sie abziehen, kann keine Heimat mehr sein für den, der zuvor hier ein Leben führte.

Nach knapp eineinhalb Stunden ist die Durchsuchung zu Ende. Ich habe sie vom Bett aus erlebt. Musste da sitzen bleiben, durfte mich nicht bewegen. Pascale, eine Übersprunghandlung, um es auszuhalten, hat Wäsche zusammengelegt. In ihrem Arbeitszimmer, das nur gesichtet, aber nicht durchsucht wird. Einmal, wie sie es nicht mehr aushält, begibt sie sich in mein Arbeitszimmer. Das Bild, das sich bietet: Die Staatsanwältin PB und die Kinderschutzpolizistin RB knien über einem Fotoalbum und lachen. Sind es die Nacktaufnahmen von mir, welche dieses Lachen auslösen? Den Ordner mit meinen Aktfotos, fotografiert zumeist von Pascale, nehmen sie jedenfalls mit. Und in der acht Monate später stattfindenden zweiten Einvernahme bringt sie die Staatsanwältin zur Sprache: »Sie haben auch viele Aktfotos von sich selbst – ist das für Sie normal?«

Dieser Ordner wie anderes Material, von dem noch zu sprechen sein wird, bleibt dreieinhalb Jahre im Besitz des Staates. Dreieinhalb Jahre braucht der Zürcher Justizapparat den Ordner mit Nacktaufnahmen von mir. Weshalb und wozu, ich weiß es nicht. Etwa um die geltende Ordnung aufrechtzuerhalten? Durch wie viele Beamtenhände er dabei ging, in diesen dreieinhalb Jahren, schwer zu schätzen. Ob der Ordner hinauf bis zur obersten Staatsanwaltschaft getragen, ob auch da meine Nacktheit begutachtet wurde – alles unklar, alles möglich. Ich gebe zu, in diesen dreieinhalb Jahren habe ich mich hin und wieder gefragt, ob über meinen Nacktbildern in den Räumen der Zürcher Staatsanwaltschaft masturbiert wird. Unwahrscheinlich, unvorstellbar. Ganz auszuschließen ist es nicht. Nach allem, was geschehen ist, ist nichts ganz auszuschließen. Kafka, selber ein Jurist, deutet in seinem Roman so subtil wie deutlich auf das Sexuelle hin, das den Justizapparat antreibt. Es sind obszöne Kritzeleien, welche dem Angeklagten Josef K. in die Augen springen. Kritzeleien in einem sonst leeren Buch, das für Ergebnisse von Untersuchungshandlungen bestimmt wäre. Wie gesagt, Freud ist nicht tot. Trotz EEG und Magnetresonanz. Trotz Political Correctness.

7.25 Uhr. Ich werde geheißen mich anzukleiden. Dann stehe ich umringt vom Trupp im Korridor. Der Korridor ist klein, man berührt sich zwangsläufig, zumal nun all die Säcke den Raum zusätzlich verengen. Säcke, vollgestopft mit Ordnern, Alben, Unterrichtsheften, Büchern, CDs, DVDs, PCs, mobilem Telefon und mobilem Musikgerät. Das wird nun abgeführt. Das ist die Ausbeute. Was wäre zu tun in einem solchen Augenblick? Würde ich die Beamten niedermähen, hätte ich ein Gewehr zur Hand? Mich an ihrem Zusammensacken und Einknicken stärken? Ist da irgendwo eine Regung des Widerstands?

Es ist schwierig, etwas Wirkliches über diesen Augenblick im Korridor auszusagen. Was ich jedoch ausschließen kann: einen Widerstandsgedanken. Vielmehr macht sich eine gewaltige Lähmung breit. Ein panisches und süßliches Gefühl der Vergeblichkeit und des Einverständnisses. Vielleicht klingt da erstmals an, was sich in der Folge immer wieder meldet. Ein Vergleich mit Krebs. Zweifelsohne genährt durch das Sterben Patricks ein Jahr zuvor. Sind die Krebszellen einmal da, aussichtslos, ist an ihrem Wuchern nichts mehr zu ändern, weshalb dagegen ankämpfen? Weshalb sich nicht dem Urteil ergeben, zumal man ja bald abtreten wird (bitte kein Pathos, leicht soll es sein, schwerelos – die Kunst und auch das Leben).

Ich sehe diese Säcke also, meine Dinge, die sich dieser Trupp nun angeeignet hat, und denke: Wie lächerlich sie sind, diese Dinge. Und es ist nicht zuletzt der leichte und unpathetische Besitzerwechsel, der die Dinge komisch macht. Und mit ihnen den, der noch vor kurzem geglaubt hat, sie gehörten ihm. Und was sieht der nun: Nichts lässt sich halten. Vor allem nicht, wenn es als Gut daherkommt. Schon klar, ich denke das niemals bewusst in diesem Augenblick. Irgendwie jedoch, so habe ich den Verdacht, sind solche Verknüpfungen in meinem Gehirn geschaltet. Man könnte das auch als Einverständnis des Opfers mit der Opferrolle fassen oder als Einverständnis mit dem Tod. Und man muss sich davon losreißen, um wieder handeln zu können. Um der »Aktion S.« selber eine Aktion entgegenzustellen. Gegen inneres Wissen, sozusagen. Die einzige Würde nämlich besteht vielleicht tatsächlich im Einverständnis. Darin, mit dem Tod einverstanden zu sein. Mit den Krebszellen. Mit ihrem Wuchern. Mit dem Wuchern der Staatsorgane. Mit dem, was geschieht. Hier und jetzt.

Dieser Vergleich, so unerwartet er sein mag, ist wichtig. So schnell und leicht werde ich ihn nicht zurücklassen. Vielmehr werde ich ihn später ausführen, dann, wenn mir die Verschränkung von Patricks Tod mit diesem meinem Fall bewusst wird. Im Augenblick, wie ich meine Güter sehe, bereit zum Abtransport, da im Korridor, umgeben von Beamten, die fertig gewühlt haben und mit ihren Händen nun wieder durchs Haar fahren, über das Jackett streichen, sich flüchtig die Nase reiben, in diesem Augenblick ist sie mir nicht bewusst. Vielleicht ist das alles grundsätzlich zu schwer für ein Bewusstsein. Ganz tief in mir drin jedoch, da wo nichts mehr greift, bin ich traurig. Da, im kleinen Korridor. Am Ende einer Zeit.

Es gibt übrigens eine Szene in meinem zweiten Roman, der bis anhin nicht veröffentlich worden ist. *Der Engel und der Terrorist* heißt er und ich habe ihn in den Jahren 2002 bis 2005 geschrieben. Also lange vor dem Überfall, der nun gerade zu Ende geht. In diesem Roman gibt es eben eine Szene, die zugleich ironisch wie – zumindest aus heutiger Sicht – irritierend diese Wohnungsdurchsuchung vorwegnimmt. Auch im Roman stehen drei Durchsucher (in meiner Wirklichkeit sind es fünf) im kleinen Korridor auf engstem Raum zusammen und auch da wird ein Computer hinausgetragen. Dem Korridor im Roman dient durchaus dieser kleine Gang, in dem ich augenblicklich stehe, als Vorlage. Und wenngleich eine literarische Situation niemals einer realen entspricht, so drängt sich doch die Frage auf: Habe ich mit meiner Verhaftung gerechnet? Kam sie doch nicht aus heiterem Himmel?

Vieles spricht dagegen, nicht zuletzt meine Konsternation und vielleicht auch meine Schwäche, diesem Staat etwas entgegenzuhalten. Denn hätte ich damit gerechnet, hätte ich dann in eine Klinik eingeliefert werden müssen? Wenn aber doch zumindest Teile von mir, irgendwelche Schaltkreise des Ichs sozusagen oder besser: des Systems, von dem das bewusste Ich nur einen kleinen Teil ausmacht, damit gerechnet hätten, dann bleiben im Grunde zwei Optionen: entweder damit gerechnet, weil ich mich selber eben doch als Täter sah, als Verbrecher, oder aber: weil ich immer schon gewusst habe, dass Polizei und Staatsanwaltschaft das sind, was sie sind.

Das Ende des Überfalls, der Witz: Pascale, wie ihr bewusst wird, dass ich als Verhafteter nun abgeführt werde, zuerst zur Schule, dann zur Polizeikaserne, fragt verzweifelt: »Kann ich mitkommen?« Die Antwort: »Es hat keinen Platz im Auto.« Darauf Gelächter. Nicht laut, aber vernehmlich. Soll ja auch Spaß machen, die Arbeit. Das ist das Ende des Überfalls. Innert Kürze hat sich alles gewandelt und gedreht. Pascale sieht vom Küchenfenster aus, wie mich die Beamten unten auf der

Straße umringen. Wie ich zum Einsteigen gezwungen werde (trage ich Handschellen?, ich weiß es nicht mehr, jedenfalls werde ich beim Oberarm geführt), wie die beiden Autos davonfahren und wie da, wo ich zuvor noch stand, nichts mehr ist. Nur die leere Straße.

Dieser Beruf führt zum Sieg. Die Dopaminausschüttung ist nicht so gewaltig wie bei der Vierjährigen, die erstmals auf eine Menschengestalt schießt und sieht, wie diese Gestalt daraufhin zusammensackt. Alles wetzt sich ab, wird zur Routine. Und doch bestätigt das Arrangement die Jagenden immer wieder. Das mag über manche Niederlage hinwegtrösten. Unangreifbarkeit ist etwas Schönes. Sie können letztlich alles tun, ohrfeigen (machen sie selten), liquidieren (machen sie hierzulande in der Regel nicht mit Gewehr), und stets wird sich eine Erzählung finden, welche die Amtshandlung als Amtshandlung kleidet und also heiligspricht. Für Witze indes brauchen sie sich nicht zu rechtfertigen. Wie gesagt: Der Beruf soll ja Spaß machen. Und ist es ein Akademiker, ein Doktor, ein Professor, den man gerade stellt, vielleicht auch ein berühmter Politiker, ein Banker, dann geht die Befriedigung über das Maß hinaus. Bei Lehrern etwa erinnert sich manch eine an die Niederlagen in der Schule, an die Demütigungen, an das Versagen. Irgendwie, so hatte ich bei dieser Staatsanwältin stets das Gefühl, wird heimgezahlt.

Bei den abgeführten Fotografien handelte es sich um Kunstwerke von Herlinde Koelbl und Thomas Carstens, um Fotos von Schülerinnen, aufgenommen in einer Experimentwoche, – diese Fotos hingen zuvor im Foyer des Literargymnasiums – und, wie schon erwähnt, um einen Ordner mit Aktfotos von mir selbst, aufgenommen von meiner Frau und von einer früheren Freundin. Auf dem Ordner mit meinen Aktfotos – es finden sich darin übrigens auch architektonische Aufnahmen aus dem Paris der frühen 90er-Jahre: La Défense, Cité de la Science et de l'Industrie – klebt eine Etikette. Ich sehe das nun dreieinhalb Jahre später, nachdem meine Frau die Ware beim Bezirksgericht im November 2012 abholen konnte. Auf dieser Etikette steht: »Aktion S.« Mein Name mit Geburtsdatum. Dann: »G.-Nr. 38365434«. Sind über 38 Millionen Gegenstände von der Stadtpolizei, kurz Stapo, schon beschlagnahmt worden? Die Polizei allerdings spricht nicht von Beschlagnahmen. Auf der Etikette steht vielmehr: »Sichergestellt wo: Gestell Büro«. Die genaue Ortsangabe handschriftlich ergänzt, die Buchstaben rund und fett. Und es steht weiter: »Sichergestellt am: 7.7.09«. Auch hier das Datum handschriftlich ergänzt.

Sichergestellt? Herlinde Koelbl sichergestellt? Meine Aktfotos sichergestellt? Die waren sicher, wo sie waren, so glaubte ich, und das war falsch. »Sichergestellt aus Rucksack« wurden auch die Maturitätsaufsätze der Klasse 6b. Ich hatte bereits eine Kopie aller Arbeiten erstellt. Die Korrektur konnte trotz Staatseingriff deshalb ohne dreijährige Verzögerung erfolgen. Eines der Themen: »Höchste Zeit, sich gegen den Schutz zu schützen«. Diese Maturitätsarbeiten wurden von der Justiz niemals thematisiert. Mit ihrer Beschlagnahmung oder eben »Sicherstellung« war der Zweck erfüllt und das Ziel erreicht. Irgendein Gestell in einem Polizeibüro, Abteilung Kinderschutz. »Höchste Zeit, sich vor dem Schutz zu schützen« – ob irgendein Beamter da einmal hineingelesen hat? Heimlich? Die Plastiksäcke, in denen die Ware zurückgegeben worden sind, benutze ich nun für die Grünabfuhr. Irgendwie, so merke ich, versuche ich krampfhaft, aus der ganzen Sache doch noch einen Profit zu ziehen. Und sei er noch so kümmerlich.

Fahrt zur Schule

Der Tag ist gestürzt. Es ist gar kein Tag. Es ist etwas anderes. In einen Untag hinein bin ich erwacht. Und doch: Links und rechts die Häuser, die ich kenne. Die ABZ-Wohnsiedlung, die Jugendstilhäuser auf der anderen Seite. Sie werden noch abgebildet in meinem Gehirn. Die Bedeutung aber ist verätzt. Irgendwo die Meldung: Die dürfen das, ja, sie dürfen das. Sie tragen die Ausweise und die Kleidung, die ihnen das Recht verleiht. Die können mich abführen, wohin sie wollen. Ausgeliefert, ganz und gar: In diesem Augenblick findet es statt. Hier im Fond des weißen Mini Cooper. Also versuch es zu fassen, versuch wach zu sein! Das möchte ich mir zurufen. Meine Stimme aber geht nicht. Nichts geht mehr. Wer wegen *Pornografie etcetera* (»etcetera braballera« – so schießt es mir durch den Kopf, Hermann Burger, der letzte Schweizer Schriftsteller, hat diese Phrase geprägt), wer also wegen *Pornografie etcetera* verfolgt wird, der verliert seine Stellung. Der hat keine Stimme.

Im Treppenhaus, soweit ich mich erinnere, hat mich niemand gesehen. Wir ziehen ohnehin bald aus. Viel schlimmer aber wäre es, ich würde kurz vor Unterrichtsbeginn von Schülern gesichtet. Vorgeführt von fünf Polizisten. Ein solcher Auftritt allein genügt und man ist gefallen. Da kann im Nachhinein kommen, was wolle. Man muss vergleichen: Die Vorführung von Dominique Strauss-Kahn war viel drastischer und ein globales Ereignis. Doch im Rahmen meiner Welt ist ein solchermaßen eskortierter Auftritt im Schulhaus auch ohne Weltpresse eine Liquidation. Dieser Aspekt von, so sagen Zürcher Rechtsanwälte, systematisch im Übermaß vorgenommenen Verhaftungen ist für die persönliche Befriedigung der Ausführenden nicht zu unterschätzen. Die Verhaftung ist ein wesentliches Stück der Demütigung. Sie ist das, was die Rollen von Polizisten und Staatsanwälten auf der einen und des Gestellten auf der anderen Seite für alles Weitere prägt. Wer verhaftet wird, egal, was er verbrochen oder nicht verbrochen hat, ist stets der Überrumpelte, der Ausgelieferte. Und indem er überrumpelt wird, im Pyjama zumeist, nimmt er etwas Tölpelhaftes an, etwas, das ihn ungeheuer klein macht. So klein, dass er in den Fond eines jeden Autos passt. Auch in jenen eines Mini Cooper. Das Demütigende richtet sich sodann gegen ihn und er beginnt es zu lesen. An sich selbst.

Man soll sich nicht täuschen: Alle wollen Verhaftungen. Alle immer bezogen auf das, was sie gerade stört. Seit 1980 fällt der Politik bei allen Problemen nur noch eine Lösung ein: Verschärfung des Rechts, Erhöhung der Strafen. Indes, wenn Justiz und Polizei einen Menschen wegen *Frühlings Erwachen* und vier weiteren literarischen Texten überfallen und verhaften, dann erscheinen die Klagen von Polizei und Justiz plötzlich in einem anderen Licht. Zu wenig Beamte gäbe es, um die Sicherheit aufrechtzuerhalten. So klagen die Polizeigewerkschaften immer wieder. Zu wenig Beamte, um Justizverfahren zügig voranzutreiben. Was soll man dazu sagen? Vielleicht: Wer wegen *Frühlings Erwachen* Leute überfällt und strafrechtlich verfolgt, hat der nicht vorrätige Zeit? Aber klar, wenn auf literarische Texte hin die Justizmaschinerie zu drehen beginnt, dann braucht es natürlich noch mehr Beamte und Steuergelder. Und was folgt daraus? Polizei und Justiz müssen bloß genügend oft Menschen überfallen, und die in ihren Klagen beschriebenen Missstände werden wahr.

Ich sitze im Auto – ein neuer Mini Cooper, ich kann dieses Auto in den Folgejahren nicht ohne Panik sehen, wie auch jedes Klingeln Panik auslöst: Einmal dem Klang der Glocke gefolgt und es ist nicht wiedergutzumachen –, ich sitze da, gelähmt. Ist das alles *wirklich?* Ist es ein Traum? Ein Film? Der Polizist neben mir berührt mich am Oberarm. 7.31 Uhr. So die Zeitangabe vorne auf dem Display. In zehn Minuten erreicht man die Schule locker. Ich bete zu Gott. Er möge kommen und die Straßen verstopfen, damit wir nach 7.45 Uhr, also nach Unterrichtsbeginn, eintreffen. Um Himmels willen nach 7.45 Uhr und nur das.

Gott verstopft die Straßen nicht übermäßig. Wegen Baustellen jedoch wählt der Polizist HH die falsche Route, nämlich die längere am Fluss entlang. Es gibt keine größere Hoffnung, aber eine kleine. Die Staatsanwältin sitzt auf dem Beifahrersitz. Die Kinderschutzpolizistin und ein weiterer Stapo-Kollege sind in ein zweites Fahrzeug eingestiegen. Es hätte durchaus Platz gehabt, der Platzmangel eine Lüge. Aber klar, es war ja bloß ein Witz. Die wirklichen Lügen kommen erst – und sie führen bis weit hinauf in der Hierarchie der Zürcher Staatsanwaltschaft. Auch zur Bildungsdirektorin. Noch aber sind die nicht im Spiel. Die, die jetzt im Spiel sind, reden über einen Alltag. Über die Baustellen hier und dort, über die Stadt, in der überall gebaut wird und die heute Morgen aufgehört hat, meine Stadt zu sein.

Es sind Fetzen, die vorbeiziehen. Entsetzlich schnell, viel zu schnell (die Zeit: 7.35 Uhr). Fetzen, die mich erinnern. An eine Zeit. An irgendwas mit Bedeutung. Leicht und unbeschwert. Auf der gegenüberliegenden Mauer saß ich einst, zur Mittagszeit, schaute aufs Wasser, ohne Pathos, dachte an nichts. Schaute meinen Beinen zu, wie sie überm Wasser baumelten. Dabei gab es schon Zeichen. Die Polizisten, die sich ständig vermehrten. Auf der Straße, in Parks, hinter Büschen. Jene Fahrerflucht nach einem Unfall, die mir der Stadtpolizist BK unterstellte. Das war 2003. Er brauchte bloß noch den Lack zu nehmen bei meinem Citroën BX. Und er nahm diesen Lack und dann war klar: Das ergibt ein Strafverfahren. Nach Wochen musste ich erneut für eine Probe bei der Polizei vorfahren. Und dann blieb es still. Der mich bereits als Verbrecher behandelnde Stadtpolizist BK meldete sich nicht mehr. Nach Monaten rief ich an. Das Verfahren sei eingestellt, hieß es. Im Leumundsbericht ist dieser Unfall erwähnt. Eine Fahrerflucht unterstellen, das ist nicht wenig. Und doch ist es nichts gegen das, was jetzt geschieht. In diesem Augenblick. In diesem Mini Cooper. Neues Modell. Die Beamten, es ist ihre Arbeit, es ist ein normaler Beruf, mit Ausbildung, mit geregelten Arbeitszeiten, mit Pausen, sie sprechen nun über den Kaffee. 7.36 Uhr. Ich zittere im Fond des Autos und höre das Wort »Kaffee«.

»Wann kann ich meinen Kaffee trinken?«, fragt HH am Steuer. Die Staatsanwältin sagt: »Zuerst zur Schule.« HH möchte den Kaffee eher. Bevor ich weiter verarbeitet werde. Auch der Polizist neben mir pflichtet bei. Hier, noch vor dem Central, könnte man die Kaserne zuerst anfahren, und ich spitze die Ohren, zittere noch mehr, denn von diesem Entscheid hängt ab, ob wir die Schule vor 7.45 Uhr erreichen. Doch nein, es bleibt dabei, HH dringt nicht durch. »Zuerst Schule, dann Kaserne.« Die Staatsanwältin hat das letzte Wort. Man hätte sonst von Anfang an anders fahren müssen und zudem sei der Durchsuchungsbefehl ausdrücklich auch auf die Schule bezogen. »Und die wissen auch von nichts?«, fragt HH. »Nein, natürlich nicht.« So die Antwort. Der Motor surrt leise, die Stimmung gedrückt. Dann wieder die Staatsanwältin. Mit einem Vorschlag zur Güte: Es gebe sicherlich eine Kantine oder eine Mensa an der Schule. Da könne er, HH, seinen Kaffee trinken, bevor er die Daten abziehe. Und nach hinten gewandt ergänzt sie: Die anderen bräuchten dann nicht mehr zu warten. Weshalb HH nicht von Anfang an allein zur Schule gesandt wird, weshalb ich da als Verhafteter vorgeführt werden muss, bleibt für den ein Geheimnis, der den Demütigungsfaktor übersieht.

7.39 Uhr. Verdammt, das reicht. Hitzewallungen und Lähmungen paaren sich. Und wo das stattfindet, diese Paarung, da bin ich. Da ist etwas, das eine Autobiografie hatte. Etwas Eigenes jedenfalls. Die Bundesverfassung schützt die persönliche Integrität. Das wird Jahre später der Journalist MN schreiben, wenn er, die Berichte der Tagespresse korrigierend, aufzeigt, was geschehen ist. Wieder rufe ich Gott an. Er möge dem Fahrer nochmals eine falsche Route eingeben. Doch HH wählt den richtigen Weg. Dann eine überraschende Frage.

»Kann man hier rechts abbiegen und dann die Schule direkt ansteuern?« Tatsächlich, HH fragt mich. Ich nicke, weiß, das geht nicht. (Ist auch das ein Verbrechen?) Also biegt er an der nächsten Kreuzung ab und erkennt nach einer halben Minute den Irrtum. HH zur Staatsanwältin: »Wir müssen wenden.« Es hat auch hier eine Baustelle. Doch die Schule wäre auch ohne sie von hier aus nicht anzusteuern. Ob die das merken? Ob dies die Sache noch verschlimmert? HH jedenfalls wendet über die Straßenbahngeleise und peilt die Kreuzung erneut an. Es geht um Sekunden, aber es könnte reichen.

Um 7.44 Uhr werde ich zum Aussteigen aufgefordert. Dann stehe ich auf der Straße, umringt von den Beamten. Vor uns der Betonklotz, das Rämibühl. Fremd. Unwirklich. Abgesetzt. Die Glocke schrillt. Wir schreiten auf die Treppe zu, nähern uns dem Nordportal. Schüler hasten vorbei, die Stufen hoch. Dann stehen wir vor der Tür, HH öffnet.

Stets habe ich hier selbst geöffnet, bin frei eingetreten. Vergleichsweise, zumindest. Mein Kopf dröhnt. Ich versuche eine Miene aufzusetzen. Der Trupp folgt mir, nicht ich ihm. So soll es aussehen. Dass es misslingt, ist mir bewusst. Durch den Korridor eilen letzte Schüler. Ob jemand meinen Auftritt bemerkt, ich weiß es nicht. Bald stehen wir vor der langjährigen Sekretärin. Die Information, es handle sich um die Polizei, welche mich hier vorführt, verarbeitet sie professionell regungslos. Die Auskunft, der Rektor sei noch nicht eingetroffen, gibt sie sachlich. Warten, sagt die Staatsanwältin. Die Sekretärin arbeitet weiter.

Wirft ab und zu einen Blick zu mir. Sie ist die Erste, die mich in der neuen Rolle sieht. In der Rolle des Verhafteten.

Das Gespräch zwischen dem Rektor, der nach etwa zwanzig Minuten eintrifft, und der Staatsanwältin ist kurz, soweit ich das einfangen kann. Kurz und gereizt. PB streckt ihm den Durchsuchungsbefehl entgegen, er nickt. Was man hier denn durchsuchen wolle? Man einigt sich auf den Arbeitsplatz, den es eigentlich nicht gibt. In der Tat, wie ich später erfahre, beschränkt man sich auf die PC-Daten. Mein Schrank im Lehrerzimmer wird nur pro forma geöffnet. Unterrichtsmaterial, selbst jenes auf dem PC übrigens, wird niemals angeschaut. Beim Abzug der Daten bin ich schon weg. HH allein bleibt zurück und regelt das mit dem IT-Menschen des Gymnasiums. Der Rest fährt zur Kaserne. Wie oder was ich mit dem Rektor kommuniziere, wie ich das Gebäude verlasse, die Fahrt zur Kaserne, der Eintritt ins Polizeirevier – das alles ist mir entglitten. Nur Fetzen sind noch da, Bruchstücke.

Befragung in der U-Haft

Einer dieser Fetzen: Ich werde in einen Raum geschoben. Es hat eine Bank – ohne Lehne. Der Raum ist klein. Fenster fehlen. Es ist die U-Haft-Zelle. Da warte ich. Wie lange, weiß ich nicht. Der Kopf dumpf. Ab und zu die Aufschrift *Pornografie etcetera* vor meinem Auge. Dann wieder monotones Dröhnen.

Ein nächster Fetzen: Ich sitze einer blondhaarigen Frau gegenüber. Sie spricht den Dialekt, wie man ihn breiter nicht sprechen kann. Ihre Mimik macht deutlich: Ein Verbrecher bin ich. Es handelt sich um eine der beiden Blondinen, die heute Morgen in meine Wohnung eingefallen sind. Da trifft man sich wieder. Sie, die Kinderschutzbeamtin, mit Akten auf dem Pult. Ich aus der Zelle herbeigeführt. Ihre Haut solarbraun, hinter ihr ein Sportsaft im Gestell. Verofit. Ein Stoffbär hängt neben dem Gestell. Die Fragen der Reihe nach: Fühlen Sie sich von jungen Mädchen angezogen?

Dann: Auf was für Frauen oder Männer stehen Sie? Dann: Wie sieht es mit dem Alter aus? Dann: Stehen Sie auf Kinder? Dann: Wie sieht es in Ihrer Fantasie aus? Das fragt Feldweibel RB, Dienststelle Kinderschutz. Basis dieser Fragen? Die Fotografien von Schülerinnen, die sie heute Morgen aus meiner Wohnung entwendet haben. Muss ich annehmen. Die Fotografien entstammen einer kreativen Spezialwoche. Die meisten von ihnen hingen im Foyer des Literargymnasiums. Als die Ausstellung zu Ende war, habe ich – als Fotograf – sie mit nach Hause genommen, einige aufgehängt. In Ordnern ist die Beamtin sodann noch auf weitere Fotos gestoßen, überwiegend Porträts. Ein paar habe ich mit Photoshop mehrfach subtil verändert, die Farben, die Belichtung, und diese Variationen im Stile von Andy Warhol serienmäßig angeordnet. Die Kinderschutzbeamtin zu diesen Fotos (laut Protokoll): »Ich habe das Gefühl, dass sie sich auf einem schmalen Grat bewegen. Mit diesen vielen Bildern von Frauen.« Sie sagt auch, so fotografiere man keine Schülerinnen. Doch das findet keinen Eingang ins Protokoll. Ebenso wenig meine Erklärung, es handle sich nicht um *meine* Schülerinnen. Wenn Staatsanwaltschaft und Polizei wegen Fotografien, die in einem Schulhaus aushängen, Leute überfallen, dann wird in der Tat jeder Pfad schmal.

Nach den Fotos sind die Texte an der Reihe. »Wir erhielten diverse Texte und Prüfungen von ihrer Klasse 3i. Eine Mutter hat Anzeige betreffend Pornografie erstattet.« Tatsächlich? Haben literarische Texte den Überfall ausgelöst? Kann doch nicht sein. Um wen es sich bei der anzeigenden Person handelt, will die Kinderschutzfrau nicht sagen. Anzeiger dürfen anonym bleiben. So funktioniert das Denunziantentum von seinem Wesen her. Die Antworten, die ich zu den literarischen Texten gebe, sind im Protokoll stark vereinfacht, bisweilen auch falsch. Das war anders nicht zu erwarten. Trotzdem, ich habe unterschrieben. Es gab nur ein Ziel: Weg von hier. Raus aus diesem Polizeibunker. Und dafür musste ich kooperieren. Ich hätte an diesem Morgen alles unterschrieben. Dass ich beim Überfall korrekt behandelt worden sei, das habe ich in der Tat – sollte ich Einspruch erheben? Das Recht auf eine geschlossene Tür beim Urinieren existiert nicht. Und ein Witz ist keine

Menschenrechtsverletzung. Keine Nacht in U-Haft. So lautet das nächste Ziel. Und ich kann für Jahre nur noch auf nächste Ziele hin leben. Bereits übernächste sind zu hoch gesteckt. So gebe ich auch das Passwort für meine PCs und segne damit den Einbruch in meine Privatsphäre gewissermaßen ab. Was hätte ich anderes tun sollen? Die Kinderschutzbeamtin sagt: »Der Text ist extrem. Er handelt von Zungenküssen mit der Mutter oder vom Lecken eines Hundes zwischen den Beinen.« Die Aussage ist falsch, nicht nur weil unklar ist, wer wen leckt. Aber wie gesagt, ich habe auch das unterschrieben. Vereinzelt da und dort beim Gegenlesen etwas präzisiert, wissend, dass ich in einer fremden Welt gelandet bin. Einer, in der meine Maßstäbe nicht gelten.

Sie schließt: »Wenn ich das Schulungsmaterial anschaue, fällt mir auf, dass sich das Thema Sexualität wie ein roter Faden durch alles hindurchzieht.« Hätte ich der Kinderschutzpolizistin an diesem Morgen meinen Unterricht erklären sollen? Dass ich keine Tabus kenne und es auch nicht um solche ginge, sondern um Deutschunterricht? Dass ich überhaupt keine Themen behandle, sondern Texte? Dass es nur um Zeichen geht und um die Art und Weise, wie das Gehirn daraus eine konsistente Welt konstruiert? Dass dies der rote Faden in meinem Unterricht gewesen sei, den die Zürcher Staatsanwaltschaft in Kollaboration mit der Stadtpolizei soeben zerstört hat? Hätte ich dies RB klarmachen sollen? Zwischen zwei U-Haft-Einheiten? Wo ich ja bloß wie ein geschlagener Hund auf einem Stuhl sitze und bald schon wieder abgeführt werde?

Was nicht im Protokoll enthalten ist: Weil die Beamtin mir ein Arbeitsblatt hinhält, auf dem drei Namen zu lesen sind – offenbar ein Missgeschick, sie zieht das Papier, wie sie dies erkennt, sogleich wieder zurück –, erhalte ich an diesem Morgen doch einen ersten Hinweis darauf, woher die Anzeige stammt. Linda, Tanya, Ley… Ich sehe diese Namen. Undenkbar. Ich kann keinen der drei Namen mit dem verbinden, was augenblicklich geschieht. Aber einer ist verbunden. Am Schluss des Verhörs sagt Feldweibel RB: »Bei allfälliger Haft haben Sie das Recht, nächste Angehörige benachrichtigen zu lassen.« Haft? Texte lesen und dann in Haft kommen? *Weißrussland* – ist der Vergleich also doch nicht übertrieben? Ich werde in die U-Haft-Zelle zurückgeführt. Noch immer arbeitet das Gehirn panisch. Doch mischt sich mehr und mehr etwas Bleiernes bei. Das Zeitgefühl ist weg. Ist das die Ewigkeit, vor der man sich fürchtet? Die Einsamkeit, der man ein Leben lang entweichen wollte? Irgendwann wird die Zelle erneut aufgeschlossen. »Sie werden erkennungsdienstlich erfasst.« So die Mitteilung. Für danach wird die Entlassung in Aussicht gestellt. Spätestens nach Mittag.

Ich werde durch Räume geschoben. Durch Korridore, Treppen hinab, Unterführungen hindurch, Treppen hinauf, durch einen Innenhof. In einer Kabine habe ich zu warten. Diesmal die Türe abgeschlossen. Dann werden die Finger, einzeln eingeschwärzt, auf verschiedene Dokumente gedrückt. Alle zehn. Die Polizeibeamten bedienen sich dieser Finger, als wären es die ihren. Von allen Seiten werde ich sodann fotografiert. Ein Objekt mit Nummer – und die Zahl steht schon fest, ich sehe sie auf dem Papier. Das Licht diffus, die Umgebung grau. Hier entstehen Verbrecherbilder. Die könnten wieder gelöscht werden, auf Antrag, sagt später mein Anwalt. Ob es dann auch wirklich geschehe, das sei eine andere Frage. Mehr als verlangen könne man es nicht. Die persönliche Integrität, so steht es in der Bundesverfassung, ist geschützt. Vielleicht. Doch die Zeit der Märchen ist vorbei. Spätestens in dieser unterirdischen Kammer der Stadtpolizei Zürich, erkennungsdienstlich erfasst.

So fotografiert man keine Schülerinnen. Das sei nicht normal. Überfall, Beschlagnahmung von persönlichen Gütern, Verhaftung und dann die Verbrecherfotos. *Das* ist normal. Dies nach der Lektüre von literarischen Texten. Irgendwer ist immer an der Reihe. Dieser Proceß ist politisch. Das versuchte ich meinen Freunden klarzumachen. Zwei der beschlagnahmten Fotografien wollte ich beim Swiss Photo Award einreichen. Ich hatte alles vorbereitet, Formulare ausgefüllt, die Bilder auf die Bedingungen des Wettbewerbs zurechtgeschnitten. Nun also lagerten sie als »corpus delicti« bei der Polizei. Das war allerdings der geringste aller Einschnitte, die unmittelbar aus dem staatlichen Überfall resultierten.

»In der Strafuntersuchung gegen [...] betreffend Pornografie etc.

wird, da es wahrscheinlich ist, dass der Angeschuldigte sich dort *verborgen* hält, dass *sichtbare Spuren der strafbaren Handlungen oder Gegenstände,* die zur Entdeckung der Wahrheit führen können, dort anzutreffen sind, weshalb am nachgenannten Ort eine Hausdurchsuchung vorzunehmen ist, da aus diesem Grunde eine Untersuchung eröffnet wurde, gestützt auf §§ 88-95 StPO; verfügt: Es wird eine Hausdurchsuchung vorgenommen.« (Hervorhebungen DS) Dann: »Die unterzeichnende Staatsanwältin wird die Durchsuchung persönlich leiten.« Das steht auf dem Hausdurchsuchungsbefehl.

Die Sprache sagt alles. Beim Versuch der Einschüchterung oder der Selbstdarstellung – Adressaten dieser Schreiben sind im Grunde Justizbeamte, die sich ein Leben lang in dieser Syntax aufhalten –, beim Versuch zu imponieren kommt es zum syntaktischen Absturz. Doch das ist Nebensache. Die Hauptsache: Die Staatsanwaltschaft Zürich kriminalisiert Menschen vorzeitig und auf Vorrat. Menschen ohne Gerichtsurteil. Ich lebe nicht in meiner Wohnung, nein, *ich halte mich da verborgen.* Weshalb? Ich habe *Frühlings Erwachen* mit einer Klasse gelesen. Weiter setzt die Formulierung »die sichtbaren Spuren der strafbaren Handlungen oder Gegenstände« solche als Faktum voraus. Ich bin, lese ich diesen Befehl, als Krimineller gestempelt. Aus heiterem Himmel.

Niemand steht über dem Rechtsstaat. So wird von Politikern, nicht ohne Pathos, auf die Errungenschaften einer Demokratie, etwa im Unterschied zu Russland, zu China, verwiesen. Stimmt nicht. Die Organe des Rechtsstaates selbst stehen darüber. Sie konstruieren die Wirklichkeit. *Ich verberge mich am Dienstagmorgen um 6 Uhr in meiner Wohnung.* Das ist diese Wirklichkeit. Fabriziert von einem mythologischen Apparat, Staatsanwaltschaft genannt. Wir werden sehen, was die Staatsanwältin in den folgenden Jahren in diesem meinen Fall an Untersuchungshandlungen leistet. Und wenn man dann noch mal auf dem Hausdurchsuchungsbefehl liest, dass diese Leistung als Beitrag *zum Entdecken der Wahrheit* begriffen wird, kann man im Grunde nur lachen.

Ich stehe auf der Traminsel. Spüre nichts. Keine Luft, keinen Boden. Etwas ist geschehen. Etwas, das alles, was war, abtrennt. Irreparabel.

Wohin will ich? Wohin eigentlich? Auch die Schule ist eine gesperrte Zone. Bald schon. Offiziell gesperrt. Das weiß ich allerdings noch nicht, hier auf der Traminsel. Weiß noch nicht, dass ich die vierjährige Arbeit mit der Klasse 6b nicht abschließen darf. Weiß nicht, dass ich in drei Monaten in einer Krisenintervention und dann in einer Depressionsklinik einsitze. Es ist bloß alles so leer in diesem Augenblick. Nicht nur die Taschen – Hausschlüssel und Geldbeutel bloß wurden mir wieder ausgehändigt –, auch der Himmel. Ich hebe, so sagt es meine Erinnerung, den Kopf, schaue nach oben. Keine Jahreszeit. Die Sonne scheint. Warm ist es nicht. Wo ist Pascale? Auch das Telefon ist weg. Das Leben geht weiter. Auch nach einem Überfall. Das Leben schon.

Irgendwann und irgendwie finde ich Pascale. Sie ist zu ihrem Bruder geflüchtet. Zu dritt essen wir im Innenhof des Landesmuseums. Es geht nichts runter. Das wird nun für einige Zeit so bleiben. Ich nehme bis zum vollständigen Ausbruch der Depression stetig ab. In der Klinik wiege ich noch 50 Kilogramm. Wir versuchen zu reden. Wir versuchen etwas zu setzen. Handlungen, Pläne. Alles zerfällt. Ein Anwalt muss her.

Nach dem Überfall

Die Zeit nach dem Überfall, die Tage, Wochen, Stunden, sind so zerfetzt wie jener zweite Teil des Überfallmorgens. Dies, so glaube ich, nicht nur in der Erinnerung, sondern auch in der Wahrnehmung damals selbst. Tage verloren ihre Struktur, der Wochenrhythmus setzte aus. Ich überlebte von einem Augenblick zum nächsten. Versuchte es. Am schwierigsten der Versuch in der Wohnung. Die Geister des Überfalls drehten da ihre Kreise, noch immer, für immer.

Am Abend nach dem Überfall sitzen wir in einem Restaurant am Kreuzplatz. Zuhause ist kein Essen möglich, weil dort die Ordnung herrscht, wie das Überfallkommando sie hinterlassen hat. Doch geht auch hier nichts in den Magen. Die thailändische Nudelsuppe lasse ich stehen. Mit Pascales Mobile wähle ich die Anwälte an, die mir ein Bekannter per SMS empfohlen hat. Der erste redet sich sogleich in Rage. Unerhört sei das, eine Sauerei. Der neue Stil der Zürcher Staatsanwaltschaft. Einfach mal drauflosüberfallen. Dann wird er ruhiger. Unternehmen, so empfiehlt er mir, würde er im Augenblick nichts. Käme ich jetzt vorbei, so bringe das mir wenig und koste nur. Ich schaue Pascale an. Ich kann nicht abwarten. Ein Schutz muss her. Ein Schutz gegen den Kinderschutz. Einer, der sich auskennt in der Welt der Justiz. Der zweite Anwalt wirkt gefasst. Er kommentiert nichts, sagt: *Kommen Sie morgen vorbei.*

Vor einer Woche noch saß ich mit den Teilnehmern meines Theaterkurses am See. Unbeschwert. Ahnungslos. Im Frühjahr hatte die Aufführung stattgefunden. Pimp my Dreams. So lautete der Titel. Im Grunde kein Theaterstück, Bilder bloß, gedehnte Augenblicke. Zwischen Klinik und TV-Show. Das Ganze surreal wie ein Traum. Etwas Lynch, etwas ABBA. *The Winner Takes It All* als Grundtext. Irgendwie lagerte auch der Tod Patricks ein. Eine Geschichte gab es nicht. Zwei Hunde kläfften am Schluss der Produktion. Im Nachhinein lässt sich sagen: Das war mein Endprodukt am Literargymnasium. Und vielleicht war es als solches gedacht. Den Abschied jedoch hätte ich mir anders gewünscht.

Der Rektor nahm es mit der gesperrten Zone nicht so genau. »Du kannst selbstverständlich hierherkommen.« So versuchte er mich aufzumuntern. Er war eine große Stütze. Von Beginn weg und über all die Jahre in den Klauen der Staatsmacht. Doch *ich* war es, der nicht ins Schulhaus zurück wollte. Ein Schmerz würde durchbrechen an diesem Ort. So glaubte ich. Und vielleicht hatte mein Rückzug auch mit einer Regung zu tun, die ich bereits erwähnt habe: Rückzug als letzte Würde. So packte ich bereits vier Tage nach dem Überfall meine Sachen im Arbeitsraum zusammen. Zu einem Zeitpunkt also, als die bildungsdirektorische Weisung, mich von der Schule fernzuhalten, noch gar nicht bestand. Vielleicht nicht ich selbst, doch meine Hände, als sie am Samstagmorgen nach dem Überfall Unterrichtsmaterialien, Theaterutensilien und anderes in Tüten steckten, wussten: Es ist endgültig. Hier würde ich nicht mehr vorbereiten, nicht konzipieren, nicht korrigieren. Keine

Suche mehr mit J. nach dem utopischen Ort bei Bachmann, keine heimlichen Zeichen übers Dampfen mit L. Nicht dies und nicht jenes. Mein Lebenswerk hier war getan. Pathos hin oder her.

Dass schöne Fotografien, die Models bekleidet, ernst im Ausdruck, traurig und sinnlich zugleich, zu krankhaften Produkten werden konnten: das ist Teil einer Entwicklung, vorangetrieben weder von Mullahs noch Ajatollahs, sondern von Kreisen, die sich als Inbegriff des Fortschritts verstehen. Von Gender-Retortenfeministinnen und technoiden Schutzfanatikern, von Sozial- und anderen Demokraten und all jenen, die sich vor allem für eines halten: für normal. Die Extremisten sind immer die anderen. Die Kinderschutzbeamtin jedenfalls hatte recht: Mein Pfad ist schmal geworden. Wie der von anderen Menschen mit Leidenschaften, die das reibungslose Funktionieren der ökonomischen Maschinerie stören und die Entwicklung von gläsernen Datenträgern unterlaufen. Und vielleicht ist er nicht nur schmal geworden, vielleicht hat er ganz aufgehört, mein Pfad.

Den Anwalt treffe ich am 8. Juli, einen Tag nach dem Überfall. Es geht um formale Dinge. Um Basisinformationen zu einem Strafverfahren. Für eine konkrete Strategie fehlen Fakten. Der Anwalt schreibt deshalb am 9. Juli einen ersten und am 13. Juli einen zweiten Brief an die Staatsanwältin. Er verlangt die Zustellung der Verfügung vom 2. Juli, welche als Überfallgesuch an das Obergericht geleitet wurde, sowie des Schreibens der Anklagekammer des Obergerichts vom 6. Juli, worin diese den Überfall auf mich aufgrund der zugestellten Verfügung beziehungsweise der zugestellten Fakten gutheißt. Wir möchten herausfinden, was eigentlich los ist.

Montag, 13. Juli. Mein Wissensstand beim Betreten des Gebäudes der Bildungsdirektion, eines schweren Verwaltungshauses aus der Jahrhundertwende: Es gibt eine Anzeige, die aus dem Umkreis der Klasse 3i stammt. Die Gründe kenne ich nur ungefähr: literarische Texte, die ich im Unterricht behandelt habe. Überdies sind auch Unterrichtsstunden im Visier. Die Anschuldigungen der anzeigenden Person im Einzelnen sind mir nicht bekannt. Ich habe bis zu diesem Zeitpunkt als Dokument nur den Hausdurchsuchungsbefehl gesehen und kenne die Angaben und Andeutungen der Kinderschutzpolizistin aus dem Verhör am Morgen nach dem Überfall.

Verschweigen. Das ist eine Stärke von Behörden. Intransparenz schüchtert ein. Nur allzu bald erweist sich das Schweigen im Ohr des Betroffenen als bedrohliches Rauschen. Kafka hat dieses Dröhnen und Rauschen aus dem Gesetz und aus allen Nebenzimmern in Texte übertragen. Diese Texte sind nicht nur das Beste, was die deutsche Literatur zu bieten hat, sie sind auch entsetzlich real. Ich bin vorgeladen. In ultimativem Ton. Die Korridore düster, das Sitzungszimmer grau. Auf alle Seiten hin Nebenzimmer. Ich höre das Rauschen. Ob MK, der Leiter der Abteilung Mittelschule in der Bildungsdirektion, mehr weiß als ich? Jedenfalls wurde die Bildungsdirektion von der Staatsanwaltschaft über das Verfahren in Kenntnis gesetzt. Die Stimmung beklemmend. MK schaut an mir vorbei, wenn er mich begrüßt. Auch hier bin ich der Verbrecher. Von Anfang an. Immerhin, der Rektor ist anwesend. Das gibt mir etwas Halt. MK leitet die Sitzung. Er blickt über mich hinweg, in eine unbestimmte Höhe die ganze Zeit. Seine Stimme prallt von den Wänden ab. Verkündet werden Maßnahmen: Suspendierung vom Unterricht für die Dauer des Verfahrens, keine Abnahme der mündlichen Matur, kein Betreten der Schule. Der Lohn wird weiter bezahlt. Eine interne Untersuchung wird in Aussicht gestellt. Dank einer Intervention des Rektors darf ich die bereits verfassten Maturaufsätze zu Ende korrigieren. Ich weise darauf hin, dass ich immer noch nicht wisse, wessen ich angeschuldigt sei, und es aus meiner Sicht keinerlei Gründe gebe für dieses Vorgehen. Darum gehe es nicht, sagt MK. Nochmals schaue ich ihn an. Das ist kein Mensch, denke ich. Das ist ein Apparat.

In der Bildungsdirektion, das war augenfällig, war die Meinung gemacht. Das Vorgehen der Staatsanwältin war der Maßstab. Die Entscheidungen der Bildungsdirektion fußten auf diesem Vorgehen. Dabei hatte sie das staatsanwaltschaftliche Handeln nicht bloß akzeptiert, sie hatte es mit der sofortigen Suspendierung *inhaltlich* verstärkt. Die Suspendierung war bereits Strafe. *Frühlings Erwachen* ist nicht irgendein Text, er ist kanonischer Schulstoff des Deutschunterrichts an Gymnasien in der Schweiz, in Deutschland und Österreich und er wird auch in der Sekundarschule gelesen. Eine Bildungsdirektion, die diesen Text mit leichter Hand an eine Staatsanwaltschaft ausliefert, verrät die Sache, die sie zu vertreten vorgibt. Bis auf den heutigen Tag ist kein Wort der Kritik zum Vorgehen der Staatsanwaltschaft aus der Bildungsdirektion zu vernehmen gewesen. Zum Vergleich: Der Richter, dem die Sache im Oktober 2011 vorgelegt wurde, zögerte nicht, die Staatsanwaltschaft mit deutlichen Worten zu rügen.

Die Mutter LGs war die einzige Frau, die sich von meinem Unterricht gestört sah. Diese eine Störung indes zählte. Was nicht zählte: die Sicht der Schule und unzähliger anderer Eltern. Und vor allem diejenige der Schüler. Jeder habe das Recht auf eine Anzeige, sagte die sozialdemokratische Bildungsdirektorin zu Beginn des Jahres 2012, diesen Umstand gegenüber dem Journalisten MN rechtfertigend. Das sei eine Errungenschaft der Demokratie. Wenn man bedenkt, dass eine Anzeige oftmals schon das Urteil ist, dann kann der Stellenwert dieser Errungenschaft nicht hoch genug eingeschätzt werden.

Am 11. August kommt es zur zweiten Befragung durch die Polizei. Wiederum vorgenommen von der Kinderschutzpolizistin RB. Mein Anwalt hat die Befragung als nicht bedeutsam eingestuft, zumal sie in meinem Fall wieder nur von der Polizei vorgenommen werde und nicht von der Staatsanwältin. Seine Begleitung sei nicht notwendig. In der Tat: Ich erfahre nichts Neues in der Sache. Gleichwohl sind ein paar wenige Punkte in meinem Gehirn hängen geblieben. Eine Linie vom Verbrechen zur Biografie soll entstehen. Oder umgekehrt. So glaube ich zunächst. Von der Biografie zur Lektüre von *Frühlings Erwachen* im Unterricht. Doch es ist vor allem meine Freizeit, welche RB interessiert. Wo ich mich aufhalte, ob ich mit Kindern zu tun habe, ob ich in Vereinen tätig sei, in welchen Schwimmbädern ich die tausend Meter Crawl jeweils absolviere, wo *genau* an See oder Fluss ich mich aufhalte, auf welcher Wiese. Untersucht man so einen Unterricht?

Hängen geblieben ist auch die Frage nach den Geschwistern. Wie das Verhältnis sei? Die Frage überrascht mich. Ob diese Polizistin meine Schwester kennt? Ob sie deshalb fragt? Meine Schwester arbeitet im Kinderschutz. Gut sei das Verhältnis, normal. Was zu diesem Zeitpunkt vielleicht noch stimmt, durch den Proceß jedoch eine Wendung erfährt. Weiter fragt RB nach meiner Ausbildung: »Was haben Sie studiert?« Ich sage: »Germanistik und Philosophie.« Sie fragt: »Wo?« Ich: »In Zürich.« Sie: »Ja, aber wo?« Ich versteh nicht. »Das habe ich doch gerade gesagt.« Sie: »Aber wo, Herrgott? An der Fachschule, der Berufsschule, der Handelsschule?« Dann geht es um meine literarische Tätigkeit. Ich erwähne Adolf Muschg, weil er mich 1995 an seine Holozän-Veranstaltung an der ETH eingeladen hat, was für mein literarisches Schreiben bedeutsam war. RB kennt den Namen nicht. Ich muss buchstabieren. Am Ende lese ich im Protokoll »Adolf Must«. Hängen geblieben ist mir schließlich eine Unterbrechung. Das Telefon klingelt, RB hebt ab. Hört zu, sagt dann: »Der Schpaniöggel?...« (für Leser, die den Zürcher Dialekt nicht verstehen: leicht abwertende Koseform für Spanier). Stille. Dann: »Zwölfjährig?...« Kurze Pause, dann: »Aber ein Junge...?« (Enttäuschung in ihrer Stimme). Dann: »Schade. Dabei hätte alles so schön gepasst.« Pause. »Kann man halt nichts machen.« Sie hängt auf. Ist wieder bei mir. Beendet die Befragung und begleitet mich nach unten. Durch die Sicherheitstür hindurch ruft sie mir »Schöne Ferien« nach. Ich kann nicht anders, rufe zurück: »Danke.«

Irgendwann, vielleicht sechs oder sieben Wochen nach dem Überfall, saß ich in meinem Zimmer in der Wohnung an der Habsburgstraße. Saß am Boden, im Schneidersitz, und weinte. Endlich. Die Dauerspannung war zusammengefallen und ich spürte etwas, das ich als Hitze empfand. Etwas durchflutete mich. Immerhin, man darf nicht alles den Juristen überlassen. Soll die Welt ein Ort zum Leben sein, darf man das nicht. Pascale, abends, wie sie vom Institut zurückkam, hob mich auf und wir flüchteten. In ein Schlosshotel im äußersten Nordosten Deutschlands. Eine Flucht auf Zeit, wir wussten das. Es handelte sich tatsächlich um ein renoviertes Jagdschloss und die Ironie wurde mir erst viel später bewusst. In diesem Jagdschloss konnte ich mich immerhin so weit erholen, dass ich bis zum Totalkollaps Ende September nochmals Kraft für einige Wochen fand, um in Zürich zu überleben. Jeder Tag aber war ein Kampf mit ungewissem Ausgang. Und immer stärker drängte das Bild einer Kurve im Gebirge ins Bewusstsein. Blickte man über den Rand der Kurve, so führte eine Felswand zweihundert Meter in die Tiefe. Es war keine geträumte Kurve, keine Fiktion, es gab diese Kurve. Sie befand sich zwischen Bonaduz und Ilanz. Ich kannte die Strecke von unseren Fahrten nach Vals. Mit dem Auto über diese Kurve hinaus, so stellte ich mir vor, müsste der angenehmste Tod sein. Behütet bis zum Aufprall im Flussbett des Vorderrheins.

Pascale musste lernen. Die Doktoratsprüfungen standen bevor. Einige Male begleitete ich sie. Doch ich konnte mich nicht ständig am Psychologischen Institut aufhalten. Was sollte ich da? Zudem glaubte ich, man würde mir meine Verlorenheit ansehen. Und dann wähnte ich mich plötzlich als Verbrecher erkannt. Wenn der Staat mich so sieht, weshalb nicht auch die Studenten und Assistenten hier? Oder die Frau in der Bäckerei am Bahnhof, die mich, so mein Eindruck, argwöhnisch anstarrte, als ich nach Croissants verlangte, Croissants, die ich dann doch nicht aß. Die Wohnung war kein Ort mehr. Die Schule gesperrt, die Stadt, wo mir die dichte Polizeipräsenz vermehrt noch ins Auge stach, insgesamt verätzt. Ein paar Mal lag die Autobahn Richtung Graubünden ausgeschildert vor mir. Ich drehte ab. Bei Schönwetter blieb immerhin der See, ganz vorne beim Tiefenbrunnen. Da saß ich, Kopfhörer im Ohr, schaute übers Wasser und hörte Archive. Ja, es war eine pathetische Musik, die ich in diesen Augenblicken brauchte. Eine heilige. *Vanish and disappear* – davon war die Rede in den Liedern.

Dass die Gejagten den Jägern unterlegen sind, hat nicht mit deren Raffinesse zu tun. Doch die Jäger wirken im Verbund und ihre Größe kommt vom System, dessen Banner sie tragen. Das System umhüllt und schützt und reicht das Denken in die Hand. Schwache Figuren werden stark, wenn sie das Abzeichen tragen. Und deshalb zieht das System die

Schwachen an. Solche, die von Zeit zu Zeit jemanden zusammensacken sehen müssen. Und wenn es sich bei den Gejagten gar um jene handelt, für die manch einer ein Gespür hat, dann darf man sich auch Fehler leisten. Grobe Schnitzer – und niemand wird einem daraus einen Strick drehen.

Am 18. August ersucht mein Anwalt in einem Schreiben an die Staatsanwältin um Einsicht in die Polizeirapporte und bittet um eine zügige Behandlung des Falls, da ich suspendiert sei. Er bekommt keine Antwort. Ende August wird der Termin für die erste staatsanwaltschaftliche Einvernahme mitgeteilt. Am 16. September soll sie sein. Kurz davor wird der Termin ohne Begründung abgesagt. Mein Anwalt schreibt der Staatsanwältin erneut am 21. September. »In der Strafuntersuchung gegen Herrn DS konnte ich Sie telefonisch nie erreichen und ersuche Sie deshalb auf diesem Weg um Ihre baldige Mitteilung, wann die von Ihnen abgesagte Einvernahme vom 16. September neu angesetzt wird. Bekanntlich ist mein Klient aufgrund der pendenten Strafuntersuchung in seinem Amt vorsorglich eingestellt worden, weshalb ich Sie bereits mehrfach ersucht habe, das vorliegende Verfahren prioritär zu behandeln. Auch erneuere ich bei dieser Gelegenheit mein Ersuchen vom 18. August 2009, mir Einsicht in den Polizeirapport zu gewähren.«

Am 31. August wird verfügt, dass Gegenstände vorläufig beschlagnahmt bleiben. Darunter zwei der drei PCs, der Film *Orgienhaus* von Mathieu Seiler und eine Klarsichtmappe mit verschiedenen Kopien von Fotografien. Die Liste, von der Staatsanwältin festgehalten, war allerdings unvollständig. In der Tat blieben zwei weitere Ordner und der von Organen der evangelischen Kirche und von Pro Familia empfohlene, mehrfach ausgezeichnete, später in den USA mit dem Vorwurf der Kinderpornografie konfrontierte Aufklärungsbildband *Zeig mal!* des Fotografen Will McBride und der Psychiaterin Helga Fleischhauer konfisziert. Auch Unterrichtsmaterialien blieben beschlagnahmt. In den Klarsichtmappen (es waren mehrere) befanden sich, ich habe es schon angedeutet, Kopien von Fotografien Herlinde Koelbls und Thomas Carstens', Nacktfotos von mir selbst und Schwarz-Weiß-Bilder der Défense und der Cité de l'Industrie et de la Science aus dem Paris der frühen Neunziger. Man muss sich dies vergegenwärtigen, damit klar wird: Der Begriff der Talibanisierung ist keine Polemik.

Die Gegenstände, bis auf den einen Computer, konnten wir erst im November 2012 wieder abholen. Der richterliche Entscheid hatte die Staatsanwaltschaft dazu gezwungen. An dieser Stelle soll nur erwähnt sein, dass der Film *Orgienhaus* aus dem Jahre 2000 im Kino Movie lief, freigegeben ab 16 Jahren. Tibor de Viragh hatte in seiner ausführlichen Besprechung in der *Zürichsee-Zeitung* den Film gelobt (»*Orgienhaus* ist das Meisterstück des 28-jährigen Zürchers Mathieu Seiler«). Er wurde an mehreren internationalen Festivals gezeigt und gewann laut einem Bericht der *Frankfurter Rundschau* beinahe den Max-Ophüls-Preis in Saarbrücken. Weshalb er bis November 2012 in den Fängen der Behörden verbleiben musste, bleibt ein Geheimnis. Zumindest dann, wenn man nicht zu ergründen vermag, was hinter diesem ganzen Proceß stand und steht. Die Staatsanwältin fordert in ihrem Strafbefehl die definitive Konfiszierung und Vernichtung dieses Films. Wie sollte sich ein angeblich freiheitliches Gesellschaftssystem, hätte sich der Säuberungswahn der Staatsanwaltschaft gänzlich durchgesetzt, von einer Diktatur noch unterscheiden? Der Film übrigens hatte mit dem Deutschunterricht in der Klasse 3i nichts zu tun. Er war beim Überfall aus der Filmsammlung in meiner Wohnung entwendet worden.

Auch auf das Schreiben meines Anwalts vom 21. September antwortet die Staatsanwältin vorerst nicht. Immerhin, es sind schon zweieinhalb Monate vergangen, seit ich von ihr überfallen worden bin. Noch immer hat keine Einvernahme durch sie stattgefunden. Noch immer weiß ich offiziell nicht, wer die Anzeige aufgegeben hat, wessen genau ich angeschuldigt bin, und generell nicht, welche Behörden und Instanzen in und an meinem Fall herumwerkeln. Ist der Fall vielleicht nicht so wichtig, ist er bei der Staatsanwältin schon fast vergessen gegangen? Indes, der Chef von PB, Staatsanwalt DK, der später den Fall für sie vor das Obergericht weiterziehen wird, möchte mich drei Jahre nach dem Überfall auf dem Rechtsweg aus Deutschland heraus und in die Schweiz zurück zwingen. Unwichtig kann der Fall also nicht sein. Was aber könnte es sein, das diese Staatanwältin den Fall scheinbar aus Prinzip verschleppen lässt? Ist es das Wissen, wozu diese Verschleppung beim Angeschuldigten führt? Zur physischen und mentalen Zerstörung nämlich. Ist es dies, was sie in erster Linie anstrebt? Wartet sie auf das Zusammensacken? Die Schweigefristen jedenfalls werden in der Folge noch länger. Teilweise hört man von ihr über acht Monate nichts – und noch erschreckender: An Untersuchungshandlungen läuft über zwei Jahre hin absolut nichts. Warum nicht? Wusste PB insgeheim, dass sich die Vorwürfe der Mutter allesamt in Luft aufgelöst hätten, wenn einmal seriös nachgeforscht worden wäre?

Angebliche Verlagerung

Etwa eine Woche nach dem Schreiben vom 21. September die Mitteilung: Der Fall sei nicht mehr bei PB, sondern bei einem anderen Staatsanwalt, einem, der auf Internetkriminalität spezialisiert sei. In der labilen Verfassung, in der ich mich befand, musste dieser erneute Schock besonders wirken. Als ungefähr zwei Wochen später die Mitteilung kam, der Fall bleibe bei PB und die Einvernahme sei auf den 22. Oktober festgesetzt, befand ich mich bereits in einer Notfallklinik außerhalb der Stadt.

Um dieses Manöver, aus der zeitlichen Distanz, einordnen zu können, muss man vorgreifen: Am Ende der Verhandlung vor Bezirksgericht sagt der Richter: »Was die Schule betrifft, kommt es zu einem klaren Freispruch. Ob es im Nebenanklagepunkt bei den Fotografien zu einer Strafe kommt, kann ich noch nicht sagen. Falls ja, dann zu einer sehr geringen.« Das ist für alle Anwesenden hörbar und kann vom Rektor des Literargymnasiums und anderen bezeugt werden. Die Tatsache, dass die aufgefundenen Bilder selbst im Lichte eines rigiden Bundesgerichtsentscheids keineswegs *eindeutig* illegale Pornografie darstellten und der Richter zu diesem Zeitpunkt sogar einen kompletten Freispruch in Betracht zog, zeigt: Die im September 2009 verkündete Verlagerung meines Falls hin zu einem auf Internetkriminalität spezialisierten Staatsanwalt konnte sich kaum aus der Sache selbst ergeben. Ob diese Verschiebung tatsächlich jemals staatsanwaltschaftsintern zur Debatte stand oder ob es sich dabei um ein weiteres Zermürbungsverfahren handelte, das werde ich niemals erfahren. Falls aber diese angebliche Verlagerung vorübergehend eine Tatsache gewesen sein sollte, so wohl nur aufgrund von Falschinformationen. Es könnte sich dabei um die gleichen Falschinformationen handeln, welche von der Staatsanwältin zur Bildungsdirektion geflossen sind: Von Sex mit Kindern und von Sex mit Tieren ist in der Anklageschrift die Rede. Solche Darstellungen hätten sich gefunden.

Man muss vergleichen, sagt Ingmar im wunderbaren Film *My Life as a Dog*, der, greift der Kinderschutz weiter durch, ebenso zur verfemten Kunst wird, wie dies im Urteil der Zürcher Staatsanwaltschaft bezüglich Unica Zürns *Dunkler Frühling* und Frank Wedekinds *Frühlings Erwachen* bereits der Fall ist. Man sieht in einer Szene des Films, wie die elfjährige Freundin Ingmar ihre Brüste zeigt, die, weil sie unter dem Fußballtrikot kaum mehr zu verbergen sind, ein weiteres Mitspielen in der Mannschaft der Junioren, als Junge getarnt, verhindern. Unter den von der Polizei rekonstruierten Fotos fanden sich auch Darstellungen von nackten Kindern unter 16. Die Stadtpolizei schreibt in ihrem Protokoll dazu: »Bilder von nackten Mädchen, die *bei uns* als Kinderpornografie gelten.« (Hervorhebung DS) Auf Kunst wollen sich alle hinausreden. So RB, die Kinderschutzpolizistin, über die Fotos, die im Foyer des Literargymnasiums gehängt haben. Verunsichern ernste Gesichter von Jugendlichen? Verunsichern elfjährige Brüste die Gesellschaft? Das ist die Frage, die sich aufdrängt. Mit Missbrauch haben die angeblich aus Cluster- und anderen Systemdateien rekonstruierten Fotos nichts zu tun. Sie können zumindest aufgrund dessen, was sie zeigen, nicht in den Missbrauchsdiskurs eingespeist werden. Es muss also um die Nacktheit selbst gehen, welche verunsichert. Im Polizeiprotokoll – es erstaunt mich, dass man sich in diesem Punkt an die Wirklichkeit gehalten hat – ist denn auch nicht von Missbrauch beziehungsweise von Darstellungen von Missbrauch die Rede. Aber vielleicht ergibt sich das von selbst. Vielleicht muss man an Missbrauch denken, wenn man elfjährige Brüste sieht? Vielleicht ist das so. *Bei uns.*

Die Episode mit der angeblichen Verlagerung des Falls zu einem anderen Staatsanwalt und dem Widerruf dieser Verlagerung ist bezüglich der Frage, wer alles in diesem Fall involviert war oder mindestens davon Kenntnis hatte, bedeutsam. Allein deshalb, weil ich als Beamter nur mit Einwilligung des Obergerichts überfallen werden konnte, war mein Fall bereits im allerfrühesten Stadium auch Thema in der Oberstaatsanwaltschaft, über welche der betreffende Antrag an die Anklagekammer des Obergerichts geleitet wurde. Niemals ging es bloß um eine einzelne Staatsanwältin, welche, wie manche meiner Freunde gerne meinten, einfach eine dumme Kuh sei. Nein, das war von Anfang an das Werk der Justiz, mit Obergerichts- und Oberstaatsanwaltschaftsbeteiligung, einer Beteiligung, die im Januar 2012 gänzlich deutlich wird, wenn die Oberstaatsanwaltschaft bei der Schulleitung des Literargymnasiums vorspricht und diese angesichts der bevorstehenden Verhandlung vor Obergericht zum Schweigen bringen will. Die Geschichte der angeblichen Verschiebung wäre ein weiteres Indiz für eine breite Kenntnis meines Falles innerhalb der Justiz. Sollte diese in Betracht gezogene Verschiebung die »Wahrheit sein« (wir erinnern uns: PB ist losgezogen, um die Wahrheit zu »entdecken«) und nicht bloß ein Verschleppungs- oder Zermürbungsmanöver, dann wäre der Fall erst recht staatsanwaltschaftsintern diskutiert worden.

Das Manöver, ob fingiert oder nicht, schlug an. Ich verlor jeden Halt. Flüchtete ins Auto, fuhr sinnlos herum. Hielt an. Auf Parkplätzen, die zufällig vorhanden waren, am Waldrand. Überall da, wo ich gerade war, wenn der Faden zur Wirklichkeit und damit zur Straße gänzlich zu reißen drohte. Saß im Auto, der Motor lief, starrte aufs Lenkrad. Fuhr weiter. Versuchte den Rektor zu erreichen. Sagte, ich kann nicht mehr. Er war so ziemlich der Einzige, der mich etwas beruhigen konnte. Und er meldete sich vermehrt, hielt die Kontaktintervalle kurz, traf mich regelmäßig in Cafés. Ich denke, er spürte, worum es ging. Auch wenn ich ihm von jener Kurve nicht erzählte. Bald jedoch half auch seine Stütze nicht mehr. An einem Sonntag im späten September, warm wie im Sommer, – wäre das Leben weitergegangen, so hätte ich am See gelegen oder auf der Werdinsel in der Limmat, stattdessen trieben mich Angstattacken in den Wahnsinn – an einem Sonntag musste der Notfallpsychiater vorfahren. Er wies mich gleichentags in eine Klinik ein. Außerhalb der Stadt.

Es finde sich keine Kinderpornografie. Und auch sonst nichts Illegales auf meinen PCs. Das habe ich bei der Befragung durch RB gesagt. Jetzt also soll mein Fall einem Spezialisten für Internetkriminalität übertragen werden. Ich drehe durch. Beim Verlust letzter Bezugspunkte mutiert man zum Verbrecher. *Ich bin der Verbrecher,* so beginnt das Gehirn zu denken, weil es mit den Widersprüchen nicht mehr klarkommt. Und ich sehe das Material, das schlimme, das auf meinem PC lagert. Ich sehe die nackten Kinder beim Sex, ich sehe Gewalt, sehe gefesselte Körper, sehe Motorsägen, wie sie Körper teilen, immer wieder, und dann wache ich auf, schweißgebadet. Ich stehe auf, gehe auf und ab im kahlen Raum, meinem Zimmer in der Krisenintervention. Keine Kinderpornografie, das habe ich gesagt. Und ich war mir dessen gewiss. Doch das sind saubere Schweizer Behörden…, die erfinden nichts…, die bilden nur ab, die Wirklichkeit, die Wahrheit, so denke ich. Die Wahrheit? Ich setze mich nieder, auf den Bettrand. *Frühlings Erwachen* ein Pornowerk? Darf solchen Behörden vertraut werden?

Etwas ist geschehen, etwas, das die Behörden krank macht. Wer die Macht hat jedoch, ist nicht krank. Nur Schwache sind krank. Und einer muss krank sein in dieser Geschichte, einer muss absolut schiefliegen. Immerhin, *ich* bin in der Notfallklinik, nicht PB. Und kann nicht schlafen. Kommt der Fall Polanski dazu, ein Fall, der gerade durch die Tagespresse wütet. Er tut das Übrige. Die Schweiz ein Hort der Ajatollahs, denke ich. Ein amerikanisches Justizvollzugsorgan. Dabei, ich habe das Video selbst gesehen, dabei beschuldigt die Frau, die als Dreizehnjährige die Betroffene war, Justiz und Behörden. Wörtlich zu einem Journalisten: *Sie haben mein Leben zerstört, Justiz und Medien. Doch nicht Polanski. Ihm habe ich längst verziehen.* Gegen den Wahn, der läuft, sind selbst diese Worte, formuliert vom Opfer, stumpf. Es sind nicht die Worte, die der Kinderschutz hören will.

Und so kreisen meine Gedanken, Nacht für Nacht, im kahlen Raum. Novalis taucht auf, immer wieder. Der romantische Dichter, der engelhafte, mit seiner zwölfjährigen Sophie, die mit fünfzehn stirbt, kurz davor Goethe noch tief beeindruckt, und der Novalis die *Hymnen an die Nacht* in die Ewigkeit nachsendet. Heute ein Schwein, dieser Novalis. Und in dieser Pogromstimmung, die sich auch im Vokabular etlicher Kolumnisten niederschlägt, findet statt, was stattfindet. Mein Fall eben. Ich perseveriere, komme nicht los, sehe bildlich mein Denken, wie es kreist, sehe, wie Gedanken in eine Spirale kommen, irgendwo in meinem Gehirn, in den Verkabelungen aus Neuronen, und erst heftiges Schlagen, hartes, konkretes Schlagen stoppt das Denken. Am letzten Tag des Aufenthaltes in der Krisenintervention dann die Mitteilung: Der Fall bleibt bei PB. So paradox es ist: Ich war erleichtert. Erleichtert, von *dieser* Staatsanwältin weiter zermürbt zu werden.

Die wenigen Tage zwischen Notpsychiatrie und dem Übertritt in die Depressionsklinik, unsere Wohnung meidend, nomadisierten wir. Übernachteten in den Alpen, im Tessin. Gleichzeitig rückte die Doktoratsprüfung von Pascale näher. Diese durfte dem staatlichen Überfall nicht auch noch zum Opfer fallen. Denn auf Pascales akademische Karriere mussten wir setzen, so ahnten wir.

Klinik

Der Herbst 2009 war dunkel. Alles war Bedrohung, das Leben verätzt. Der Aufenthalt in der Klinik aber tat gut. Den Umständen entsprechend. Die Mitpatienten, die vor allem, die Pfleger, der Malkurs – das alles war Insel, Gegenwelt. Auch bestimmte Plätze und Orte in der von

Zürich lediglich etwas über zwanzig Kilometer entfernten Stadt hatten teil an dieser Inselfunktion. Zum Beispiel der Park in der Mitte, der Weg auf einer Anhöhe vom Stadtrand zum Zentrum. Vor allem jedoch die katholische Kirche in der Nähe des Bahnhofs, die ich während des Aufenthaltes in der Krisenintervention entdeckt hatte. Betrat ich diese Kirche, so verblassten Justiz und Polizei. Weihrauch vertrieb den Geruch der Gesetze. Hier galt anderes. Wenn ich am Sonntagabend jeweils zurück in die Klinik fuhr (nach zwei Wochen durfte ich die Wochenenden mit Pascale verbringen), dann hörte ich in ohrenbetäubender Lautstärke Archive. *The Feeling of Losing Everything, To the End* und *Moronic World,* so die Titel. Im August, das einzige Inselerlebnis in Zürich nach dem Überfall, hatte uns die Band live für zweieinhalb Stunden von der Justiz und ihrem Satzbau abgetrennt.

Lektüre I: Anzeigeprotokoll, Schreiben der Anklagekammer

»Der beschuldigte DS hat

- *mehrfach pornografische Schriften, Ton- oder Bildaufnahmen bzw. Abbildungen Personen unter 16 Jahren zugänglich gemacht*

sowie

- *mehrfach pornografische Schriften, Ton- oder Bildaufnahmen oder andere Gegenstände solcher Art oder pornografische Vorführungen, die sexuelle Handlungen mit Kindern oder mit Tieren, menschlichen Ausscheidungen oder Gewalttätigkeiten zum Inhalt haben, erworben, sich über elektronische Mittel oder sonstwie beschafft oder besessen.«*

So steht es im Strafbefehl, den PB im Frühjahr 2011 verfasst und der später noch integral zu lesen sein wird. In einem Staat, der sich als Rechtsstaat begreift, so meine Vorstellung, hätten Anschuldigungen, wie sie PB formuliert, erweisen sie sich als unwahr, Konsequenzen zur Folge. Der Täter oder die Täterin, in diesem Fall die Autorin dieses Schreibens, Staatsanwältin PB, würde zur Rechenschaft gezogen. Von Staates wegen. Sollten diese Anschuldigungen falsch sein, so könnte in einem Rechtsstaat PB nicht nur nicht mehr im Amt sein, nein, sie müsste sich wegen einer kriminellen Tat verantworten. Sex mit Tieren über elektronische Mittel oder sonstwie erworben: Das ist eine Anschuldigung, die nicht in einem Graubereich liegt, und die Entscheidung darüber, ob das zutrifft oder nicht, ist kein Ermessensentscheid. Das ist ganz einfach wahr oder falsch. Und wenn es falsch ist, müsste eine Staatsanwältin darum gewusst haben, es sei denn, sie sei geisteskrank. Sieht man von dieser Option ab, welche übrigens das Handeln und Verhalten ihrer Vorgesetzten noch schärfer in den Fokus rückte, dann kann das auch nicht als Pfusch abgetan werden. Es bleibt eine Antwort: Das Ganze hat System. Und dieses System wird, so ergibt die genaue Lektüre, in den Protokollen und in der Bewilligung der Anklagekammer, die auf das Überfallgesuch der Staatsanwältin erfolgt, vorbereitet. Ein System, das sich durch eine gesellschaftliche Stimmung, so meine These, gestützt sieht beziehungsweise direkt daraus hervorgeht.

Ich verharre also bei den Texten, verfasst von Polizei und Justiz. Muss da verharren. Es sind die sichtbaren Zeichen, welche die Behörden hinterlassen. Wer sie genau entschlüsselt, erhellt den dunklen Raum, in dem die Aktion gegen mich geboren wurde. Ein Wahn wird erkennbar, ein Wahn, der System hat. Als Leser dieses Buches *muss* man in diesen Dokumenten lesen, damit keine leeren Behauptungen zurückbleiben. Es soll nahtlos nachvollziehbar sein, was Protokolle und Schrift der Anklagekammer vollziehen und vorbereiten. Deshalb diese Genauigkeit. Sie bedeutet, wie später auch die Lektüre im Strafantrag und vor allem im Gerichtsurteil, einen Unterbruch im Ablauf. Diese Brüche sind indes nicht nur notwendig. Sie stehen auch für die Unterbrüche und Verzögerungen, welche das Verfahren insgesamt auszeichnen.

Die Polizeiprotokolle und die Schrift der Anklagekammer standen mir erst im November, also bald ein halbes Jahr nach dem Überfall, zur Verfügung. Für Leser dieses Buches ist es indes sinnvoll, diese Schriften zu kennen, bevor die erste Einvernahme zum Thema wird. Die Grundlage der staatsanwaltschaftlichen Fragen wird so sichtbar. Mir, wie gesagt, standen diese Schriften erst nach der Einvernahme zur Verfügung. Verfasst wurden die Schriften im Juni und Juli 2009.

Die Lektüre in Polizeiprotokollen und Schrift der Anklagekammer soll vor dem Hintergrund der beiden Hauptvorwürfe in der Strafanklage erfolgen. Durch diese Kenntnis werden die Linien deutlich, die aus den Polizeiprotokollen und der Schrift der Anklagekammer hervorgehen. Es sind Linien hin zu dieser Anklage, welche meine angebliche Schuld in einen ersten, den Unterricht betreffenden Teil sowie einen zweiten, privaten Teil auftrennt.

Das Anzeigeprotokoll

Frau UG hat am 15. Juni 2009 Anzeige wegen Pornografie erstattet. Dabei hat sie allerdings niemanden, also auch nicht ihre Tochter, als Geschädigte angeführt. Dass ihre Tochter, indem sie *Frühlings Erwachen* habe lesen und Prüfungsfragen dazu beantworten müssen, missbraucht worden sei, das hat die anzeigende Mutter nicht behauptet. Wenn die Anklagekammer eines schweizerischen Obergerichts nach der Behandlung des weltliterarischen Dramas *Frühlings Erwachen* von Frank Wedekind und vier weiteren literarischen Texten im Unterricht die Frage aufwirft, ob hier das Ausnützen einer Abhängigkeit gegeben sei und daher eine Straftat, so wird indes deutlich: Ein solcher Missbrauchsvorwurf liegt durchaus im Bereich des Möglichen. Der Staat beziehungsweise die Justiz des Kantons Zürich jedenfalls hat das Behandeln von *Frühlings Erwachen* mit einer Klasse von Fünfzehnjährigen ungefähr hundertzwanzig Jahre nach der Entstehung des Textes zum Offizialdelikt gekürt. Aber bleiben wir zunächst bei den Polizeiprotokollen, die meinem Anwalt im November 2009 zugestellt werden.

Unterrichtsereignisse

Die Mutter erzählt dem Kinderschutzbeamten der Stadtpolizei, TW, ihre Geschichten. Der Rapport dieses TW führt das Erzählte unter dem Titel »Sachverhalt« auf. Der »Sachverhalt« beginnt mit der Nennung der Texte, die im Schuljahr 2008/2009 mit der Klasse 3i gelesen worden sind. Der Beamte schreibt: »*In diesen Büchern sind Textpassagen vorhanden, die von Erotik über sexuelle Handlungen bis zu verbotenen sexuellen Handlungen mit Kindern und Tieren reichen.*«

Dann werden drei Unterrichtsereignisse angeführt mit der Funktion, den behaupteten sexuellen Fokus des Deutschunterrichts zu untermauern. Zur Abschlussstunde vor Weihnachten 2008 heißt es: »*Der Angeschuldigte liess das Schulzimmer verdunkeln, spielte indische Musik ab, sagte den Kindern, dass sich diejenigen, die möchten, sich gegenseitig massieren dürfen, und las dann eine Geschichte vor, die mit den Worten endete: ›Und dann wurde sie feucht.‹«*

»Im Februar 2009 führte der Angeschuldigte den Schülern anlässlich des Themas Linguistik vorwiegend sexuelle Szenen aus dem Film »Am Anfang war das Feuer« vor. Dazu ein Bild einer Art Höhlenmalerei, welches er angeblich selber in Thailand fotografiert hat. Auf diesem Bild erkenne [an dieser einen Stelle doch einmal der Konjunktiv, Anm. DS] man den Hinterteil einer Frau, aus dem etwas tropft. Daneben sei ein erigierter Penis abgebildet.«

»Am 26.3.2009 oder 2.4.2009 führt der Angeschuldigte den Schülern einzelne Szenen aus dem Film »Genie« vor. Unter anderem hat er den Schülern eine Szene vorgeführt, in der sich ein 13-jähriges Mädchen mit der Hand selber befriedigt.«

Das ist der »Sachverhalt«, den die Stadtpolizei Zürich festhält. Ein Film mit dem Titel »Genie« existiert nicht, ich war nie in Thailand – das wurde wohl gesagt, weil es bei nicht wenigen sexuell konnotiert ist –, habe solches auch niemandem gegenüber behauptet. Das Thema war nicht »Linguistik«, ich habe *dazu* (also zum Film) kein Bild gezeigt, habe niemals eine Geschichte mit diesem Satz vorgelesen, kann aufgrund massiver Augenprobleme nicht bei Dunkelheit vorlesen (das ist auch ohne Augenprobleme nicht einfach), habe die Idee der Schultermassage nicht eingebracht und bin erstaunt: Indische Musik – ist das sexuell?

Was ist ein *Sachverhalt* in den Augen der Kinderschutzpolizei? Könnte oder müsste ein Kinderschutzpolizist nicht auf die Idee kommen, zum Beispiel zu prüfen, ob es den Film, dem diese Anzeige eine Masturbationsszene unterstellt, überhaupt existiert? Dieser TW hätte mit einer einfachen Google-Recherche herausgefunden: Diesen Film gibt es nicht. Es gibt irgendwelche Dokumentationen zum »Fall Genie«, keinen Film gleichen Namens. Später, wenn Staatanwältin und Anklagekammer den Vorwurf aufnehmen, lassen sie den Filmtitel einfach weg. Erst das Gerichtsurteil übernimmt wieder den Titel eines Films, der nicht existiert. Das Weglassen deutet daraufhin, dass PB ausnahmsweise recherchiert und dabei bemerkt hat: Der Film existiert nicht. Jede sorgfältige Untersuchung hätte darauf entweder den Vorwurf gestrichen oder aber nachgefragt, was für einen Film die Mutter denn meine. Geschah nicht. Ich habe lange Zeit nicht herausfinden können, welchen Film die Mutter im Auge hatte, ich wurde zunächst ja lediglich mit der Angabe konfrontiert, ich hätte eine Masturbationsszene gezeigt, das Kennwort »Genie« fiel beim Verhör von RB nicht. Auf den Spielfilm *Mockingbirds don't sing,* der tatsächlich die Geschichte von Genie als Vorlage hat und den ich im Rahmen einer Unterrichtseinheit zum Spracherwerb verwendet habe, bin ich deshalb erst spät gekommen, weil ich in meiner Erinnerung nach einem Film mit einer Masturbationsszene gesucht habe. Im Film *Mockingbirds don't sing* gibt es keine dargestellte Masturbationsszene. Es gibt eine Szene, in welcher das Mädchen Genie im Fond eines Autos sitzt. Auf den beiden Plätzen vorne zwei Fachleute, die sie betreuen. Diese beiden Fachleute führen ein Gespräch. Aus deren Äußerungen allein (»She's masturbating«) geht hervor, dass Genie sich während der Fahrt befriedigt. Ohne diesen Dialog würde man nichts bemerken. Die Kamera, wenn sie auf Genie fokussiert, filmt nur das Gesicht. Auch dies nur wenige Sekunden, wie die gesamte Szene nur einige Sekunden dauert. Es ist die einzige Szene des Films, die inhaltlich das Thema Sexualität streift. Der Film ist ohne Altersbeschränkung zugänglich, er hat mit Sex nichts zu tun. Die Szene im Auto fängt lediglich kurz ein, was generell gilt: Genie bewegt sich aufgrund der fehlenden Sozialisation außerhalb von Normen. Das ist die Aussage dieser kurzen Sekunden. Es war nicht das Thema des Unterrichts, wir waren auf Sprache fokussiert. Es gab indes keinerlei Anlass, diese paar Filmsekunden auszulassen.

Weltliteratur neu gelesen

Weiter im Rapport. Der »Sachverhalt« ist abgeschlossen, nun fasst TW die »Ermittlungen« zusammen. Wir lesen unter dem Titel »Ermittlungen«, dass YUG »stutzig« wurde, weil sie bemerkte, dass es »meistens um sexuelle Szenen ging«. Ist das eine Ermittlung? Das »Stutzigwerden« der Anzeigeerstatterin? Dann heißt es: *»Frau UG stellte dann aber bei den Texten eine stetige Steigerung zu immer extremeren sexuellen Handlungen bis zur verbotenen Pornografie fest. Dies und andere Faktoren* [welche denn? – soll und darf das nicht benannt werden?, Anm. DS] *veranlassten sie, gegen den Lehrer der Tochter, DS, eine Anzeige wegen Pornografie zu erstatten.«*

Dann wird festgehalten, was zu diesen Texten »ermittelt« worden ist. Unklar ist, ob die Angaben zu den Werken, die nun folgen und die als »Ermittlungen« qualifiziert werden, von der Polizei stammen oder ob der Rapport unter »Ermittlungen« weiterhin Aussagen von YUG übernimmt. Wie auch immer, interessant ist, wie Mutter und Polizei die Texte lesen beziehungsweise was sie aus ihnen herauslesen.

Zu Marlen Haushofers *Menschenfresser* (im Rapport wird der Titel noch korrekt wiedergegeben): *»Eine Geschichte über einen Mann, der im Zugsabteil gegenüber einem Mädchen sitzt. Er macht sich Gedanken, warum ihm das Mädchen so gefällt, und nennt dies ein natürliches Entzücken, eine platonische Regung. Für den erwachsenen Leser ist gut zu erkennen, um was es in dieser Geschichte geht.«* Das sind die gesamten Ermittlungen zu diesem Text, der mit ein Grund für den Überfall ist. Um es noch einmal vorwegzunehmen: Es ist niemals mehr an Ermittlung geleistet worden als das, was im Protokoll der Polizei gefasst ist. Das gilt übrigens auch für die anderen Texte. Ein Fachgutachten lehnt die Staatsanwältin später ab. Lesen können Polizisten und Juristen ja auch. Allerdings nicht richtig. Im Text von Haushofer heißt es: »So viel war gewiss, er empfand kein sexuelles Verlangen nach dem Kind […].« Ich weiß nicht, auf welche Qualität von Erwachsensein der Rapport Bezug nimmt, wenn er schreibt, Erwachsene würden erkennen, worum es gehe. Die Erwachsenen, die hier am Werk waren jedenfalls (Mutter, Polizei, Justiz) haben falsch erkannt, und das ist keine Interpretationsfrage, sondern dafür muss man lediglich des Deutschen mächtig sein. Eine Ermittlung, die diesen Namen verdiente, so denke ich zumindest, hätte also den Text gelesen und hätte erkannt, dass ein sexuelles Motiv für die

Aufmerksamkeit, die der Mann dem Mädchen zukommen lässt, vom Text *explizit* ausgeschlossen wird.

Wir lesen weiter in den »Ermittlungen«. *Frühlings Erwachen* ist an der Reihe. *»Eine Geschichte, in der Jugendliche, die nicht richtig aufgeklärt sind und ständig über das Thema Sex fantasieren. Die Hauptperson, die ca. 14jährige Wendla, wurde schwanger. Mehrere Masturbationsszenen.«* (Ich habe den Satzbaufehler nicht korrigiert, Satzzeichen- und Rechtschreibfehler hingegen schon; das gilt für alle Zitate aus den Polizeirapporten.) Das sind die gesamten Ermittlungen zu *Frühlings Erwachen*. Der Rapport ergänzt lediglich, dass die Mutter zwei Arbeitsblätter und eine Prüfung dazu mitgebracht habe.

Zu Jeffrey Eugenides' Erstling und Welterfolg *The Virgin Suicides* (deutsch *Die Selbstmord-Schwestern*, der Text wurde von Sofia Coppola verfilmt) ermittelt die Kinderschutzabteilung der Stadtpolizei Zürich Folgendes: *»Es handelt sich um eine mehrheitlich sexuelle Geschichte verbunden mit dem Tod und der Religion.«* Ende der Ermittlungen.

Bei Aglaja Veteranyis Roman *Warum das Kind in der Polenta kocht* kommt die Kinderschutzpolizei zu folgendem Resultat: *»Es handelt sich um eine rumänische Schausteller/Artisten-Familie. Inzestuöse Abschnitte wie auch Textpassagen, die sexuelle Handlungen beschreiben.«* Ende der Ermittlungen.

Und dann noch das Werk, das bei einer sexualisierten Leseweise, wie sie Mutter, Polizei und Justiz betreiben, am meisten hergibt: *Dunkler Frühling*. *»In diesem Buch sind sexuelle Handlungen mit Kindern und mit Tieren beschrieben.«* Dann werden mit Seitenangaben neun Textstellen erwähnt (aber nicht zitiert).

Weiter unter dem Titel »Ermittlung« wird nochmals der Film *Am Anfang war das Feuer* von Jean-Jacques Annaud (1981) und das Bild der Höhlenmalerei erwähnt. Allerdings werden lediglich die zuvor gemachten Aussagen, abgelegt unter dem Stichwort »Sachverhalt«, wiederholt. Eine neue Aussage findet sich nicht. Auch das nennt sich im Verständnis der Kinderschutzpolizei der Stadt Zürich »Ermittlung«.

Dann heißt es zu »Unterricht, Prüfungen«: *»Die durch die Anzeigeerstatterin beigebrachten Arbeitspapiere und Prüfungen deuten darauf hin, dass die Schüler, um die Prüfungen zu bestehen, sich hauptsächlich mit den vorwiegend sexuellen Szenen dieser Texte eingehend befassen mussten. Es fällt auf, dass der Lehrer den Schüler/innen die Vorgabe machte, diese sexuellen Textpassagen nicht zu werten.«*

Was hätte eine Ermittlung, die diesen Namen verdiente, herausbekommen können? Sie hätte zum Beispiel die angeblich sexfokussierten Arbeitsblätter genauer anschauen können und dann bemerkt: Die Mehrzahl der Fragestellungen bezieht sich keineswegs auf Sexualität. Um das zu klären, muss man nicht zuerst jemanden überfallen, und dafür braucht man auch kein Studium (dieser Meinung ist ja auch die Staatsanwältin, sie lehnte ein Fachgutachten ab). TW, Kinderschutzpolizist der Stadt Zürich, hätte also beispielsweise das Arbeitsblatt zu *Die Selbstmord-Schwestern* für ein paar Sekunden in die Hand nehmen und die Titel der insgesamt sechs Fragestellungen lesen können. Und das hätte er entdeckt: 1. *Sex auf dem Dach – Thematik/Motivik in Verbindung mit einer Figur.* Ja, diese Fragestellung bezieht sich auf eine sexuelle Szene. 2. *WIR und die Mädchen – Die Mädchen unter sich: Das Verhältnis – eine Identität? Figurenanalyse und Figurenkonstellation.* Ein sexuelles Thema? Kann man nicht behaupten. 3. *Mitteilung auf einem Heiligenbild: »In dieser Finsternis wird es Licht.« Motivik/Thematik.* Kein sexuelles Thema, eindeutig. 4. *Schreibhaltung und Erzählposition.* Sehr trocken, bestimmt kein sexuelles Thema. 5. *Räumung des Hauses (Motivik/Thematik).* Hausräumung?, nein, bei bestem Willen: kein sexuelles Thema. 6. *Koffer und/oder Geruch. Motivik/Thematik.* Kein sexuelles Thema.

Das ist eines der von der Mutter und von der Stadtpolizei als Beweismittel vorgebrachten Dokumente. Eine von sechs Aufgabenstellungen ist thematisch im Bereich Sexualität angesiedelt. Die Schüler konnten erst noch frei wählen, sie mussten nur eines von sechs Themen behandeln. Die Anklagekammer des Obergerichts, wie wir sehen werden, macht daraus ein »Übermaß« an Sexualität. Ich erinnere mich: Ein Kopftuch etwas zu weit nach hinten geschoben, der Haaransatz sichtbar: Das war zu viel der Erotik, damals, im Iran des Ajatollah Khomeini. Sollen solche Maßstäbe gelten, zugegeben, so ist auch *eine* von sechs Fragen im Bereich Sexualität zu viel. Dann indes ist diese Ermittlung kein Ausdruck von Schlamperei, dann ist etwas Großes am Werk.

Die Prüfung zu *Frühlings Erwachen* wie auch die Arbeitsblätter bezogen auf dieses Werk bewegten sich nicht ausschließlich, aber prominent im Bereich Sexualität. Die »Ermittlungen« leiten daraus einen generellen Unterrichtsfokus ab, was doppelt falsch ist. Ein solcher von YUG behaupteter Unterrichtsfokus, so hätten Untersuchungen, wären sie jemals erfolgt, durchwegs gezeigt, bestand zum einen grundsätzlich nicht. Es hätten sich keine weiteren Eltern gefunden, keine Materialien, keine Fachleute, keine Schulleitung und vor allem keine Schüler, die das bestätigt hätten, wie übrigens auch zu keinem Zeitpunkt irgendein Elternteil aufgetreten ist mit einer ähnlichen Anschuldigung. Zum anderen aber ist es sachlich falsch, aus Arbeitsblättern und Fragen zu *Frühlings Erwachen* einen generellen Sexfokus im Unterricht abzuleiten. Wenn meine Arbeitsblätter und Prüfungen bei *Frühlings Erwachen* thematisch diesen Schwerpunkt aufwiesen, so hat das nichts mit einer Sexversessenheit des Unterrichts zu tun, sondern mit einer textgenauen Ausrichtung. *Frühlings Erwachen,* in der Tat, beschäftigt sich innerhalb der von der Staatsanwältin inkriminierten Werke am meisten mit dem Thema Sexualität. Es zeigt über diese Thematik Wesentliches über Gesellschaft und menschliches Verhalten auf. Das ist gerade seine Stärke und das hat es zu Weltliteratur gemacht. Und deshalb wird (bald wurde?) es auch an Schweizer Schulen, darunter sogar Zürcher Gymnasien und vereinzelt auch Zürcher Sekundarschulen, gelesen. Wer dieses Werk textgenau in einer Prüfung behandeln will, wird also *von der Sache her* Fragen im Bereich Sexualität ansiedeln. Gerade Moritz' Fantasie über einen weiblichen Orgasmus, gefasst mit einer sakralen Sprache, ist eine Schlüsselszene des Buches und eine, bei der man, was Dekodierungsfähigkeiten betrifft, am meisten lernen kann. Wer hier textgenaues Fragen mit Übermaß verwechselt, der unterbindet letzten Endes Textgenauigkeit und damit kritisches Bewusstsein.

Wernicke-Aphasie-Syndrom

Was TW zuletzt unter »Ermittlung« aufbringt, kann nur noch als Kuriosum begriffen werden. Zum einen geht es um einen Beitrag von mir im Jahresbericht 2008/2009 der Schule und zum andern um meine frühere Website.

»Im Jahresbericht des Literargymnasiums Rämibühl erscheint unter dem Titel Theaterwerkstatt ein Text vom angeschuldigten DS. Auch in diesem Text geht es, obwohl er nichts mit dem Deutschunterricht zu tun hat, um eine sexuelle Szene.« Dieser Jahresbericht ist öffentlich einsehbar. Jeder, der Deutsch versteht und meinen Beitrag darin zur Theaterproduktion Pimp my Dreams und zur Produktion der anderen Theaterwerkstattgruppe (geleitet von einer Frau) liest und unter keiner Wernicke-Aphasie leidet, das heißt, wer kein Problem hat mit der Zuordnung von Zeichen zu Bedeutung, stellt fest: Es geht um keine sexuelle Szene in diesem Bericht. Solches zu behaupten ist derart unsinnig, dass man dies selbst dem Kinderschutz der Stadtpolizei als Missgeschick oder Pfusch nicht zutrauen kann. Aus diesem Text einen Sexfokus herausdestillieren kann nur jemand, der wahnhaft auf Sexuelles versessen ist. Und doch findet dieser Wahn Eingang ins Protokoll unter der Rubrik »Ermittlung«. Und die Anklagekammer nimmt es summarisch auf und kreiert daraus den Begriff des *Übermaßes.* Niemand von all den Polizisten und Juristen, die mit dem Fall in Berührung gekommen sind, reagiert, wie man mit gesundem Menschenverstand einzig hätte reagieren können. Niemand sagt: In diesem Bericht geht es nicht um eine sexuelle Szene. Und dieser Kopf mit gesundem Menschenverstand hätte *stutzig* werden müssen über die Anzeige insgesamt. Dies ist nicht geschehen, und das zeigt: Nicht nur die Mutter muss einem die Wahrnehmung eintrübenden Wahn verfallen sein, sondern ganze Abteilungen von Polizei und Justiz.

Der Hinweis zu diesem Beitrag im Jahresbericht der Schule wird allerdings explizit nicht weiter verwendet. Er hat seine Funktion bei der Anlegung eines sexuellen Sumpfes im Vorfeld des Überfalls erfüllt. Das Gleiche gilt für das, was die »Ermittlungen« auf meiner Website »ergeben« haben. *»Anlässlich der routinemäßigen Abklärungen des Lehrers wurde auch die Website des Angeschuldigten gesichtet. Bei den dort veröffentlichten Texten handelt es sich unter anderem auch um Gewalt verbunden mit Sexualität oder sexuellen Handlungen.«*

Das ist allein schon sprachlogisch falsch. Erwähnenswert ist diese Ermittlung jedoch auch aus einem anderen Grund: Mit einiger Wahrscheinlichkeit stellt sie die Quelle des Namensirrtums dar. Polizei und Justiz bezeichneten mich nämlich in all ihren Schreiben mit einem Namen, den es amtlich und offiziell gesehen gar nicht gibt, auf keinem Steuer-, Lohn- oder AHV-Dokument, auf keinem Ausweis. Sie benutzten meinen literarischen Namen, bei dem ein Zweitname hinzuerfunden ist, was in der gegebenen Gesamtkonstellation nicht ohne Ironie ist. Diesen Namen haben sie von meiner ehemaligen Website. Das führte dazu, dass ich selbst im Gerichtsurteil mit einem nicht existierenden Namen genannt werde. Schülerarbeiten würde man zurückweisen mit dem Hinweis: falsch zitiert. Bei den Zürcher Justizbehörden reicht Abschreiben von einer Website. Der Namensirrtum indes hatte im Gegensatz zur inhaltlichen Schlamperei keine Funktion. Oder etwa doch?

Das Ergebnis aus den sogenannten polizeilichen Ermittlungen war, zumindest deutet alles darauf hin, vorgegeben. Logisch lässt sich anders die Differenz zwischen den Aussagen und der Wirklichkeit nicht erklären. Und diese Differenz zeigt sich im Rahmen einer Recherche, die ohne weiteres zu bewerkstelligen ist. Sie zeigt sich bereits bei trivialsten Überprüfungen von angeblichen Tatsachen. Es lag nichts vor, es musste etwas zum Vorliegen gebracht werden. Das ist die Botschaft, die aus den Protokollen hervorgeht. Dabei spielt es zum jetzigen Zeitpunkt meiner Untersuchung keine Rolle, ob es einen Auftrag gegeben hat (Ihr müsst da was finden), von wem genau ein solcher stammte oder aber ob es eine übergeordnete gesellschaftliche Grundstimmung war, welche die Konstruktion eines verhaftungstauglichen Ergebnisses ermöglichte. Vielmehr geht es darum zu klären, wie das Verfahren zu den für die Überfallrechtfertigung zentralen Begriffen wie »Übermaß« und »etc.« findet. Wir lesen hierfür die Schrift der Anklagekammer und sehen textgenau zu, wie diese die von Polizei und Staatsanwaltschaft gelieferten Vorgaben zu einem Verhaftungsbefehl zusammensetzt.

Das Schreiben der Anklagekammer

Die Staatsanwaltschaft Zürich-Limmat hat am 2. Juli in einer »*Überweisung einer Anzeige gegen Beamte und Behördenmitglieder*« (Überfallgesuch) verfügt, dass die Akten (das sind die Erzählungen der Mutter, die Nennung der fünf literarischen Texte mit einem kurzen Textausschnitt aus *Dunkler Frühling* sowie weniges an Unterrichtsmaterial) »*auf dem Dienstweg via Leitung der Staatsanwaltschaft und Oberstaatsanwaltschaft an die Anklagekammer des Obergerichts des Kantons Zürich*« gehen, »*mit dem Antrag, über die Eröffnung oder das Nichteintreten auf die Anzeige zu entscheiden und den Beschluss mit den Akten der Oberstaatsanwaltschaft des Kantons Zürich zur Rückleitung an die Staatsanwaltschaft Zürich-Limmat zukommen zu lassen.*« Es unterschreibt PB von der Staatsanwaltschaft Zürich-Limmat. Unterhalb dieser Unterschrift ist per Stempel namentlich Dr. iur. AE als Leiter der Staatsanwaltschaft Zürich-Limmat erwähnt. Dieser AE wird als stellvertretender Oberstaatsanwaltschaft zu Beginn des Jahres 2012 die Schulleitung des Literargymnasiums aufsuchen, um diese dazu zu bewegen, ihre Unterstützung für mich fallenzulassen. Dass das Schreiben über die Oberstaatsanwaltschaft an die Anklagekammer des Obergerichts geht, bestätigt mit seiner Unterschrift lic. iur. MB von der Oberstaatsanwaltschaft. Es existiert, um es nochmals zu betonen, von allem Anfang an eine breite Kenntnis meines Falls innerhalb der Justiz. Wenn jemand aufgrund der Lektüre von Literatur, darunter von *Frühlings Erwachen*, überfallen werden soll, so hätte das immerhin auffallen können.

Die Anklagekammer des Obergerichts entscheidet am 6. Juli 2009, den Überfall zu genehmigen. Diese Anklagekammer besteht aus der Oberrichterin lic. iur. AK, SP-Mitglied, aus dem Oberrichter lic. iur. PD, FDP-Mitglied, und der Ersatzoberrichterin Prof. Dr. IJS. Die Entscheidung der Anklagekammer in einem Schreiben festgehalten hat die juristische Sekretärin lic. iur. FGZ. Die so zusammengesetzte Anklagekammer zieht in Betracht, *»dass nach summarischer Prüfung ein deliktsrelevanter Verdacht wegen Pornografie etc. vorliege«.*

Sie fasst den deliktsrelevanten Vorwurf so: *»Dem Angeklagten wird zusammengefasst vorgeworfen, dass er in seiner Funktion als Lehrer während des Schuljahres 2008/2009 seine vierzehn- und fünfzehnjährigen Schüler in einer nicht adäquaten Form und im Übermass mit Sexualität konfrontiert habe. [...] So habe er gemäss den Schilderungen einer Drittperson seinen Schülern aufgetragen, diverse Bücher mit sexuellen Inhalten zu lesen.«*

Die Werke werden sodann erwähnt, dabei wird der Titel der Erzählung von Marlen Haushofer nicht korrekt wiedergegeben. Die Anklagekammer formuliert weiter: *»Im Rahmen einer Abschlussstunde vor Weihnachten habe er das Schulzimmer verdunkeln und indische Musik abspielen lassen. Er habe den Schülern erklärt, dass sie sich gegenseitig massieren dürften, falls sie dies möchten. Währenddessen habe er eine Geschichte vorgelesen, die mit folgendem Satz geendet habe: ›Und dann wurde sie feucht.‹ Ferner habe er seinen Schülern vorwiegend sexuelle Szenen aus dem Film ›Am Anfang war das Feuer‹ vorgeführt und ein Bild einer Art Höhlenmalerei gezeigt, das er angeblich selbst in Asien fotografiert habe. Auf diesem sei ein Hinterteil einer Frau erkennbar gewesen, aus dem etwas getropft habe, daneben sei ein Penis abgebildet gewesen. Schliesslich habe der Angezeigte seinen Schülern auch einen Film vorgeführt, der eine Szene enthalten habe, in der sich ein Mädchen von 13 Jahren mit der Hand selber befriedigt habe.«*

Die Passagen, welche die Beschuldigungen gegen mich eröffnen, stützen vollumfänglich auf den Polizeirapport ab, sind zur Hauptsache da abgeschrieben. Einzig aus Thailand wurde Asien. Eine Prüfung kann man das nicht nennen. Zwar wird durch den Konjunktiv deutlich, dass die Kammer indirekte Rede benutzt. Sie macht die Aussagen nicht zu den eigenen. Aber sie führt sie als Sachverhalte auf, die eine Verhaftung rechtfertigen. Es gibt keinerlei Prüfung der Sicht, die hier im Konjunktiv angeführt wird. Die verschiedenen Behörden prüfen einander nicht, sie übernehmen.

Textstelle als Pornografie

Dann wird ein Ausschnitt aus dem Werk von Unica Zürn präsentiert. Der Ausschnitt, aus der Liste der von der Mutter aufgeführten Textstellen übernommen, handelt von der körperlichen Erfahrung, welche die Protagonistin mit einem Hund macht. Die Übernahme deutet darauf hin, dass auch die Anklagekammer den Text nicht kennt und sich bei der Auswahl ganz auf den mütterlichen Fokus verlässt. Dabei ergibt sich eine Paradoxie im Schreiben der Anklagekammer. Bevor nämlich meine angebliche Schuld genannt wird, führt die Anklagekammer aus, was juristisch als Pornografie zu gelten habe:

»Pornografie sind Darstellungen oder Darbietungen sexuellen Inhalts, die sexuelles Verhalten aus seinen menschlichen Bezügen heraustrennen und deutlich vergröbern und aufdringlich wirken lassen. Damit Pornografie vorliegt, müssen zwei Voraussetzungen erfüllt sein: Die Darstellungen müssen objektiv betrachtet darauf ausgelegt sein, den Konsumenten sexuell zu erregen, und die Sexualität muss so stark aus ihren menschlichen und emotionalen Bezügen herausgetrennt werden, dass die jeweilige Person als ein blosses Sexualobjekt erscheint, über das nach Belieben verfügt werden kann. Mit anderen Worten reduziert die (weiche) Pornografie den Menschen auf ein bloßes Lustobjekt sexueller Begierde, dessen man sich beliebig bedienen kann und womit von diesem Menschen ein degradierendes Bild gezeichnet wird.«

Zwei weitere Sätze wiederholen bereits Gesagtes und dann schließt die Passage mit folgendem Satz: »*Entscheidend ist dabei der Gesamteindruck.*« Sodann werden die Quellen angegeben, Bundesgerichtsentscheide, Rechtsschriften. Wissenschaftlich gesehen sind diese juristischen Definitionsversuche zwar unscharf beziehungsweise perspektivenabhängig (»objektiv betrachtet«: welche Objektivität gilt?; »aufdringlich wirken lassen«: welche Instanz ist der Maßstab dieser Wirkungen?; »aus menschlichen Bezügen«: was sind menschliche Bezüge, wer definiert das?). Auch gibt es sachliche Einwände gegen einzelne Festlegungen, zum Beispiel gegen die Bestimmung der Degradierung: Ist das nicht ein Vorgang im Kopf des Betrachters, diese Degradierung? Doch spielt das in meinem Zusammenhang keine Rolle. Denn die hier vorgelegte Definition genügt bei aller Unschärfe *ohne weiteres,* um festzustellen, dass sämtliche mir unterstellten Pornografievorwürfe – und der Überfallgrund wurde mit »Pornografie« angegeben – nicht zutreffen. So verlangt die oben ausgeführte Definition explizit einen Gesamteindruck, der gerade beim Text *Dunkler Frühling* absolut eindeutig ist und der auch für ein Laiengremium wie diese Anklagekammer schnell recherchierbar gewesen wäre. Die Abtrennung weniger Sätze aus dem Ganzen widerspricht nicht bloß der von der Anklagekammer angegebenen juristischen Definition, sie ist als Handlung vielmehr selber pornografisch, weil sie den Text aus seinen (»menschlichen«) Bezügen löst.

Weshalb führt die Anklagekammer diese Definition an, wenn sie im gleichen Schreiben gegen sie verstößt? Hat die juristische Sekretärin diesen Passus einfach routinemäßig hinzugefügt? Schwer zu sagen. Vielleicht sollte das Anführen dieses Passus eine Sorgfalt suggerieren, die nicht gegeben ist. Vielleicht sollten mit dieser scheinbar exakten Definitionspassage die Schwächen der nachfolgenden Argumentation kaschiert werden. Dass auch das Werk *Dunkler Frühling* nicht pornografisch ist, das jedenfalls müsste eine einigermaßen gebildete Instanz gewusst haben. Der aus dem Kontext herausgelöste Abschnitt allerdings eignete sich gut, um ein verdächtiges Sumpfgebiet anzulegen. Er schildert in knappen Worten die Erfahrung eines Mädchens, das sich von ihrem Hund oral befriedigen lässt. Damit waren die Emotionen zu wecken, die man wecken wollte – zum Beispiel bei jenen Politikern, die im Parlament des Kantons Zürich ein Postulat gegen literarischen Sex einreichten.

Die drei Oberrichter folgern: »*Ob dem Werk von Unica Zürn […] ein schutzwürdiger kultureller oder wissenschaftlicher Wert zuzubilligen ist, lässt sich nicht ohne weiteres beurteilen. […] Für die Eröffnung einer Strafuntersuchung besteht deshalb im heutigen Zeitpunkt ein hinreichender Anfangsverdacht.*«

Ohne weiteres

Ich stelle fest: Eine Textstelle aus einem literarischen Werk fungiert also als hinreichender Verdacht, der einen Überfall auf einen Menschen rechtfertigt. Ort: Zürich. Das Jahr: 2009. Das Hauptargument dabei: Die Textstelle lasse sich »nicht ohne weiteres« beurteilen. Nun lässt sich genau dieses Argument *empirisch* ganz einfach widerlegen. Es lässt sich dies sehr wohl »ohne weiteres«, das heißt ohne Aufwand und erst recht ohne Hausdurchsuchung, beurteilen. Ein kurzes Überfliegen des nicht sehr umfangreichen Gesamttextes zeigt es deutlich, die für eine Justizbehörde ohne jeden Aufwand zugängliche Information, dass dieser Text seit eh und je im Buchhandel ohne jede Altersbeschränkung zugänglich ist, bestätigt es: Hier liegt keine Pornografie vor. Als Leser dieses Buches können Sie die Arbeit, welche AK, PD und IJS hätten ausführen müssen, über Google innerhalb weniger Minuten selber erledigen. Geben Sie »Unica Zürn Dunkler Frühling« ein.

Auf abebooks.de, buchhandel.de, lovelybooks.com, in diversen Ebay- und Amazonanzeigen (alles dies auf vordersten Google-Positionen) ist zu lesen:

Unica Zürn, eine Ikone des Surrealismus, beschreibt in »Dunkler Frühling« die Geschichte eines jungen Mädchens, das die ständig nörgelnde Mutter als feindselig empfindet, den brutal egoistischen Bruder verachtet und an den zärtlichen Gesten des häufig abwesenden Vaters etwas Gewohnheitsmäßiges entdeckt. Ein Klassiker der Frauenliteratur! »Die besten Erzählungen der großen, viel zu unbekannten Schriftstellerin und Malerin wie ›Dunkler Frühling‹ sind karger als die Prosa der zehn Jahre jüngeren Ingeborg Bachmann, erinnern in ihrer traumverlorenen Unbedingtheit, dem festen Willen, die Abgründe der verletzten Weiblichkeit ergründen zu wollen, gleichwohl an die Kollegin.« (Iris Radisch, »Die Zeit«)

Und auf fixpoetry.com (ebenfalls über eine vordere Google-Position aufzufinden) wird das Sexuelle direkt angesprochen: *»›Dunkler Frühling‹« enthält durchaus explizite Passagen, die für die damalige Zeit (das Büchlein wurde 1967 während eines kurzen Aufenthaltes an der Côte d'Azur geschrieben und erschien erstmals 1969) gewagt und ungewohnt waren. Sie schildert das sexuelle Erwachen eines zehn-, dann zwölfjährigen Mädchens, begleitet sie in die Entdeckung der Masturbation und das Erleben und Ausleben erster Phantasien. Sie schildert, wie der Bruder sich an ihr vergeht und wie sie eigenes Verlangen oral von ihrem Hund befriedigen lässt. Doch sind dies nicht die wichtigsten Passagen des Buches – für das Verständnis der Geschichte notwendig und plausibel, aber es sind nicht die zentralen Erzählmomente. Unica Zürn begibt sich nicht effektheischend in die Schilderung kindlicher, sexueller Erfahrungen, auch nicht zu ausführlich, ihr Umgang ist ein wesentlicher und das Wesen des Kindes ist ihr ein liebevoll zu betrachtendes.«*

Es ist sonst nicht meine Art, mit Google-Rankings zu argumentieren, doch soll der Hinweis darauf an dieser Stelle aufzeigen, dass es *ohne weiteres* (ich setze für dieses Gremium nicht einmal die Lektüre des Textes voraus) möglich gewesen wäre, an sachliche Information über diesen Text zu gelangen. *Ohne weiteres* hätten all diese Informationen in eine einzige Richtung gewiesen. Und daran ändert auch der sexuelle Inhalt des im Überfall-Rechtfertigungsschreiben zitierten Ausschnitts nichts. Die willkürliche Abtrennung eines winzigen Textausschnitts kann keinerlei Indikator für Pornografie sein, denn wäre dem so – was indes selbst juristisch nicht der Fall ist, die Anklagekammer zitiert die entsprechenden Rechtstexte selbst –, ließe sich alles und jedes pornografisieren.

Was man – wirklich: *jeder*mann – »ohne weiteres« hätte erfahren können über diesen Text, wollte die Anklagekammer nicht erfahren. Die offensichtliche Schlamperei führt zwingend zur Frage: Hatte die Anklagekammer den Verhaftungsantrag durchzuwinken? War das von Anfang an gesetzt?

Übermaß – an Schlamperei?

Der Begriff des *Übermaßes* steht am Anfang der inhaltlichen Rechtfertigung für den Überfall (»im Übermass mit Sexualität konfrontiert«). Dieser Begriff leitet die ganze Argumentation ein und manipuliert dabei durch sprachliche Unschärfe den Fall hoch zu einem verdachtsrelevanten Fall. Eine Untersuchung erfolgt nie, doch der Überfall hat seine Legitimation und der Begriff des Übermaßes bereitet dem Überfall den Boden. War dies das Ziel von Anfang an? Die Notwendigkeit der Untersuchung bereits im Schreiben der Anklagekammer nur ein Vorwand?

Ich frage weiter: Lektüre von *Frühlings Erwachen* als *Übermaß?* Die Anklagekammer müsste es aus der eigenen Schulbiografie wissen: *Frühlings Erwachen* ist ein kanonischer Text der Schulliteratur. Er gehört zum Maß, zur Norm, nicht zum Übermaß. Vor allem aber: Als Indiz für ein Übermaß angeführt, untergräbt er das, was konstruiert werden soll. Weiter: Indische Musik als Indikator für eine lüsterne Stimmung, *Am Anfang war das Feuer* (ausgezeichnet mit zwei Césars für den besten Film und die beste Regie 1982 und einem Oscar 1983) als Indiz für einen sexualisierten Unterricht? Wiederum, ein Gremium, das auch bloß in Ansätzen prüfend läse, müsste *stutzig* werden. Auch diese Anschuldigungen dekonstruieren das, was sie konstruieren sollen.

Weiter: Die Anzahl der angeblich auf Sex fokussierten, von der anzeigenden Mutter vorgebrachten Vorkommnisse im Unterricht: Man könnte sie durchzählen, kommt auf vier über ein ganzes Schuljahr verteilt. Und diese vier ergeben sich erst noch, so müsste ein rationales Lesen bemerken, aufgrund einer Zählung (Stichwort: indische Musik), die wahnhaft darauf aus ist, Sexuelles aufzuspüren und dabei Dinge sexualisiert, die nichts mit Sexualität zu tun haben.

Wiederum: Wie kann ein Prüfungsgremium darüber hinweglesen? Nicht, weil sie *nur* auf die Infos aus den Protokollen (und damit der Mutter) abstützt für den Verhaftungsentscheid, sondern weil sie auf *diese* Infos, die sich bei einer einigermaßen sorgfältigen Lektüre selber dekonstruieren, abstützt, muss dieser Anklagekammer Pfusch unterstellt werden. Doch ist es Pfusch? Oder eher Kalkül? Mission?

Übermaß – ich kann es nicht fassen und verbleibe noch einige Augenblicke bei diesem Begriff. Wie kann ein Begriff, dessen Unschärfe allein schon die argumentative Verlegenheit herausstellt, zum zentralen Argument aufsteigen, um einen Menschen zu überfallen? Um Verschränkungen deutlich zu machen, schiebe ich kurz die mögliche Perspektive der Staatsanwaltschaft ein. Diese, schließt man vollständig irrationales Handeln aus, muss beim ganzen Vorgehen mindestens mit der *Möglichkeit* gerechnet haben, dass sie den Karren, so wie sie ihn beladen hat, nicht zwingend gegen die Wand fährt. Dass sie durchkommt. *Auch bei einer Gerichtsinstanz.* Sollte durch die beim Überfall konfiszierten Gegenstände die Ladung so ergänzt werden, dass später keiner nach der Überfalllegitimation und also nach dem Schreiben der Anklagekammer fragen würde? Sollte das konfiszierte Material als nachträgliche Überfalllegitimation fungieren? Das ist eine Deutungsvariante. Sie erklärt den Zwang, die aufgefundenen Dinge ins Monströse zu ziehen. Ähnlich wie zuvor der Schulstoff so weit ins Monströse verkehrt werden musste, dass er den Überfall auslösen konnte.

Die literarischen Texte beziehungsweise der Schulstoff als *auslösendes Moment:* Das ist, wie gesagt, eine Deutungsvariante. Doch vielleicht, das wäre eine zweite Deutungsvariante, lässt sich im Sog des gegenwärtigen Nulltoleranz-Rausches diese Literatur beziehungsweise dieser Schulstoff darüber hinaus als kriminelles Gut an Bord halten. Die Frage, die sich stellt (und die sich vielleicht auch PB gestellt hat): Gibt es heutzutage das Richtergremium, das *Frühlings Erwachen etcetera* als Pornografie einstuft? PB konnte austesten. Geräuschlos. Mit der Überweisung der Fakten an die Anklagekammer des Obergerichts. Ohne dabei das Gesicht zu verlieren. Hätte die Kammer, die ja aus Richtern besteht, abgelehnt, niemand hätte jemals vom Ansinnen erfahren, aus Schulstoff, darunter *Frühlings Erwachen,* einen Überfallgrund zu konstruieren. Sie hat nicht abgelehnt.

Übersetzung aus dem Englischen als Pornoindiz

Wir lesen die Schrift der Anklagekammer zu Ende. Die schreibt, nachdem sie aus *Dunkler Frühling* einen Überfallgrund konstruiert hat, weiter: »*Vor diesem Hintergrund erübrigt sich zwar, auf die weiteren Werke mit expliziten sexuellen Inhalten, namentlich »Die Selbstmordschwestern« von Jeffrey Eugenides und »Warum das Kind in der Polenta kocht« von Aglaja Veteranyi, näher einzugehen. Lediglich am Rande ist dennoch zu bemerken, dass der erste Text für den Deutschunterricht von vorneherein etwas speziell erscheint, da er ursprünglich in Englisch verfasst wurde.*«

Die Überfallrechtfertigung, so wird suggeriert, sei schon geleistet und also müsse man nicht mehr auf Weiteres zu sprechen kommen. Damit wird das Folgende von jeder Legitimationsfunktion entbunden, eben mit dem Verweis, der Text habe diese Legitimation bereits erbracht. Die sprachliche Manipulation wird über die Wendung »erübrigt sich [...] näher einzugehen« vollzogen. *Näher eingehen?* Wurde zuvor »näher eingegangen«? Allernächstes (kurze Google-Recherche, Erkundigung bezüglich freien Zugangs des Werkes etc.) wurde ausgeblendet beziehungsweise nicht vollzogen. Indes, das Erwähnen von etwas, das nicht mehr erwähnt werden müsse, unterläuft die sprachliche Manipulation eben doch. Zumindest für diejenigen, die genau lesen. Entweder gibt es die Argumentation, die ausreicht. Dann wird sie nicht ergänzt durch etwas, das sich (angeblich) erübrigt. Oder es ist nicht geleistet, was geleistet werden müsste, und man weiß darum. Dann braucht es Weiteres zur Untermauerung eines Gebäudes, das ohne dieses Weitere nicht steht. Die Variante hier untermauert und behauptet gleichzeitig, es sei nicht notwendig, dies zu tun. Mit anderen Worten: Die Anklagekammer vertraut der eigenen Argumentation nicht und entlastet sie zum Voraus. Wenn sie dann als sich erübrigender Umstand (wozu dargeboten eigentlich?) einen Sachverhalt anführt, der an groteskem Gehalt alles bisher Dargebotene noch übertrifft, so erstaunt das allerdings schon.

Die »Übersetztheit« eines Textes als sexuelles Zeichen, die Übersetzung eines Textes aus dem Englischen als Pornoindiz: Hier werden letzte rationale Maßstäbe außer Kraft gesetzt. Wenn Ingmar mit den Taliban vergleicht, so ist das nicht Metaphorik. Die Parallelen sind sachlich, sind real. Auch im Afghanistan der Taliban wäre eine Schullektüre übersetzt aus dem Englischen verdächtig gewesen. Zumindest in einer Koranschule. Und andere gab es nicht. Hätten AK, PD und IJS indes nicht nur den Talibanvirus in sich getragen, sondern auch irgendwie noch einen Sinn für Sorgfalt, mindestens eine Spur davon, und hätten sie deshalb, zumal ihnen diese Übersetzung ja ins Auge sticht, abgeklärt, weshalb dieses übersetzte Werk Eingang in den Deutschunterricht findet, so hätten sie »ohne weiteres« festgestellt: Das Werk wurde im Rahmen des International Baccalaureate (IB) gelesen. Das Programm dieses weltweit anerkannten Highschool-Abschlusses verlangt zwingend übersetzte Weltliteratur. Also nicht mein sexueller Trieb war es, der mich dieses Werk der Weltliteratur wählen ließ – hätte man in der deutschen Literatur nicht ein weiteres Werk mit sexuellen Stellen finden können, wäre es darum gegangen? –, nein, es war die Vorgabe des IB, dessen Diplom die Klasse parallel zur schweizerischen Maturität anstrebte. Weshalb klärt diese Anklagekammer nicht, ob haltbar ist, was sie schreibt, bevor sie sich in dieser Weise bloßstellt? Man hätte hierfür kurz die Schulleitung konsultieren müssen. Doch soll da nicht ohnehin ein Überfall folgen? Soll das Wild nicht ahnungslos gehalten werden? Man hätte sich allerdings auch über die Bildungsdirektion kundig machen können.

Wohl kaum

Wir kommen zum letzten relevanten Passus des Dokuments. *Frühlings Erwachen*, es spielt in der Anzeige eine prominente Rolle, muss irgendwie erwähnt werden. Indes, bei *Frühlings Erwachen* geht es nicht an, Sätze zu isolieren und als pornografisch einzustufen. Dafür ist das Werk, eine rudimentär gegebene Allgemeinbildung vorausgesetzt, zu bekannt. Ein direkter Pornografievorwurf an *Frühlings Erwachen* könnte die Überfalllegitimation untergraben, das müssen AK, PD und IJS für einmal erkannt haben (PB hingegen, wir werden das sehen, hält am Pornografievorwurf bezogen auf *Frühlings Erwachen* fest). Wie aber bringt man dieses *Frühlings Erwachen,* das man fürs Übermaß braucht, auf eine Linie, welche die Überfalllegitimation, die man aus dem unbekannteren *Dunkler Frühling* herauskonstruiert, zumindest nicht unterläuft?

Die Anklagekammer hält fest, dass der Text »wohl kaum als pornografisch zu qualifizieren ist«. *Wohl kaum* – das ist die Lösung. Gänzlich sicher ist es nicht, man desavouiert so weder Mutter noch Staatsanwältin. Aber es kann mit dieser Formulierung niemand behaupten, die Anklagekammer habe *Frühlings Erwachen* als pornografisch eingestuft, was die ganze Argumentation möglicherweise der Lächerlichkeit preisgegeben hätte (denkt man unbewusst daran, dass dieses Schreiben über Juristenkreise hinaus publik werden könnte?). Gleichzeitig behält dieses »wohl kaum« das Werk irgendwie am Rande des Sumpfes, den man zu erzeugen hat. Und für diesen Sumpf wird es benötigt, denn die Argumente, trotz Konstruktionsgroßaufwand, sind weder zahlreich noch sprechen sie für sich. Mit diesem »wohl kaum« wird die angepeilte Sexualisierung, was meinen Unterricht betrifft, nicht vermasselt, das Werk selbst hingegen muss nicht direkt dafür herhalten. Dafür herhalten muss stattdessen das, was ich mit diesem Werk im Unterricht angestellt haben soll. Die Anklagekammer schreibt:

»Die (angeblich) vom Angezeigten zu diesem Schulstoff verfasste Prüfung ist jedoch stark auf sexuelle Themen fokussiert. Sie erscheint bei summarischer Prüfung zumindest als geeignet, unter Notendruck stehende Schüler dazu zu nötigen, sich allenfalls auch gegen ihren Willen (und darüber hinaus keineswegs frei) zu sexuellen Inhalten zu äussern. Sowohl der Zweck als auch das Mittel erscheint zwar grundsätzlich erlaubt. Die Relation zwischen den beiden lässt sich indessen erst nach weiteren Abklärungen abschliessend beurteilen. Einstweilen ist bei der vorhandenen Sachlage nicht von der Hand zu weisen, dass das Vorgehen des Angezeigten rechtsmissbräuchlich oder sittenwidrig gewesen sein könnte.«

Das Ungefähre ist die Konstante im Schreiben der Anklagekammer. Eine Unschärfe, welche im Hausdurchsuchungsbefehl in die Abkürzung »etc.« mündet. Das Gremium nimmt erneut das *Übermaß* auf, bezieht dieses nun auf eine *womöglich fragliche Relation von »Mittel« und »Zweck«*, welche sich erst nach weiteren Abklärungen abschließend beurteilen lasse. *Zweck und Mittel,* was immer die Anklagekammer darunter in diesem Zusammenhang versteht – man argumentiert dort diffus, wo Klarheit schaden könnte –, Zweck und Mittel seien zwar grundsätzlich erlaubt. Man darf also gemäß dieser Logik selbst an Zürcher Schulen eine textbezogene Frage zum Drama *Frühlings Erwachen* stellen. Doch soll da irgendwie noch eine Relation sein, die man überprüfen muss. Ich halte fest: Es geht um die Verhaftung und Traumatisierung eines Menschen, und die Anklagekammer spielt mit Begriffen. Wenn Mittel und Zweck erlaubt sind, so kann aus der Mischung von beidem nichts Unerlaubtes entstehen. Wenn weder Zweck noch Mittel pornografisch sind, kommt Pornografie auch nicht aus einer Mischung von beidem zustande. Pornografie, so sagt es die Justiz selbst, entsteht aus der Reduktion, nicht aus der Mischung. Die Anklagekammer widerspricht ihrer eigenen Logik. Außerdem, ginge es in der Tat um eine Bestimmung von Zweck und Mittel im Unterricht, dann wären, wie bereits bei der Frage des richtigen Maßes beim Stoff, Fachleute gefragt, nicht Juristen. Das, so darf man annehmen, weiß die Anklagekammer natürlich auch. Doch das Schreiben zielt ja nicht auf eine Wirklichkeit außerhalb der Justiz und nicht auf eine Untersuchung. Es geht allein darum, auch bezüglich *Frühlings Erwachen* eine irgendwie verhaftungslegitimierende Stimmung zumindest nicht zu unterlaufen, und hierfür scheint der diffuse Hinweis auf eine verdächtige Relation von Zweck und Mittel am geeignetsten.

Hätte sich die Justiz für Fragen der Relation interessiert, sie hätte sich an Leute wenden müssen, welche meine Materialien kennen. Das waren nicht wenige. Ich war Praktikumslehrer im Rahmen des Höheren Lehramts der Universität Zürich. Praktikantinnen und Praktikanten haben meine Unterlagen, diejenigen zu *Frühlings Erwachen* inbegriffen, gesehen. Das ganze Material zu *Frühlings Erwachen* habe ich Kollegen ausgeliehen. Andere Sprachlehrer borgten sich von gemeinsamen Schülern den Deutschordner aus. Unzählige Eltern hatten Einsicht in diese Unterlagen. Mitglieder der Schulkommission und die Schulleitung kannten sie ebenso. Es gab wohl kaum einen transparenteren Unterricht als den meinigen, und irgendein Feedback, das ein Übermaß an Sexualität angedeutet hätte, gab es über Jahrzehnte nicht. All diese Personen hätte die Justiz befragen können, hätte sie ein Interesse an der Relation von Zweck und Mittel in meinem Unterricht gehabt. Doch diese angeblich fragliche Relation zwischen Zweck und Mittel blieb ein weiteres Täuschungsmanöver. Genügend unscharf in der Sache, genügend scharf in der mitschwingenden Konnotation. Im Vordergrund stand nicht Mittel und Zweck, im Vordergrund des juristischen Vorgehens stand der Überfall.

Der freie Wille

Auf ein weiteres Argument in derselben Passage ist einzugehen: »*Sie* [die Prüfung zu *Frühlings Erwachen*, DS] *erscheint bei summarischer Prüfung zumindest als geeignet, unter Notendruck stehende Schüler dazu zu nötigen, sich allenfalls auch gegen ihren Willen (und darüber hinaus keineswegs frei) zu sexuellen Inhalten zu äussern.*«

Dieser Hinweis auf die fehlende Freiheit bezüglich Stoffwahl und Stoffbehandlung ist so trivial wie unerheblich in einem strafrechtlichen Sinne. Ist der Schulstoff strafrechtlich nicht relevant, so entsteht daraus auch keine Strafbarkeit, wenn Schüler aufgrund des Notendrucks gezwungen sind, sich damit zu beschäftigen. Das ist selbstverständlich und der Versuch, daraus eine strafrechtliche Relevanz zu konstruieren, wirft die Frage auf, ob die Verfasser beim Schreiben noch bei Sinnen waren. Es besteht in keinem Fach Willensfreiheit. Auch in der Mathematik ist ein Schüler genötigt, sich mit dem Stoff zu beschäftigen beziehungsweise sich allenfalls gegen seinen Willen dazu zu äußern, will er eine gute Note haben. So funktioniert Schule, was man mit guten Gründen kritisieren kann. Daraus eine strafrechtlich relevante Dimension abzuleiten, deutet indes erneut darauf hin, dass dieses Schreiben insgesamt nichts Konkretes an Vorwürfen zu benennen, ja nicht einmal hypothetisch in den Raum zu stellen vermag. Und weil Griffiges fehlt, wird aufgeblasen, in alle möglichen Richtungen, begrifflich unscharf, juristisch unhaltbar und logisch falsch. Aber der Zweck heiligt die Mittel – die Anklagekammer wirft ja die Frage nach der Relation von beidem auf –, und der Zweck ist der Überfall.

Doch noch Missbrauch, vielleicht

Das Gremium schließt das Schreiben mit der Anmerkung zum Abhängigkeitsverhältnis, die ich am Anfang der genauen Lektüre der Dokumente erwähnt habe: »*Hätte er* [der Angeschuldigte, DS] *mit dem ihm gegenüber vorgeworfenen Verhalten vorsätzlich oder fahrlässig seine Fürsorge- bzw. Erziehungspflicht gegenüber einer unmündigen Person verletzt oder vernachlässigt und sie dadurch in ihrer körperlichen oder seelischen Entwicklung gefährdet, so hätte er sich auch in dieser Hinsicht strafbar gemacht.*«

Mit *Frühlings Erwachen* oder *Dunkler Frühling* jemanden in der körperlichen und seelischen Entwicklung gefährden? Mit dem Film *Am Anfang war das Feuer* – Altersfreigabe 12; der Schulmediathek entnommen – fahrlässig eine Erziehungspflicht vernachlässigen? Die Groteske wandelt sich zur Realsatire, vergegenwärtigt man sich die Sorgfaltspflichten, welche das Gremium, das hier in großen Worten von Erziehungspflicht spricht, sämtliche mit Füssen getreten hat beim Verfassen dieses Schreibens. Es hat in eben diesem Schreiben, das so im Grunde nur in einer Bananenrepublik funktionieren kann, einen Menschen in seiner seelischen Entwicklung nicht nur gefährdet, es hat ihn vielmehr erledigt. Zu keinem Zeitpunkt lag eine Anzeige vor, in welcher irgendjemand als Geschädigte oder Geschädigter bezeichnet worden wäre. Eine Schädigung fand also nicht einmal aus der Sicht der anzeigenden Mutter statt. Insofern zielt diese letzte Konstruktion der Anklagekammer von allem Anfang an an der Sache vorbei beziehungsweise über diese hinaus. Aus der Klassenlektüre von *Frühlings Erwachen* und weiterer Literatur musste ein Offizialdelikt gekürt werden. Damit der Staat losschlagen kann.

Politik

Wie kann das alles sein? Worauf zielt dieses Schreiben? Lagen Ordern vor? Kannte die Anklagekammer den Entscheid, bevor sie eine Begründung ersann? Hatte sie den Auftrag, eine textuelle Grundlage für einen Überfall zu schaffen?

Ich halte fest: Das Schreiben spricht an mehreren Stellen von Untersuchungen, die zu erfolgen hätten. Dass strafrechtliche Untersuchungen sich aus dem Schreiben der Anklagekammer in keiner Weise rechtfertigen lassen, ist das Erste. Dass die angeblich begründeten weiteren Untersuchungen in der Sache keinen Überfall, keine Verhaftung, keine Hausdurchsuchung verlangt hätten – sie hatten alle mit mir als Privatperson rein gar nichts zu tun –, ist das Zweite. Ob die inkriminierte Literatur Pornografie sei, ob bei Themen und Materialien ein Übermaß beziehungsweise eine falsche Relation von Zweck und Mittel vorgelegen habe, ob das Unterrichtszimmer verdunkelt, die Schüler zur Massage aufgefordert und der Satz »Und dann wurde sie feucht« vorgelesen worden sei, das alles hätte sich ohne Überfall abklären lassen. Eine Begründung für einen Überfall, für eine Verhaftung, für eine Hausdurchsuchung sucht man im Schreiben der Anklagekammer vergeblich. Zum Dritten aber fand eine wie auch immer geartete Untersuchung auch in der Folge nie statt. Es gibt keine Versuche, den Pornografiegehalt der Werke wissenschaftlich zu klären, keine Versuche die Relation von Zweck und Mittel in meinem Unterricht »abschließend« zu beurteilen, keine Versuche das Übermaß zu bestimmen, keine Versuche, die angeblichen Unterrichtsvorkommnisse zu verifizieren. Das ganze große Interesse, von dem die Anklagekammer, die SP-Frau AK, der FDP-Mann PD und die Titularprofessorin IJS, in ihrem Schreiben, den Übergriff rechtfertigend, spricht, erlahmt nach dem Überfall vollständig.

Das allein könnte als Schlamperei der Staatsanwältin begriffen werden. Ich bezweifle das allerdings. Wenn die Anschuldigungen, die in diesem Schreiben als strafuntersuchungsrelevant, das heißt als überfallsrelevant taxiert werden – mit dem Hinweis, dies verlange nach genaueren Abklärungen –, in der Folge nie abgeklärt werden, so geht das durchaus zusammen mit der Erkenntnis, die eine rationale Lektüre aus der Schrift der Anklagekammer gewinnen *muss.* Diese Erkenntnis lautet: Die Vorwürfe hatten auch im Bewusstsein der Verfasser des Schreibens nur Scheincharakter und eine nachträgliche Untersuchung war nie beabsichtigt. Eine Justiz *mit einem solchen Schreiben als Überfallgrund* muss gewusst haben, dass jede Verifizierung des vorgeschobenen sexuellen Übermaßes die Vorwürfe auflösen würde. Es gab Schlamperei in diesem Verfahren. Wenn während zweieinhalb Jahren keine einzige Frage zum Unterricht, der den Überfall offiziell ausgelöst hat, an irgendjemanden gerichtet wurde, zählt genau dies nicht dazu. Das hat System und geht nahtlos zusammen mit dem Schreiben der Anklagekammer, liest man die Hinweise darin auf Abklärungen als Scheinargumente. Und dafür, das hat unsere Lektüre gezeigt, spricht allein der groteske Gehalt sämtlicher Argumente, die sich darin finden.

Insgesamt handelt es sich bei der gesamten Schuldkonstruktion um einen Übernahmevorgang: Polizei übernimmt von Mutter, Staatsanwältin von Polizei, Anklagekammer von Staatsanwältin. Das lässt sich durch die identischen Textstellen in Protokoll und Schrift der Anklagekammer belegen. Die politische Folgerung: In der Schweiz, zumindest in Zürich, kann irgendjemand irgendetwas über irgendjemanden erzählen. Dieses Erzählte wird sodann ohne irgendeine Prüfung zu einer zumindest vorläufigen Faktizität erhoben, einer Faktizität, welche einen Überfall legitimiert. Beste Bedingungen für ein nachhaltiges Denunziantentum. Und wenn daran auch nichts ist, so darf gleichwohl von irreversiblen Auswirkungen für den Angeschuldigten ausgegangen werden. Dazu zählen zum Beispiel das Vorführen als Verhafteter an der Schule, die Demütigung des Urinierens vor der Staatsanwältin und ihrem Überfalltrupp, das Einschwärzen sämtlicher Finger und vieles mehr.

Wie aber können sich Falschaussagen und vollends absurde Verhaftungsgründe durch mehrere Behörden hindurchziehen? Wie lässt sich das erklären? Hat da jemand den Auftrag gefasst, möglichst viel zu konstruieren – man werde dann schon sehen, was genau zu gebrauchen sei. Und zudem, im Grunde müsse nur ein Grund für eine Verhaftung her. Sei die mal über die Bühne, so spiele es keine Rolle mehr, wie genau die Verhaftungsgründe zustande gekommen seien. Ich denke nur laut. Immerhin, hätte es einen solchen Arbeitsauftrag gegeben, vieles würde doch erheblich mehr Sinn machen. Vieles, das ohne diesen Auftrag schlicht nicht zu erklären ist – wie zum Beispiel die Falschzählung bei den Fragestellungen auf dem Arbeitsblatt. Mit den konstruierten Fakten ließ sich ein pornografischer Sumpf anlegen. Dafür waren sie da. Nun kann man den Trupp losschicken, um das Terrain trockenzulegen. Am 7. Juli, morgens um 6 Uhr. Ziel erreicht. Der Vorwurf als solcher indes genügt, wenn man genau liest, selbst im Verständnis der Jagenden nicht. Deshalb wird er ergänzt. Durch eine noch nebulösere Größe: *etcetera.* Langsam, so denke ich, werden Verbindungen deutlich. »Pornografie etc.«: So stand es auf dem Durchsuchungsbefehl. Weshalb dieses *etcetera?* Weshalb diese Unschärfe bereits im Durchsuchungsbefehl? Kann nicht genau benannt werden, weshalb überfallen wird? Oder *soll* es nicht benannt werden? Man weiß noch nicht so recht, weshalb man überfällt, und weiß es eben doch. Man hat dieses Gespür vielleicht, wie der Junge in Hofgeismar. Und die Zeichen würden bestimmt sichtbar, irgendetwas, was ihn verrät, was ihn ausliefert, so würde Ingmar denken, weil er zum Beispiel *Jugend ohne Gott* gelesen hätte und wüsste, wie man vorgegangen ist, als eine Vermutung allein offiziell noch nicht ausreichte, um zu verhaften.

Es lässt sich allerdings auch ohne Vergleich sagen: Ein Gremium, dem die Funktion zukommt, über einen massiven Eingriff in ein Menschenleben zu entscheiden, müsste wenigstens ansatzweise etwas leisten, das im weitesten Sinne als Prüfung von Fakten bezeichnet werden kann. Das ist nicht nur nicht geschehen. In der Schrift der Anklagekammer finden sich vielmehr Zeichen, die deutlich machen: Da wurde bewusst über einen nicht existierenden Verhaftungsgrund hinweggeschrieben. Ist kriminelle Energie am Werk? Liest man den Text genau, so spricht alles dafür.

Unter den Verfassern dieser Schrift findet man auch eine Titularprofessorin. Eine Person also, die Juristen ausbildet. Auch ich habe *Ermittlungen* betrieben und die Website des entsprechenden Rechtsinstituts konsultiert. Da ist nachzulesen, was IJS antreibt, wenn sie Schriften wie diese, die wir gerade genau gelesen haben, verfasst. Sie antwortet auf die Frage *Was gefällt Ihnen an Ihrer Arbeit?* mit: »*Die Überzeugung, dass es mit rechten Dingen zugehen muss, und der Wunsch, einen Beitrag zur Rechtsdurchsetzung zu leisten.*« Auch in Weißrussland wird das Recht durchgesetzt, wenn Staatsanwälte und Polizei morgens um sechs in Wohnungen einfallen.

Pathos und Aufklärung

Weshalb schreibe ich dieses Buch? Weil ich Gerechtigkeit einfordere? So naiv bin ich nicht. Und mein Unterricht liegt ohnehin in Trümmern. Man soll das Rad nicht zurückdrehen wollen. Schreiben, weil ich mir Konsequenzen für die Staatsanwälte und die Oberrichter AK, PD und IJS wünsche? Nein. Ich stelle bloß fest, es gibt diese Konsequenzen nicht. Das ist eine politische Feststellung. Es wird sie auch mit diesem Buch nicht geben. Und wären die Leute von ihren Ämtern entfernt, andere, im Grunde Gleichgestrickte übernähmen ihre Posten. Dass ich nun in Deutschland nicht mehr an die Löhne dieser Personen zahle, ist eine persönliche Genugtuung. Dafür braucht es kein Buch und die Gleichgestrickten gibt es auch hier. Es geht um einen aufklärerischen

Ansatz. Ein einsamer, pathetischer Ansatz in dieser gläsernen, auf Daten reduzierten Welt.

Und doch kann ich nicht anders. Aufdecken der Wahrheit, so begründet PB ihre Jagd. Pathetisch, wie die Musik von Archive, fällt mir ein. Und in diesem Pathos decken wir uns, PB und ich. Auch ich decke auf. Das macht die Sache unerträglich. Ob am Schluss die Wahrheit herauskommt, an die ich, philosophisch betrachtet, nicht glaube – so pathetisch bin ich dann doch nicht –, weiß ich nicht. Aber es kommt etwas heraus, das um einiges wirklicher ist als das, was die an meinem Fall beteiligten Behörden als Wirklichkeit verkaufen wollten.

Die Wirklichkeit, von der ich spreche: Alles, was aus dem Schreiben der Anklagekammer hervorgeht, zielt in eine Richtung. Und diese Richtung macht dann Sinn, wenn es der anzeigenden Mutter, den Kinderschutzpolizisten, der Staatsanwältin und der Anklagekammer nicht um den Schulstoff geht. Der ins Übermaß umgelogene Unterricht fungiert als Vorwand, um mich zu überfallen beziehungsweise mich zu Fall zu bringen. Und das wiederum lässt sich nur mit einem Wort erklären, das gefallen sein muss, indes in keinem Protokoll und in keinem Antrag und keiner Überweisung und keiner Begründung einer Anklagekammer vorkommen darf. Wir befinden uns wenngleich nicht mehr ganz am Anfang, so doch noch nicht in der Endzeit der Jagd. In einer Endzeit würde es genannt und es bräuchte den übrigen Zauber nicht mehr.

Tatsächlich, wir sind zurück beim Jungen in Hofgeismar, in der Nähe des Märchenwaldes. Oder beim Jungen dieser Bekannten. Haben auch Mutter, Kinderschutzpolizei (mindestens Einzelne darunter), Staatsanwältin oder Mitglieder der Anklagekammer dieses Gespür? Ich frage erneut. Diesmal, nach der Lektüre von Protokoll und Schrift der Anklagekammer, vor einem absolut realen Hintergrund. Im Grunde reicht es, wenn eine oder einer aus dieser Kette es hat. Einer bloß muss es sagen: Das ist einer.

Bei einer ersten Kontaktnahme der Mutter mit dem Kinderschutz dürfte es gefallen sein und wäre dann entlang der folgenden Handlungskette weitergereicht worden. Natürlich immer an offiziellen Papieren vorbei. Vielleicht war es das nahtlose Reden mit jungen Menschen, vielleicht ein Funkeln, ein Knistern, eine Lebensfreude? Im Unterricht spürbar, zum Beispiel? Nicht die Mutter, die Tochter wäre die mit dem magischen Gespür. Möglich, durchaus. Weshalb soll die Tochter dieses Gespür nicht haben, wenn es jener Junge in Hofgeismar hatte? Vielleicht indes war der Code für die Anklagekammer ohne jedes explizite Erwähnen klar. Vielleicht liest man aus Fakten, die nichts bezeugen und für einen Überfall reichen müssen, das Wort heraus. Vielleicht ist genau diese Diskrepanz der Code, und also wusste die Anklagekammer nicht *trotz,* sondern *aufgrund* fehlender Gründe, worum es ging und wie sie zu entscheiden hatte.

Ob explizit oder nicht beziehungsweise wie explizit auch immer: Das Wort, und sei es bloß im Kopf, muss den Überfall ausgelöst haben. Das ergibt sich aus der Schrift der Anklagekammer, die im Rahmen jedes anderen Wirklichkeitsmodells unsinnig bleiben muss. Es geht darum, jemanden auffliegen zu lassen. Ein vermutetes So-Sein. Und bei diesem vermuteten So-Sein ist alles recht und alles Recht. Und das wiederum ist nur möglich, wenn die gesellschaftliche Grundstimmung dieses Vorgehen deckt. Denn PB, DK, AK und wie sie alle heißen wollen ihre Ämter behalten. Sie brauchen ein Gefühl der Sicherheit. Nur getragen von dieser Sicherheit ist ein solches Vorgehen denkbar. Auch von der gesellschaftlichen Stimmung, die diese Sicherheit spendet, handelt das Buch.

Ist damit die Literatur aus dem Fokus? *Frühlings Erwachen,* die Texte von Marlen Haushofer, Jeffrey Eugenides, Aglaja Veteranyi und Unica Zürn gerettet? Die Jagd gegen diese oder jene fräst Schneisen in den Wald. Einiges geht mit drauf. Denn, so zeigen Vergleiche, nicht diese oder jene allein sind krank, vielmehr schimmert das Kranke plötzlich überall durch. Wer reinigt, sieht Schmutz allüberall. Was bleibt? *Säubern und nochmals säubern und weiter säubern.* Die Polizei sagt: *Sicherstellen.* Filmemacher wie Wim Wenders und Werner Herzog zum Beispiel stehen im Nachklang zur Kinski-Enthüllung am Pranger und mit ihnen das Autorenkino der 70er- und 80er-Jahre schlechthin. Maler wie

Kirchner und andere aus der Jahrhundertwende mit ihren jungen Aktmodellen werden in die Nähe des Missbrauchs gerückt. Dies in Zeitungen wie der FAZ und nicht bloß in Aktivistenblättern. Auch Goethes *Faust* wird bald korrigiert, denn Gretchen und Faust: das ist definitiv krank. Von Novalis ganz zu schweigen. Mein Fall zeigt es: Wer solche Werke liest, der muss *so* sein. Es braucht in der Logik der Staatsanwaltschaft Zürich keine Tat. Diese Werke mit Jugendlichen zu lesen ist genug Entlarvung. Mit anderen Worten: Die Jagd nach diesen und jenen ist von einer allgemeinen Kriminalisierung von Kunstwerken und im Grunde von Leben schlechthin nicht zu trennen. Und das gilt gerade dann, wenn die Werke *stellvertretend* für eine nicht existierende Schädigung den Überfall auszulösen haben. Über die Rückkopplung sind sie tangiert, selber krank.

Die erste Einvernahme

Es ist der 22. Oktober, das Wetter nasskalt, der Himmel düster. Ich stehe im Bus Nummer 32, halte mich an einer Stange über meinem Kopf fest und fahre zum Helvetiaplatz. Vier Monate sind seit dem Überfall vergangen. Die Hände sind eiskalt, die Füße ebenso. Der Kopf dröhnt. Ich muss überleben, das habe ich Pascale versprochen. Und doch die Frage: Weshalb das alles? Kann man nicht austreten? Vanish and disappear? Zürich ist vergiftet, verstrahlt. Das spüre ich im Bus. Ich spüre es überall. Übernachtet habe ich nicht in der Klinik, ich hätte es von dort nicht rechtzeitig zur Einvernahme geschafft. Übernachtet habe ich in der Wohnung, in der ich überfallen worden bin. An Schlaf war nicht zu denken. Pascale einzig konnte mich vor Angstattacken schützen. Pascale und Medikamente.

Bald und endlich stehe ich ihr also gegenüber, ihr, die in meine Wohnung eingefallen ist. Staatlich legitimiert. Die in meinen Innereien herumwühlen durfte. Es ist einer der beklemmendsten Augenblicke im ganzen Proceß. Ich stehe entblößt, sie verdeckt hinterm Amt. Sie stellt Fragen (immer, wenn ich differenzieren wollte, pfiff sie mich zurück: »Beantworten Sie meine Frage!«), ich liefere Antworten. Wie ein Hund. Ein Hund, der apportiert. Erst noch in ihrem Code, denn einen anderen versteht sie nicht. Sie kennt Privatestes von mir, hat meinen nackten Körper studiert, ich von ihr: nichts. So sieht Rechtsstaat aus. Das macht den Job attraktiv. Teilnahme am Leben der Anderen. Bis ins Intime. Die Bundesverfassung garantiert die Integrität und so weiter.

Die Meldung von der Verlagerung des Falls hat mich zusätzlich verängstigt. Zusätzlich zerhackt und klein gemahlen. Und so warte ich mit dem Anwalt im Korridor vor ihrem Büro. Die Tür geht auf. Sie ist es. Lächelt, wie sie den Anwalt sieht. Dann wechselt die Stimme. Laut, ja plärrend begrüßt sie mich. Das Gesicht streng. Es ist die Strenge eines zehnjährigen Mädchens, die Rolle eingeübt. Die Bühne ist sicher, ein Heimspiel: Wir sind im Amtshaus. Und es ist die Macht des Amtes, die sie pachtet. Laientheater. Man müsste lachen, würde es nicht gelten.

Das Protokoll, aus dem ich zitiere, ist ein Produkt der Verknappung. PB übersetzt meine Aussagen für den Protokollanten in ein Zürichdeutsch-Deutsch. Dass irgendwelche Differenzierungen Eingang ins Dokument finden: unmöglich. Ich habe verzichtet zu korrigieren – wie hätte ich anders können? Den ganzen Text umschreiben? Selbst mir wird das Wort »Kinder« in den Mund geschoben, dabei spreche ich prinzipiell nur von *Schülerinnen* und *Schülern* oder von *Jugendlichen.* Grobfalsches ist nicht enthalten, aber es fehlt alles, was die Muster staatsanwaltschaftlichen Denkens überschreitet. Und diese Muster sind eng. Einige Male habe ich versucht nachzuhaken, zu präzisieren, vergeblich. Zweimal greift der Anwalt ein, der sonst schweigt: »Entschuldigung, ich glaube, Sie haben Herrn S. falsch verstanden.« Von ihm duldet sie die Korrektur. Sie lächelt sogar, sagt »Herr Kollega«, zwinkert mit den Augen. Der Scherz gilt ihm, nicht mir.

Was allein durch die Stimmführung klar wird: Es ist ein moralischer Impetus, der das Zepter führt, eine Mission. Sie beginnt: »Nach *eingehenden* Ermittlungen von unserer Seite wurde der Anklagekammer des Obergerichts des Kantons Zürich eine Überweisung einer Anzeige gegen Beamte getätigt, wobei beantragt worden ist, gegen Sie ein Strafverfahren wegen Pornografie zu eröffnen.« So spricht man zu einem Schüler, der etwas Böses getan hat und den man maßregelt. Klein soll er werden durch große Begriffe wie »Anklagekammer des Obergerichts des Kantons Zürich«. Dass *dieser Anklagekammer eine Überweisung einer Anzeige getätigt wurde,* ist sprachlicher Unsinn. Die Justiz stört's nicht. Die wissen, was gemeint ist. Und wenn nicht, stört auch das nicht.

Welche *eingehenden* Ermittlungen? Bis jetzt, wir erinnern uns, war alles von der anzeigenden Mutter kopiert. *Verhaftet wegen Pornografie.* Es fehlt diesmal das »etc.«. Noch immer weiß die Staatsanwältin offenbar nicht so recht, wessen ich angeklagt werden soll. Später sagt PB in der gleichen Einvernahme, es sei nicht verboten, »solche Bücher zu schreiben oder gar zu lesen«. Weshalb also wurde ich verhaftet? Weil sie pornografisch sein sollen (also doch die Bücher und nicht der Unterricht?) und deshalb nicht mit Minderjährigen gelesen werden dürfen? Kann indes auch nicht sein – denn diese Werke sind alle ohne Altersbeschränkung zugänglich und auch die Anklagekammer bekennt: *Frühlings Erwachen* sei »wohl kaum« Pornografie. Die Diffusion ist und bleibt. Auch in der Einvernahme. Von Beginn weg.

Nach ein paar unbedeutenden Eingangsfragen (»Haben Sie die Klasse 3i des Literargymnasiums Rämibühl unterrichtet?«) und der Aufzählung der fünf inkriminierten Werke steuert PB direkt die Textpassage aus Unica Zürns *Dunkler Frühling* an, die bereits die Anklagekammer in ihrer Begründung, aus dem Polizeirapport kopierend, zitiert und die offenbar das Fundament der Anklage darstellen soll. Diese Stelle liest sie mir mit ihrer plärrenden Stimme vor – allein anhören zu müssen, wie sie diesen filigranen Text mit ihrer Justizstimme schändet, ist eine Strafe – und fragt dann: »Was sagen Sie dazu?«

Dann peilt sie die anderen Textstellen an, welche die Mutter bei der Anzeige ebenfalls erwähnt hat, jedoch nicht mehr in Form von Zitaten, sondern mit einer Inhaltsangabe. Im Wortlaut: »Auf Seite 8 dieses Buches ist von Zungenküssen zwischen Mutter und Tochter zu lesen. Was sagen Sie dazu?« Was soll man zu einem Zungenkuss zwischen Mutter und Tochter sagen – kann man dazu prinzipiell Stellung nehmen? Ich nicke bloß, bestätige die jeweilige Stelle. Die Stellenfragen beendend sagt sie: »Auch wenn dieses Werk allenfalls unter Kunst subsumiert wird, fünfzehnjährige Kinder müssen vor solchen Texten geschützt werden. Was sagen Sie dazu?«

Staatsanwaltschaft als Bühne für Meinungen (»fünfzehnjährige Kinder müssen vor solchen Texten geschützt werden« – das darf man ja vertreten, aber muss man auf Staatskosten deshalb in das Leben anderer einfallen?). Wie entgegnen? Etwa: Vor den Erzeugnissen der globalisierten Unterhaltungsindustrie müssten Kinder geschützt werden, nicht vor Literatur. Ich sage das nicht, habe mich unter Kontrolle. Knapp bleiben, so hat der Anwalt geraten. Die verstehen im Prinzip nur *Ja* und *Nein* und *Weiß nicht.* Das hat er als Rat mitgegeben.

PB, das zeigt ihre Frageweise, erwartet Empörung über diese literarischen Textstellen. Und wenn nicht Empörung, so doch Reue, zumindest Verteidigung. Ich betreibe keine Verteidigung. Das stelle ich im Nachhinein fest, wie das Analytische ohnehin eine Angelegenheit im Nachhinein ist. Sie, das habe ich schnell bemerkt, will nicht nur nicht, nein, sie kann die Gründe für Literatur nicht verstehen. Ich sage laut Protokoll lediglich: »Ich habe diesbezüglich nicht die gleiche Haltung.« Vielleicht habe ich zuerst zu differenzieren versucht, dies jedoch bald aufgegeben. Eigentlich hätte ich ihr erklären müssen, Kinder (also Jugendliche – längst geschlechtsreif und kreditkartenwürdig) müssten vor einem Leseverständnis geschützt werden, wie es im staatsanwaltschaftlichen Kopf beim Lesen isolierter Textstellen zustande kommt. Deshalb übten wir genaues Textverständnis. Es wäre kontraproduktiv gewesen.

Bei *Frühlings Erwachen* nimmt sie die Zusammenfassung des Polizeibeamten TW zur Hand und liest vor, was dort unter »Ermittlung« stand: »Hierbei geht es um eine Geschichte, in welcher Jugendliche, die nicht richtig aufgeklärt sind und ständig über das Thema Sexualität fantasieren.« Auch den Satzbaufehler übernimmt sie. »Die Hauptperson, die vierzehnjährige Wendla wurde schwanger. Es werden in diesem Buch mehrere Masturbationsszenen beschrieben. Wie äußern Sie sich dazu?« Wie ist Justiz gemeint? Ein Text (*ständig* über Sex fantasieren, schwanger werden, masturbieren – so fasst die Kinderschutzpolizei der Stadt Zürich Weltliteratur zusammen) wird als Vorlage geboten, eine Vorlage, die strafrechtlich nichts Relevantes an oder in sich hat, und doch soll man sich äußern – weshalb? Justiz als Talkshow? Hätte ich zurückfragen sollen: Sind Sie gegen Masturbation, Frau B.? Wie damals die Pädagogen in viktorianischer Zeit? Oder weite Kreise in den USA, welche bei Kindern das Geschlecht von Anfang an durch Kreditkarten und Waffen ersetzt haben wollen? Ist das ihre Mission? Dürfen vierzehnjährige *Kinder* nicht masturbieren in ihren Augen? Masturbieren Sie selbst nie?

Wie es die Anklagekammer vorgibt (weil der Text selbst »wohl kaum Pornografie« sei), kommt PB, nachdem sie den Text kurz zum Anlass ihrer privaten Empörung gemacht hat, auf meine Behandlung des Textes zu sprechen: »Was macht nach Moritz' Vorstellungen den viel intensiveren Genuss des Mädchens beim Orgasmus aus? Sie forderten die fünfzehnjährigen Schüler auf, dies in eigenen Worten zu beschreiben!« (Das Ausrufezeichen steht im Protokoll, vielleicht ist das eine Regung des Protokollanten.) »Herr S., weshalb fordern Sie Kinder dazu auf, Beschreibungen von sexuellen Handlungen zu machen?«

Frau B., »mit eigenen Worten« war in meinem Unterricht ein technischer Begriff in Absetzung zur anderen, ebenso häufig verlangten Antwortweise mit Stellenzitaten. Spätestens von der 5. Klasse an benutzte ich hierfür jeweils den Begriff der Paraphrase. Die Kinder, wie Sie fünfzehnjährige Personen bezeichnen, mussten nicht Beschreibungen von sexuellen Handlungen »machen«, sie mussten sich nicht persönlich, wie Sie wohl diese Frage missverstehen, zu Sexualität äußern, sie mussten vielmehr den Text *übersetzen.* Sie mussten die Metaphorik dekodieren. Es handelte sich um eine textgenaue Frage, nicht um eine Frage, die auf eine persönliche Stellungnahme zielt. Im Gegensatz zum

Vorgehen, das Sie wählen und das mit einer schweren Missachtung der persönlichen Integrität eines Menschen verbunden ist, blieben persönliche Integrität und Privatsphäre in meinem Deutschunterricht stets und immer gewahrt. Die Frage zu Moritz' Orgasmusvorstellungen taucht in dieser Prüfung auf, weil der zur Weltliteratur zählende Text *Frühlings Erwachen* diese Szene vorgibt und es eine Schlüsselszene ist. Die Übersetzung in eine eigene Begrifflichkeit erlaubt es, die Bedeutung der sakralen Sprache, die Moritz benützt, zu erkennen und das Textverständnis generell zu prüfen. Die sakrale Überhöhung von Sexualität mag Ihnen, Frau B., fremd sein, sie ist aber Teil des Textes. Und diese Überhöhung zu erkennen ist entscheidend, will man Moritz als Textfigur, seine Identifikation mit dem weiblichen Geschlecht, seine späteren Handlungen und die Figurenkonstellation insgesamt begreifen. Ich weiß, Frau B., bei den Taliban hätte ich diese Frage auch nicht stellen dürfen. Aber ich glaubte, die Schule, an der ich unterrichtete, sei nicht in deren Machtbereich.

Natürlich, das alles sage ich nicht. Stattdessen halte ich fest, was an irgendeiner Stelle festzuhalten ich mir vorgenommen habe. Niemals sei von den betreffenden Eltern irgendeine Kritik weder mir noch der Schulleitung gegenüber geäußert worden. Das Naheliegendste habe nicht stattgefunden, der Versuch, in Kontakt zu treten. Daraufhin bricht die staatliche Überlegenheit kurzzeitig ein und PB wird so laut, dass ihre Entgegnung von meinen Ohren als Schreien empfunden wird. Die Mutter habe versucht mit der Schulleitung in Kontakt zu treten, sei aber »abgewimmelt« worden. Die Wirklichkeit in den Augen der Schulleitung sieht anders aus: Die Mutter hat sich bei einem Prorektor der Schule gemeldet, samstags, auf dessen Privatnummer, mit einer ungefähren Andeutung der Thematik. Dieser hat sie an den Rektor verwiesen, der für das Fach Deutsch zuständig sei. Sie möge sich an einem kommenden Werktag beim Rektor über die Sekretariatsnummer melden. Das hat sie getan. Der Rektor war jedoch nicht da. Die Sekretärin bot einen Rückruf oder einen fixen Termin an. Beides wollte die Mutter nicht. Sie sagte, sie würde sich von sich aus wieder melden. Das hat sie nicht getan.

Ich werde später darauf zurückkommen. Im Protokoll übrigens ist diese Gesprächseinheit nicht erwähnt. Sie ging thematisch von mir aus und alles, was von mir kam, fand nicht ins Protokoll. Eingang fanden die vorbereiteten Fragen der Staatsanwältin und meine Reaktion darauf. Situationen, in welchen die Staatsanwältin reagieren muss, bleiben außen vor. So funktioniert diese Textsorte. Das gehört mit zur justiziellen Wirklichkeitskonstruktion.

Was PB tadellos beherrschte, war eine bestimmte Rhetorik. Vielleicht gelernt an einer Fortbildung für Staatsanwälte. Kern dieser Rhetorik: Sprechen Sie bei Einvernahmen den Angeschuldigten immer wieder persönlich mit seinem Namen an. Der Namensaufruf, vor allem wenn vorangestellt, hat die Funktion, den Angeschuldigten auf sich selbst zurückzuwerfen und ihn dabei erschaudern zu lassen. Ich erinnere mich an die Szene in Kafkas Roman, als der Name des Angeschuldigten Josef K. im Dom ausgerufen wird und wie Josef K. daraufhin zusammenfährt. Auch ich sitze in einem Dom, in der Kathedrale der Zürcher Justiz. Wenngleich nur in einem Nebenraum. *Herr Müller, Sie haben am 27. September morgens um 10 Uhr den Rasen gemäht!* Selbst triviale Vorwürfe kommen mächtig daher, wenn ihnen die Namensgebung vorangeht. *Herr S., weshalb fordern Sie Kinder auf, …, Herr S., was sagen Sie dazu?* etc. Mit diesem Mittel, naturgemäß dann am nützlichsten, wenn keine Fakten da sind, auf welche Angeschuldigte zu behaften wären, hat PB extensiv gearbeitet. Der Leiter jener Fortbildung müsste zufrieden sein mit ihr.

Noch eine weitere Fragetechnik muss trainiert worden sein: »Gehen Sie mit mir einig, dass die unter Notendruck stehenden fünfzehnjährigen Schüler sich dazu genötigt fühlten, sich allenfalls auch gegen deren Willen [sprachlogisch falsch im Zitat, Anm. DS] und darüber hinaus keineswegs frei zu sexuellen Inhalten äußern zu müssen?« Trotz Fragetechnik: Es ist nicht Rhetorik, es ist Mission, was hier stattfindet. Mission und Selbstbefriedigung. Die Frage, die folgt und auf die alles hinausläuft, zeigt es. »Was verspüren Sie beim Lesen solcher Passagen, die ihre Schüler als Antwort schreiben?«

PB geht von einem identifikatorischen Lesen aus. Ein Lesen, das im Text das Pendant zu inneren Reizen sucht. Dass es eine wissenschaftliche Lektüre von Texten gibt, egal, ob bei literarischen oder analytischen Texten, davon weiß die Staatsanwältin nichts. Eine wissenschaftliche Lektüre kann Genuss auslösen, Erkenntnisgenuss, Befriedigung, das ist so. Trotzdem, dass ich erregt gewesen sei beim Lesen dieser Texte: es ist halt nicht so und das kann ich also auch nicht bieten, so weit geht die Anbiederung an den Code nicht.

Nein, Frau B., ich hatte keine Erektion. Und wenn doch, was hätten Sie eigentlich davon, Frau B.? Oder ist es verboten eine Erektion zu haben oder feucht zu werden, steht das im Gesetz? Es gibt Leute, die werden bei einer mathematischen Aufgabe erregt, andere in religiösen Ekstasen oder beim Steigen und Sinken von Aktienkursen. Und andere, die werden es weder bei pornografischen Bildern noch sonstwie. Was hat das alles mit Justiz zu tun? Will die Zürcher Staatsanwaltschaft Lehrerinnen und Lehrern einen Erregungsindikator in die Hose schieben? Soll entlassen, soll bestraft werden, wer erregt ist beim Korrigieren? Der Job soll Spaß machen, ja, aber keinen solchen Spaß? Ist es das? Die Arbeit der Staatsanwaltschaft, nüchtern besehen, ist eine Verlagerung von inneren Reizzuständen nach außen. Stück für Stück. Zelle für Zelle. So wird das einstmals gesunde Gewebe, das man angeblich untersucht, überwuchert. Und deshalb stellt sich bald die Frage: Ist bereits das Wort »Orgasmus« Pornografie? Ist eine sakrale Umschreibung des weiblichen Orgasmus, wie sie Moritz in *Frühlings Erwachen* vornimmt, Pornografie? Ist die Nachfrage, ob man diese Stelle verstanden habe, Pornografie? Ist der Ausdruck »sexueller Höhepunkt«, der zum Beispiel Teil der Antwort zu meiner Prüfungsfrage hätte sein können, Pornografie? Ist vielleicht der Körper selbst pornografisch? Oder der Mensch überhaupt?

Auch was die angeblichen Vorkommnisse im Unterricht betrifft, liest PB aus dem Protokoll ab, dem als Informationsquelle einzig die Behauptungen der anzeigenden Mutter zugrunde liegen. Die Verdunkelung wird ebenso aufgetragen wie die indische Musik, das Massieren und der Satz, den ich nie vorgelesen habe: »Und dann wurde sie feucht.«

Und dann sagt Staatsanwältin PB: »Es gab Kinder, die haben sich sichtlich unwohl gefühlt in dieser Stunde. Was sagen Sie dazu?«

Noch eine andere Fragetechnik muss der Workshop vermittelt haben: Was als bloße Anschuldigung im Raum steht, soll als Faktum geboten und der Angeschuldigte gezwungen werden, dieses zu kommentieren. Er wird auf Reaktion zurückgestutzt. Muss stets auf Vorgetragenes antworten und wird so durch die Fragetechnik allein in eine Verteidigungshaltung gedrängt. Was grundsätzlich seiner Sache nicht dienen kann. »Sichtlich unwohl?« – von welcher Sicht ist die Rede? Die anzeigende Sicht war nie in einer Lektion anwesend. Wie kommt es also zu diesem »sichtlich unwohl«? Ist also doch die Tochter die entscheidende Instanz? Der Wunsch, sich an den Schultern massieren zu dürfen, kam aus der Klasse selbst, es war nicht mein Vorschlag. Polizei, Kinderschutz und Justizbehörden konstruieren daraus als juristisch relevante Kategorie ein von mir verursachtes Unwohlsein, das sie von LG auf andere übertragen. Ohne eine Ermittlung. Die *Sicht* der *Kinder* spielt dabei keine Rolle. Diese *Kinder,* im Grunde, haben durch den Wunsch, sich massieren zu dürfen, das Unwohlsein von LG ausgelöst. Vielleicht liegt hierin die Motivation für das Zerstörungswerk.

Die Staatanwältin, eine Stunde ist um, folgt weiterhin den Behauptungen der Mutter. *Am Anfang war das Feuer* kommt zur Sprache. Dass PB diesen ab zwölf Jahren freigegebenen, in unzähligen Mediatheken enthaltenen und auf ebenso unzähligen Sendern zur Nachmittagszeit ausgestrahlten Kultfilm aus den 80er-Jahren zum Thema macht, beruhigt mich: Dann kann sie nicht viel anderes haben, so die Meldung im Kopf. Ebenso malt sie, auch das wortwörtlich aus dem Polizeiprotokoll übernommen, das angebliche Höhlenbild an die Wand. Daraufhin folgert sie im Sinne der Anklagekammer: »Wenn man die Abfolge Ihres Unterrichts anschaut, dann ist ersichtlich, dass es sich immer um das Thema Sexualität handelt.«

Ermüdung macht sich breit, aller Anspannung zum Trotz. Justiz als Litanei. Soll ewige Wiederholung einen falschen Inhalt wahr machen? Ich weise ihre Sicht zurück, noch einmal. Sie ist immun. Das Ende der

Einvernahme zur angeblichen Schulschuld ist vorbereitet. »Sagen Sie uns, was Sie unter Jugendschutz verstehen.« Ich steige auf das Diktat ein, hebe die Selbstbestimmung hervor. Das ist nicht, was sie hören will, und sie hört auch nicht zu, denn ihre Frage zielt auf eine weitere Demütigung: »Herr S., lesen Sie bitte Art. 197 Ziff. 1 StGB.« Das Diktat ist ihr wichtig. Strafaufgabe. Sie zahlt zurück. In der Schrift, die ich zu lesen habe, wird die Pornografie bereits vorausgesetzt. Das ist keine Einvernahme. Das ist eine Gehirnwäsche. Knicke ich jetzt ein? Kommt die Reue? Nochmals, erschöpft bald, bestreite ich, dass es sich bei den Texten um Pornografie handelt. Sie, daraufhin, schließt diesen Teil mit dem Satz: »Der Jugendschutz oder die ungestörte sexuelle Entwicklung Jugendlicher geht den schutzwürdigen kulturellen oder wissenschaftlichen Werten vor.«

Ist die Tilgung einer Lehrperson nicht auch eine Störung? Ich kenne Schüler und Schülerinnen, die das so empfunden haben. In einem Missionsbüro des Kinderschutzes bin ich gelandet. Besser gesagt: des *angeblichen* Kinderschutzes. Aber alles, was diese Frau tut und sagt, ist *angeblich.* Nur die Mission, die ist echt. Mission oder Menschenhatz? Oder steht da ein »und«? Wie damals, als es gegen Hexen ging?

»Wir werden nicht fertig«, sagt sie dann, »heute kommen nur noch die Fotografien.« Zu Mails und SMS muss ich extra nochmals antreten. Das ist jetzt schon klar. Das Ganze soll ja dauern. Vor allem dauern soll es. Wann das sein werde, diese zweite Einvernahme?, fragt mein Anwalt. Möglicherweise im Dezember, versprechen könne sie nichts. Die Antidepressiva verstärken das bleierne Gefühl. Zu diesem Zweck wurden sie auch verabreicht. Überschreibung der Emotionen. Manchmal die Idee: Mein Leben hat sich in einen Film verlegt. Einen schweren Film, mit einem einzigen Ton und einer einzigen, bräunlich grauen Farbe. Der Himmel grau, regnerisch. Das große Fenster zur Seite hellt kaum auf.

Etwas liegt vor. Davon muss ich ausgehen. Oder ist zum Vorliegen gebracht worden. Wie sonst der in Betracht gezogene Wechsel zu einem auf Internetkriminalität spezialisierten Staatsanwalt? Ich weiß zwar nicht, was es sein könnte, und habe – das war wohl der Sinn der Sache –

mich selbst über Hunderte von Stunden mit möglichen Bildern malträtiert. Dass ich Aktfotos hatte, wusste ich. In Buchform und auf dem PC. Darunter auch solche von Models unter 16. Die zwei Hamilton-Bücher haben sie nicht beschlagnahmt, was mich übrigens bis heute erstaunt. Die Fotos auf dem PC waren gleichen Charakters. Dass heutzutage aus David Hamilton Kinderpornografie *gemacht* wird, das ist aus Fällen der US-amerikanischen Rechtsprechung bekannt. Es muss um diese Aktfotos gehen, da war ich mir sicher. Gleichzeitig wusste ich, diese Aktfotos auf dem PC waren gelöscht. Nicht aus inhaltlichen Gründen, nicht weil etwas zu verbergen war, sondern weil ich das Projekt, das ich mit ihnen verband, aufgegeben hatte. Stundenlang drehten so meine Gedanken, wie gesagt, bis an den Rand des Wahnsinns. Dann rief ich mir wieder in Erinnerung: Da waren keine sexuellen Handlungen. Es ging um den Körper und seine Ästhetik. Erst noch über alle Altersstufen. Was die Staatsanwaltschaft systematisch verschwieg, wohingegen sie sonst alles, was mich ins Licht des Sexbesessenen rücken konnte, selbst dann thematisierte, wenn nichts Strafrelevantes damit zu verbinden war. Doch wäre ein Verweis auf die Aktsammlung über alle Altersstufen einem anderen Bild, das man mir umhängen wollte, in die Quere gekommen. Dem entscheidenden Bild. Und weil das ganze Verfahren auf der Ebene der persönlichen Diffamierung lief und nicht auf der Ebene von Fakten, war entscheidend, wann welches Bild umgehängt wurde. Sie reicht mir über das Pult hinweg einen Stapel mit A4-Blättern. Das Gesicht dabei betont verächtlich, sie spielt die Angewiderte. »Sämtliche Bilder konnten auf Ihrem Computer erhältlich gemacht werden, alle, außer Bild Nummer 2, haben Sie jedoch gelöscht vorgängig. Was sagen Sie dazu?«

Wenn ich heute das Protokoll lese, so habe ich den Eindruck, das sei die einzige Stelle, an der ich mich für Augenblicke ganz und gar in die Defensive habe drängen lassen. Ich habe nämlich ihre rhetorische Frage nicht rhetorisch verstanden, sondern das Löschen als Argument real aufgenommen. Das musste oder konnte zumindest als inhaltliche Entschuldigung gelesen werden, als Reuebekundung, was es nicht war. Die Missachtung des Löschens ist ein entscheidender Punkt. Es steht in einem wesentlichen Zusammenhang mit der Würde des Menschen, genauer: mit der Achtung seines Willens. Das hat mit dem Inhalt des Gelöschten nichts zu tun, sondern betrifft die Frage, wieweit die Justiz in einem technologisch fortgeschrittenen Zeitalter den Menschen beziehungsweise seinen Willen noch ernst nimmt. Beziehungsweise wieweit sie dazu beiträgt, den menschlichen Willen und damit einen entscheidenden Bestandteil seiner Würde an Geräte auszuliefern. Diese Frage ist auch philosophisch bedeutsam. Von ihrer Beantwortung hängt die Art und Weise ab, wie wir in Zukunft leben oder leben wollen, beziehungsweise wie freiheitliche Gesellschaft und Computerzeitalter zusammengehen oder eben nicht. Eine weitere justizielle Grundfrage wird in meinem Fall dadurch eröffnet, dass die Justiz auf Material abstützt, das durch eine nicht gerechtfertigte Hausdurchsuchung beschlagnahmt worden ist. Ethisch gesehen illegal. Dazu hatte einst eine liberale, rechtsstaatliche Justiz eine ganz andere Haltung als die heutige, welche dazu tendiert, irgendwelche Befunde als Rechtfertigung im Nachhinein zu verstehen. Das wiederum erzeugt einen massiven Druck auf eben diese Befunde. Diese justiziellen Grundsatzdiskussionen betreffs Achtung des menschlichen Willens und Verwendung von illegal erworbenem Material wurde in meinem Fall bis auf den heutigen Tag nicht geführt.

Mein Hinweis auf das Löschen zielte auf dieses Grundsätzliche. Es war kein Versuch, mich inhaltlich von den gelöschten Dateien zu distanzieren. Dass ich, was Körper und Sinnlichkeit betrifft, die heutigen Maßstäbe und Normen, die sich auf einer paradoxen Linie zwischen grenzenloser Ökonomisierung und paranoider Prüderie bewegen, ablehne, darauf habe ich bereits im ersten Teil der Einvernahme hingedeutet. Im Grunde, auch das sage ich im Nachhinein, spielte meine Antwort, ich sei davon ausgegangen, es hätten sich keine solchen Bilder auf dem Computer befunden, keine Rolle. Ich hätte auch etwas ganz anderes sagen können. Die Staatsanwaltschaft wollte meine Sicht der Dinge nicht kennen. Das wurde mir erst später klar. Ihre Meinung war ja gemacht. In den Einvernahmen ging es lediglich darum, ob ich diese

Meinung teile – was dann wohl zu einem verminderten Strafantrag geführt hätte – oder nicht. Ja oder nein. Der Anwalt hat es gesagt. Der Strafantrag, eineinhalb Jahre später, hätte so, wie er daherkam, ganz auf die Einvernahmen verzichten können.

»Was löst die Betrachtung solcher Bilder bei Ihnen aus?« Diese Frage, zuvor bereits bezogen auf die Prüfungsfrage zu *Frühlings Erwachen* gestellt, musste kommen. Meine Antwort (etwas mehr als zehn Bilder auf zwei oder drei Seiten konnte ich in der Zwischenzeit überfliegen): »Ich finde die meisten dieser Bilder schön.« Das war nicht das, was sie hören wollte. Und vielleicht war sie über diese Aussage sogar erstaunt. Sie, das lässt sich ohne weiteres sagen, wollte wissen, ob ich einen Steifen gehabt habe. Wie auch die Kinderschutzpolizistin meine sexuellen Vorlieben kennenlernen wollte. Indes, kann man Körper von Menschen unter 16 schön finden? Ohne Aneignungsfantasien, ohne Okkupationsvorstellungen? Kann doch nur Lüge sein.

Sie legt einen weiteren Stapel vor mich hin und wieder die Frage: »Was sagen Sie dazu?« Ich betrachte zuerst die erste Seite, schlage dann eine weitere Seite auf. Ich erkenne einen Teil der Fotografien, einen Teil nicht. Das halte ich so fest. Sie fragt weiter: »Weshalb betrachten sie solche Bilder?« Ich skizziere das Projekt, mit dem ich begonnen habe. Eine Collage aus Aktfotos und Stellen aus der Theorie von Freud zur kindlichen Sexualität. Das Projekt hätte ich aufgegeben. Sie will wissen, weshalb. Aufgrund der Tabuisierung, die solche Bilder in jüngster Zeit erfahren hätten, hätte ich eine fruchtbar irritierende Wirkung gerade nicht mehr für möglich gehalten, so meine Antwort. Im Protokoll ist bloß die Aufgabe des Projekts erwähnt.

PB reicht mir einen letzten Stapel und sagt: »Es ist ersichtlich, dass Sie in ihrem unallocated cluster eine Vielzahl von kinderpornografischen Bildern hatten. Wie äußern sie sich dazu?« Wie schon bei *Dunkler Frühling* gibt sie ihre Wertung als Tatsache vor und fordert dazu meinen Kommentar ein. Wieder weise ich die Wertung zurück. Das immer gleiche Spiel. Wer *Frühlings Erwachen* und *Dunkler Frühling* als Pornografie betrachtet, sieht in jedem Aktbild Pornografie. Ich hätte das wissen können. Zum Schluss die Frage, wann ich diese Bilder bezogen habe. Ich erwähne einen Zeitraum zwischen 1999 und ungefähr 2002. Sie widerspricht: Die Bilder seien auf dem PC zwischen 2005 und 2007 erstellt worden, genaue Daten allerdings kennt sie nicht. Jede Erinnerung kann täuschen, das weiß man. Auch Daten jedoch entsprechen nicht immer der Wirklichkeit. Geräte können fehlerhaft arbeiten. Das wird in unserer technoiden Welt vergessen. Die Diskrepanz jedenfalls kann ich mir nicht erklären, im Augenblick und bis heute nicht. Ich kann meine Erinnerung indes nicht umdatieren, es entspräche nicht der erinnerten Wahrheit. Die Sammlung habe ich auf einem Stick gespeichert. Diesen wiederum zwischen 2005 und 2007 gelöscht. Vielleicht erfolgte bei dieser Löschung eine Neuerstellung, irgendwo im System. Das fällt mir als eine mögliche Erklärung ein. Im Prinzip jedoch spielt auch das keine Rolle. Ich hatte die Sammlung über das Jahr 2002 hinaus in Besitz und für deren Inhalt stehe ich grundsätzlich, wenngleich auf differenzierte Weise, auch heute noch ein.

Die Fotos mit Mädchenakten sind vorbei. PB wirft drei letzte Blätter aus. Das sei von meinem neueren Computer abgezogen worden. Ich sehe mir die drei Bilder an. Sie sind mir nicht bekannt. Dass es sich um pornografische Aufnahmen handelt, ist offensichtlich. Zwei Frauen und ein Paar. Fokussiert auf geschlechtliche Vorgänge. Allerdings ist ebenso schnell ersichtlich: Das sind keine Kinder, das sind Menschen über 18. Weshalb, so frage ich mich, bringt sie diese Dateien? Die Aktbilder mit den Models, die teilweise unter 16 sind, stellen keinerlei sexuelle Handlungen dar. Müssen nun deshalb aus legalen Pornobildern illegale gemacht werden?

»Weshalb finden wir solche Bilder auf Ihrem Computer?« – »Wie oft schauen sie sich pornografische Bilder an?« – »Weshalb suchen Sie pornografische Seiten im Internet auf?« Mit diesen Fragen macht PB deutlich: Selbst in ihren Augen handelt es sich um pornografische und nicht um *kinder*pornografische Darstellungen. Ich sehe keine Notwendigkeit, ihre Fragen zu beantworten und halte dies auch so fest. Es geht ihr, so ist anzunehmen, um eine allgemeine Diskreditierung. Wer Porno anschaut, ist ein Schmutzfink. Dass man sich bewusst mit Pornografie befassen kann, dass man sie mit theoretischen Schriften in Verbindung bringen kann, das sprengt ihren Horizont. Eine diesbezügliche Datei mit Texten und Bildern hätte sich übrigens auf meinem neueren PC befunden. Dreieinhalb Jahre nach dem Exil ist sie wieder bei mir. Im theoretischen Teil bin ich der Frage nachgegangen, ob es sakrale Elemente in pornografischen Darstellungen gibt. Diese Datei ist der Polizei entgangen oder sie hat sich nicht dafür interessiert. Vielleicht findet sich ein Verlag. Die Datei über sakrale Elemente in der Pornografie hatte ich übrigens auch im Ordner »Schule« beziehungsweise im Unterordner »Theory of Knowledge« abgelegt. Hintergrund war eine theoretische Arbeit zum Thema Pornografie in der damaligen Klasse 5i, und zwar im Rahmen des IB-Kurses »Theory of Knowledge«, eine Arbeit übrigens, die gänzlich von Schülern angeregt und konzipiert wurde. Mit der Themenwahl hatte ich nichts zu tun. Doch wollte ich aus einem ersten Impuls heraus die eigene Arbeit – angereichert mit Texten von Foucault und Bataille – als Anregung dazu abgeben, was ich dann aber, die IB-Anweisung, Schüler gänzlich selbständig arbeiten zu lassen, mir vergegenwärtigend, bleiben ließ. Des Weiteren hatte ich eine Datei mit dem Titel »Pornografie« ebenfalls in diesem Ordner »Theory of Knowledge« beziehungsweise im Unterordner »Bewertungen« erstellt. Diese Datei fasste die Wertung und einen Kurzkommentar zu eben diesem Vortrag über Pornografie. Hätte Polizei und/oder Justiz je Schulmaterialien angeschaut, sie hätten diese Dateien sichten und, weil unter »Schule« abgelegt, mich zwingend zu diesen Dateien befragen müssen, wo sonst ja sogar indische Musik und die Tatsache einer Übersetzung ins Deutsche als Pornoindiz herzuhalten hatten. Das ist nicht geschehen. PB hat also auch auf dem PC, was Unterrichtsmaterialien betrifft, nicht ermittelt. Dies als kurzer Einschub. Das vollständige Ausbleiben von Ermittlungen wird später noch Thema sein. Der Vortrag über Pornografie wurde übrigens mit Kamera aufgezeichnet und ans IB in Cardiff gesandt. Er galt als eine IB-Prüfung und wurde vom IB ohne weiteres als Abschlussarbeit akzeptiert. Man kann theoretisch über Pornografie arbeiten, Frau B., ja, das ist möglich. Noch ist es möglich. Vielleicht könnten

Sie in Cardiff einmal nachfragen: »Was verspüren Sie, wenn Sie solche Arbeiten korrigieren?«

Abschließend legt PB mir den Paragrafen des Strafgesetzbuches vor, der sich mit Kinderpornografie befasst, und fragt, ob ich diese rechtliche Würdigung anerkenne. Sie präzisiert dabei nicht, auf welche der Fotos aus ihrer Sicht dieser Paragraf zutreffen soll. Dass die zuletzt vorgelegten nicht dazugehören, hat sie durch die Wortwahl selbst eingeräumt. Welche der etwas über 400 Fotografien – die meisten davon hatte ich übrigens nie abgespeichert – mit Akten weiblicher Jugendlicher für sie Pornografie seien, das hat sie nicht gesagt. Sie hat mir undifferenziert nur jeweils ganze Stapel in die Hand gereicht. Auch bei diesen Fotografien indes – das weiß ich aufgrund der Präsentation aller Bilder an der Gerichtsverhandlung – ist ein Teil der Models sechzehn Jahre und älter. Und ein weiterer Teil der Bilder stellt Landschaften dar, in welchen, zuweilen deutlich in den Hintergrund gesetzt, menschliche Körper als Teil des Ganzen, also als Teil der Landschaft fungieren. Ich anerkenne, dass Kinderpornografie strafbar sei, halte allerdings fest: Bei den Darstellungen auf meinen PCs handelt es sich um keine solche.

Das Protokoll enthält diese Ausführungen kaum im Ansatz. Ich hätte sie bleiben lassen können. Und außerdem habe ich zu lange gesprochen. Das sagt der Anwalt am Ende. *Überwiegend gut, an einigen Stellen zu lang.* So sein Kommentar. Aber ich habe überlebt. Letzten Endes besser als gedacht. Gleichwohl, das Gesprächsarrangement stellt sicher: Als Sieger verlässt kein Angeschuldigter den Raum. Was er einzig und im besten Fall beeinflussen kann: das Ausmaß der Schädigung. Der *zusätzlichen* Schädigung. Ich habe es klein gehalten. Wie gesagt: Diese und (es sei vorweggenommen) auch die zweite Einvernahme hätte ohnehin wegfallen können, nimmt man zum Maßstab, was davon in der einen oder anderen Weise in die Anklage eingeflossen ist.

Zurück im Bus Nummer 32. Durchaus erleichtert zunächst, bald leer. Der Himmel verhängt, Nieselregen. Die Menschen durch die Busscheiben hindurch verschwommene Schablonen. Beruf weg, die Schule verbotenes Gelände, ich in der Klinik. Ist das Ziel erreicht?

Auszug

Unmittelbar nach dem Klinikaustritt im späten November fuhren wir ein zweites Mal in die Region an der Nordsee. Eine erste Wohnungssuche Mitte September war erfolglos geblieben. Nun mussten wir innerhalb von vier Tagen fündig werden, Pascale sollte ihre Stelle zu Beginn des neuen Jahres antreten. Am letzten Tag vor der Rückreise meldete sich eine Immobilienagentur. Eine Wohnung hoch über Hafen und Wattenmeer stand frei. Höheren Orts angeordnet. So verstanden wir das. Unser Auszug nach Deutschland war geplant. Ich hätte im Herbst 2009 einen unbezahlten, durch Überstunden teilweise vorfinanzierten Urlaub angetreten. Wie lange Pascale später allein in Deutschland geblieben, ob ich tatsächlich im Sommer 2010 zurückgekehrt wäre oder ob ich mich noch um ein weiteres Jahr unbezahlten Urlaubs bemüht hätte, das stand nicht fest. Der Überfall verwandelte die vorübergehende Ausreise zur definitiven. Zurück in das Land des Überfalls: für mich kaum denkbar. Die Panik, die uns allein schon erfasste, wenn uns der Zürcher Dialekt entgegenschlug, gründete tief. Der Auszug aus der Schweiz war indes nicht mit der Vorstellung verbunden, es sei andernorts grundsätzlich besser. Im Gange ist ein globaler, mindestens aber in den westlichen Zivilisationen sich ausbreitender Schutzwahn. Die Zürcher Fassung dieses Wahns allerdings übertrifft wohl das übliche Maß. Wahrscheinlich wäre die Geschichte, wie sie abgelaufen ist, bereits in Bern oder Basel so nicht möglich gewesen. So jedenfalls urteilte der Rektor. Vielleicht aber ist Zürich überall. Mehr und mehr.

In den verbleibenden wenigen Wochen, im Wissen um den baldigen Auszug, hielt ich es in der Wohnung an der Habsburgstraße aus. Ich war sogar in der Lage, den Apéro nach Pascales Dissertationsprüfung zu organisieren. Ihr Doktorvater stand mit einem Glas Wein in einem Korridor der Uni Irchel und lobte die Doktorandin. Eineinhalb Jahre zuvor hatte ich ihn als Gastredner zum Thema Gehirn und Bewusstsein anlässlich einer Sonderveranstaltung am Literargymnasium eingeführt. Er wusste ungefähr, was geschehen war und war entsetzt, weil er mit der Möglichkeit rechnete, man könnte sich auf eine ähnliche Weise eines deutschen Professors entledigen. An einem windigen Tag im frühen Dezember der Auszug. Pascale mit unserem Auto, ich mit einem gemieteten deutschen Kleintransporter. Nachdem wir die Grenze passiert hatten, hielten wir auf einem Parkplatz an, stiegen aus und fielen uns in die Arme. Im Norden bald die Nachricht meines Anwalts: Die zweite Einvernahme finde nicht mehr im Dezember statt. Die Staatsanwältin lasse ausrichten, sie habe zu viele Termine. Es wird neu der 26. Januar 2010 fixiert. Warten.

Winter I

Entlang der schneebedeckten Deiche, bei gleißendem Licht und in der Weite der gänzlich flachen Landschaft kommt zuweilen der Eindruck auf, Patrick sei nahe. Irgendwo über mir, im Himmel überm Wattenmeer, da sei er. Eine kindliche Vorstellung, durchaus. Ich suche ihn mit den Augen, gleite in alle Richtungen. Lande stets draußen im Wattenmeer, bei einem Schwarm Möwen. Der Übergang zwischen Himmel und Wasser nahtlos. Manchmal beginne ich zu sprechen.

Du erinnerst dich? Damals im Iran, im Stadtpark von Shiraz. Mit zwei Studentinnen, die wir zufällig antrafen, gingen wir ein paar Schritte. Es war kalt, die Spätmorgensonne verschleiert hinter Dunst. Für den Nachmittag verabredeten wir uns mit den beiden Frauen im Al-Hafiz-Garten zum Tee. Als wir eintrafen, waren da keine Studentinnen. Zurück im Hotel wartete die Polizei. Die Sittenwächter hatten uns beobachtet. Beim Spaziergang im Park am Morgen. So stellte sich heraus. Das war 1997. Das Verhör bei der Polizei übrigens kurz. Wir wurden respektvoll behandelt. Die Frauen allerdings mussten eine Nacht im Gefängnis verbringen, ehe auch sie wieder entlassen wurden.

Diese Geschichte fällt mir ein. In der winterlichen Weite des Wattenmeers. Wir waren damals auf der Reise. Patrick und ich. Von Zürich nach Indien. Der Iran eine eindrückliche Etappe. Ich starre hinaus zum

Schwarm der Möwen. Weit dahinter, als schwache Idee, die Windräder jenseits des Jadebusens. Im Grunde gibt es nichts zu sehen. Das ist die Schönheit der Landschaft hier. Freunde senden noch Zeichen. Einige haben sogar ihren Besuch an der Nordsee angekündigt. Und doch der Eindruck: das sind Endmanöver. Ehrlich gesagt, es ist schwierig mit mir. Wer wartet und nichts anderes tut als dies, der hat nicht viel zu erzählen. Der lebt gar nicht. Es gibt Zeugnisse von Gejagten aus früheren Zeiten. Die beschreiben die Irritation in ihrem Freundeskreis. Das Zusprechen. Und das Kleinreden der Umstände. Nein, nein, so schlimm sei es nicht, das gehe vorbei. Sie würden den Teufel an die Wand malen. Flüchten, das sei definitiv übertrieben. Und wenn sie fertig gesprochen hatten, drehten sie ab. Nicht abrupt. Doch stets spärlicher wurden die Zeichen. In letzten Zeilen hieß es: *Wir werden uns nicht aus den Augen verlieren.* Jeder aber hat seinen Alltag. Und als Gejagter wird man defensiv. Man traut der Welt nicht. Wartet auf Zeichen. Und weiß nichts zu sagen, wenn sie kommen.

Ungewissheit verhindert Klärung. Vielleicht ist das die stärkste Wirkung eines Justizverfahrens. Und die Stigmatisierung von jugendlicher Nacktheit hat bis in den Freundeskreis gegriffen, in scheinbar aufgeklärte Kreise. Das Stichwort »Fotos« allein, das irgendwann auftauchte, in Varianten, die ich im Einzelnen nicht kenne, dieses Stichwort genügte und die Distanzierung war offensichtlich. Dass Vierzehnjährige ein Geschlecht haben, Brüste, groß, klein, einen Körper überhaupt, das alles darf man bald nicht mehr denken. Die Talibanisierung, so spreche ich halblaut in die Wattenmeerstille hinein, hat gegriffen. Auf sie zu setzen, ist auch Strategie. Der Philosoph, dein Freund, Patrick, einer der wenigen, der dich verstanden hat, dich und deine Warnungen vor dem Totalitarismus, schreibt: »Wenn du nicht zulässt, dass deine Freunde Feiglinge sind, dann hast du bald keine mehr.« Ich werde dir noch von seinen Briefen berichten. Es handelt sich dabei um die letzten Zeugnisse aus deiner Welt. Was würdest du schreien und lachen, wenn du sie lesen könntest.

Es ist still. Der erste Winter, wie gesagt. Ich stehe in der gleißenden, schneebedeckten Weite. Im Jogginganzug. Pascale am Institut. An der

Forschungsarbeit mit Gehörbehinderten. Für eine Einsamkeit sind noch zu viele Bekundungen. Bekundungen, an die ich gerne glaube. Unverständnis spricht. Eine blöde Kuh, das sei sie, diese Staatanwältin. Und dergleichen. Sie sind im System, ich draußen. Allein an der Nordsee. Umstände können trennen. Der Charakter der Menschen bleibt. Indes, hätte nicht auch *ich* abgedreht, wäre ein anderer und nicht ich selbst ausgestoßen worden? Ja, habe ich nicht abgedreht, gab es da keine Fälle? Was sagst du, Patrick? Bist du noch da?

Zum winterlichen Begleiter wurde Arvo Pärts Album *Alina*. Bei den Berliner Freunden haben wir es entdeckt. Klavier und Geige und wenig Töne. Stille Musik hoch überm Wattenmeer: So begann ich zu malen. Als Vorlage der Bildband *Jenseits von Kreml und Rotem Platz*. Russland in den 90er-Jahren, Szenen des sozialen und menschlichen Ruins. Manchmal auch ein junges japanisches Fotomodel in oszillierenden Posen. Das Malen ließ mich vergessen. Für kurze Zeit. Es war eine andere Gültigkeit. Und waren die Bilder fertig, so gaben sie mir ein Stück weit das Gefühl zurück, Autor zu sein. Gestalter. Nicht Gejagter.

Das Jahr 2010

Zweite Einvernahme im Februar nach neuerlicher Verschiebung; ergebnisloses Treffen zwischen Anwalt und Staatsanwältin im September; Antrag auf ein Gutachten im Oktober; »Information« der Bildungsdirektion durch Staatsanwältin Ende Jahr; Lohneinstellungsversuch durch Bildungsdirektion.

Zweite Einvernahme

Am 22. Januar 2010 passieren wir die Grenze. Meine erste Rückreise in die Schweiz. Die Strecke von der Nordsee bis Lörrach wird sich in unser Gedächtnis brennen, jede Ausfahrt, jeder Rastplatz. Es sind Proceßanlässe, die uns zurückrufen. Aus anderen Gründen fahren wir nicht in die Schweiz. Und die Fahrt Richtung Süden wird schwer, spätestens nach Frankfurt. Und haben wir die Grenze passiert, schnürt es alles zusammen. Am 25. Januar bei der Vorbesprechung die Mitteilung, die Einvernahme sei abgesagt. Das Muster wiederholt sich. Die Verschiebung, so mein Anwalt, habe nichts mit meinem Verfahren zu tun. Das habe die Staatsanwältin betont. Tausend Kilometer hin und tausend zurück. Katz und Maus. Immerhin, dem Anwalt gelingt es für einmal einen baldigen Ersatztermin zu fixieren. 1. Februar. Wir verlängern den Aufenthalt in der Schweiz.

Am 1. Februar das gleiche Bild wie bei der ersten Einvernahme. Eine Staatsanwältin, die mir gegenüber die gewaltige Richterin auf hohem Stuhl spielt und mit dem Anwalt dann und wann schäkert. Er steigt darauf nicht ein, sie schäkert trotzdem: *Herr Kollega,* dann ein Lächeln. Außerdem kaut sie einen Kaugummi. Es geht um meinen Mailverkehr, um SMS und um Fotografien, die in Ordnern und Sichtmappen am Morgen des Überfalls entwendet worden sind. Was den Mailverkehr betrifft, ist PB ein angehängtes Bild in einer empfangenen Mail aufgefallen. Der Inhalt des Schreibens wird nicht zum Thema. Sie hat sich auch niemals beim Absender gemeldet. Thema ist allein das Bild. Ein männliches Geschlechtsteil ist dargestellt. Das einzige Bild im gesamten Mailverkehr, das explizit etwas Körperliches fasste. Ihr Kommentar: »Aus dem Mailverkehr wird deutlich: Sie haben sogar homosexuelle Neigungen.« *Sogar?* Eine Steigerung. Offenbar rechnet ihr Gehirn dies irgendwo dazu. Zum Schmutzfink etwa? Strafrechtlich hat das Bild keinerlei Relevanz und es wird in der Folge von PB nicht weiter verwendet. Die Episode jedoch zeigt die Verschränkung von Lüsternheit und Ordnungsvollzug. *Ist jemand, der eine Darstellung des eigenen Geschlechts zugemailt bekommt, homosexuell, Frau B.? Sogar homosexuell?* Ich hab sie nicht gefragt.

Eine ganze Reihe von SMS war für Polizei und Justiz nicht zu entschlüsseln. Ratlosigkeit prägte die Fragerei der Staatsanwältin. Es fanden sich, zum Beispiel, verschiedene Buddha-Anspielungen – Buddha in einem Tobel, Buddha an einem Wasserlauf und derlei – und es gab auch flüchtige Hinweise auf eine Waschmaschine, die an eine Mauer zu sprayen wär. Ist das ernst zu nehmen? Als Absender und Adressaten fungierten LG-Schülerinnen, wenngleich nicht meine eigenen. Das hätte PB ja herausfinden und das allein hätte sie ja auf die Idee bringen können, die Sache zu verfolgen. Vielleicht wäre irgendwo eine Beziehung herauszuklauben. Also Missbrauch. Immerhin, mit Literatur als Pornografie wurde eine noch groteskere Spur verfolgt. Doch ergab sich, so ist zu vermuten, bei den Kurzmitteilungen auf dem Handy schnell die Einsicht: Nichts zu holen. Buddha und Waschmaschinen zu weit weg von Sex. Einzig bei den SMS mit Kiffhinweisen verweilte PB länger. Musste sie wohl, weil der Polizeirapport hierzu einiges festhielt. Vor allem die Frage »Kommst du eins dampfen?« beschäftigte sie. Die SMS von einer gewissen L. gesendet. Das anfängliche Interesse ergab sich allerdings in der Annahme, bei L. handle es sich um eine Schülerin. Nachdem ich L. als Lehrerkollegin identifiziert hatte, war auch hier das Interesse weg. Wie sie meine Erklärung, dieses »dampfen« sei eine Metapher, einordnete, weiß ich nicht. Ein ähnliches Muster bei der zweiten vermeintlichen Kiffgeschichte: Als ich klarstellte, der als Sender und Empfänger auftretende R. sei über 18 Jahre alt und nicht mein Schüler, erlahmte auch hier das Interesse. Für PB wäre eine Kiffgeschichte nur interessant gewesen, wenn sie sich mit dem Bild, das man mir umhängen wollte, irgendwie hätte verknüpfen lassen. Ihre Ahnungslosigkeit bezüglich Empfänger und Sender von Mails und SMS zeigte außerdem, dass auch in diesem Bereich niemals Ermittlungen stattgefunden hatten. Ich fragte bei mehreren Kontakten nach. Nirgendwo hatte sich Polizei oder Staatsanwaltschaft gemeldet.

Nichts ist gesprayt worden und über Buddha zu sprechen ist offenbar auch in den Augen der Zürcher Staatsanwaltschaft nicht verboten. Noch nicht. Und ob die Frage nach einem Dampftermin mit dem Konsum eines Joints zusammenhing, das hätte sich kaum nachweisen lassen, zumal noch die Metaphorik des Dampfens zu entschlüsseln gewesen wäre. Ich erwähne diese Nichtermittlung jedoch, weil in einem (nicht vollumfänglich veröffentlichten) Interview, das PB und ihr Vorgesetzter DK Anfang 2012 dem *Magazin*-Journalisten MN geben, das Gegenteil behauptet wird. MN macht die Staatsanwältin darauf aufmerksam, dass aus den Akten zwischen Oktober 2009 und dem 1. Februar 2010 keinerlei Ermittlungstätigkeit hervorgehe. Erst am 1. Februar 2010 gebe es eine kleine unbedeutende Ermittlung wegen der SMS auf dem Handy. Die Staatanwältin behauptete laut MN, das seien umfangreiche Ermittlungen von mehr als einer Woche gewesen. Am 1. Februar fand indes die Einvernahme statt. Also wurde keine Woche ermittelt. Und wie will ein möglicher Drogenkonsum abgeklärt werden, wenn bei niemandem nachgefragt wird?

PB hatte während der ganzen Mail- und SMS-Thematik ihre schulmeisterliche Stimmführung bewahrt. Gleichwohl, es fehlte die Mission der ersten Einvernahme. Das änderte sich, als es um das Thema Nacktheit ging. Thema wurde es, als PB auf die in ihren Augen zu vielen Eigenakte zu sprechen kam. In drei bis vier Formulierungen mäanderte sie um diesen Sachverhalt herum und stellte am Schluss fest: »Das ist doch nicht normal, dass man sich selbst nackt fotografieren lässt. Herr S., was sagen Sie dazu?«

Wie lange haben Sie über meinen Akten gesessen? Welcher meiner Körperteile hat Sie besonders angezogen? Zählen die Stunden, die Sie damit zugebracht haben, auch als Ermittlertätigkeit? Ist Ihnen beim Anschauen in den Sinn gekommen, dass Sie für eben dieses Anschauen meiner Nacktheit sogar bezahlt werden? Mit Steuergeldern? Und vor allem: Frau B., was verspüren Sie beim Betrachten von solchen Fotografien? Ist es etwa das, was Sie am Beruf des Staatsanwalts reizt? Ich habe das alles nicht gefragt. Sie hätte nicht geantwortet und ins Protokoll hätten es die Fragen auch nicht geschafft. Die Episode mit meinen Eigenakten wäre im Grunde nicht der Erwähnung wert. Doch auch sie gibt, gerade weil juristisch wiederum ohne jede Relevanz, Auskunft über die gesellschaftliche Verfasstheit. Die Rede von einer Talibanisierung ist keine Polemik: Sie fasst konkrete Parallelen.

Beim Verlassen des Bezirksgebäudes sagte mein üblicherweise zurückhaltender Anwalt: *Auf diese Einvernahme hätte man gleich verzichten können. Da wird rein gar nichts weiterverfolgt. Pech für Sie, dass Sie deshalb herfahren mussten.* Der Staat kann mit Menschen machen, was er will. Sie überfallen. Sie herbestellen aus der Ferne. Für nichts und wie ihm beliebt. So ist das. In Russland, in Weißrussland, in der Schweiz. Wie es nun weitergehe, wollte ich wissen, bevor wir uns trennten. Der Anwalt hob die Schultern. Das wisse er nicht. Das hänge von der Staatsanwältin ab. Die müsse nun mit dem Material etwas machen. Entweder gebe es einen Strafbefehl, also einen Strafantrag, den wir akzeptieren könnten. Dann gäbe es keine Gerichtsverhandlung, doch gleichwohl einen Eintrag im Strafregister. Oder wir akzeptierten den Strafbefehl nicht. Oder aber sie gehe von Anfang an im Strafmaß über das hinaus, was durch einen Strafbefehl zu erledigen sei. In beiden Fällen gäbe es eine Verhandlung vor einem Einzelrichter. Oder aber sie lasse die Sache fallen. Das glaube er zwar nicht, aber sie sei nicht wirklich berechenbar. Auf jeden Fall werde es dauern. Könne gut sein, dass es Herbst werde.

Es dauerte länger. Erst ein Jahr und zwei Monate nach der zweiten

Einvernahme hatte PB etwas beieinander. Da war es dann Frühling 2011. Dazwischen gab es keine Ermittlungen. Jedoch eine Episode rund um ein angebliches Gutachten und eine Intervention der Bildungsdirektion.

Warten

Ich stehe auf dem Balkon, hoch überm Wattenmeer, sehe den Himmel. Im Westen geht er in die friesischen Felder über. Im Osten senkt er sich zu den Kränen in Bremerhaven. In mir aber ist der Himmel nicht. In mir ist etwas anderes. Das Gefühl nämlich, überwuchert zu sein. Mein Inneres ausgeliefert, die Organe fremdbestimmt. PCs beschlagnahmt, Handy beschlagnahmt. Worte gerichtet an A., an L., an P., an R., an M., diese Worte nun Lektüre der Justiz. Ein Leben führen, wenn tausend Kilometer entfernt Beamte in meinen Briefen wühlen und ich das spüre, hier und jetzt, im eigenen Körper?

Der gläserne Mensch war nie mein Ideal. Ich schrieb Dinge, die nur bestimmte Menschen angingen und niemanden sonst. Ich habe Dinge zu verbergen, weil einzig eine Welt mit verborgenen Dingen eine Welt ist, die mich interessiert. Ich schaue in die Tiefe. Noch immer muss ich mich überwinden, den Kopf über das Balkongeländer zu neigen. Noch immer das Gefühl, etwas ziehe mich hinunter, etwas, dem ich ausgeliefert sei. Ein Leben führen – ja, ich versuche es. Habe es Pascale versprochen. Doch überall greifen sie ein, fassen sie an, überall verseucht die Stadtzürcher Justiz den Ort, den Augenblick. Fremde Zellen im Körper – wie kann man da leben? Patrick hat es vorgemacht. Eine kurze Zeit lang, bevor er starb.

Es wurde März. Dann April, Mai, dann Sommer. Manchmal war das Vergessen nah. Ich rannte entlang der Deiche, lag in der Nordseesonne, verzog mich hinter Dünen, um dem Wind zu entgehen. Versuchte Ziele aufzubauen, Zukunftspläne. Meldete mich bei der Volkshochschule. Wollte den Gehirnkurs, den ich einst für Spezialtage am Literargymnasium konzipiert hatte, auf ostfriesische Verhältnisse zuschneiden. Und dachte an einen Theaterworkshop in einer der Industrieruinen entlang des Hafens oder des Weser-Ems-Kanals. Vieles war neu. Die friesische Landschaft, das Wattenmeer, der stetige Wind und die unzähligen Vogelarten. Das band mich so weit ans Leben, dass der gelegentliche Gedanke, mich von unserer elften Wohnetage in die Tiefe zu stürzen, gänzlich schwand. Und doch kam nichts zustande. In den unendlichen Monaten, während derer in Zürich das Justizkarussell sich drehte und gleichzeitig auch nicht drehte und eben gerade durch das Nichtdrehen sich drehte, *in mir* sich drehte, begann ich zu begreifen: Es wird schwierig. *Alles.* Würde es mir je gelingen, mich neu zu erfinden? Kam ich vom Deich zurück, so blieb der panische Blick auf meine Mailbox. Ist da Post meines Anwalts?

Zunehmend wirkte sich die dauernde Anspannung auch körperlich aus. Die Augen begannen zu versagen. Rechts stieg der Druck an und erzeugte starke Kopfschmerzen, links drohte das Bindegewebe am unteren Rand des Auges zu reißen. Und die Transplantate trübten sich über Nacht mehr und mehr ein. Ob ein kausaler Zusammenhang mit der Daueranspannung gegeben war, lässt sich wissenschaftlich nicht nachweisen. Die steigende Anfälligkeit auf Hochdruck war jedoch frappant.

Treffen zwischen Staatsanwältin und Anwalt

Der Jahrestag des Überfalls ging vorbei, der erste friesische Sommer neigte sich dem Ende zu und die Staatsanwältin hatte sich nicht gemeldet. Seit über sechs Monaten keine Nachricht. Im September schlug der Anwalt vor, das Verfahren in einem persönlichen Treffen mit PB wieder in Gang zu bringen. Am 23. September fand es statt. Auf Initiative des Anwalts, was dieser in seiner schriftlichen Zusammenfassung explizit festhält. »Für die Staatsanwältin steht aufgrund der vorliegenden Aktenlage eine Einstellung der Strafuntersuchung außer jeder Diskussion. Staatsanwältin B. wäre bereit, die Strafuntersuchung mittels Strafbefehl abzuschließen, wenn der aus ihrer Sicht erstellte Sachverhalt anerkannt und die rechtliche Würdigung der Staatsanwältin akzeptiert wird.« So fasst der Anwalt das Treffen zusammen. »Erstellter Sachverhalt«? »Würdigung«? Zuweilen ist der Groteske kaum beizukommen. Die einzige Änderung beim Gespräch mit dem Anwalt: PB grenzt den Pornografievorwurf auf zwei Texte und einen Film ein. Auf *Frühlings Erwachen* und *Dunkler Frühling* sowie den Film *Am Anfang war das Feuer.* Diese Einschränkung übrigens wird sie bei der Anklage wieder ausweiten. Einmal so, einmal so.

»Die drei behandelten literarischen Werke *(Frühlings Erwachen, Dunkler Frühling, Am Anfang war das Feuer)* werden von der Staatsanwältin als pornografische Schriften qualifiziert.« So hält der Anwalt fest. Das ist auch deshalb entscheidend, weil DK, PBs Chef, in jenem bereits erwähnten Interview mit dem *Magazin*-Journalisten MN genau diese Aussage abstreitet. Gemäß MN sagt er dort, natürlich sei *Frühlings Erwachen* nicht Pornografie und das habe man so auch nie vorgeworfen. Mein Anwalt ist sehr präzise, was Formulierungen betrifft. Sein Protokoll zeigt überdies: PB hält den Film *Am Anfang war das Feuer* für eine Schrift. Doch auch diese Unkenntnis stört nicht. »Die Qualifikation als schutzwürdige kulturelle Werke wird infrage gestellt.« Das ist der Kern ihrer Sicht, die sich auch fünfzehn Monate nach dem Überfall und ohne irgendeine Untersuchungshandlung nicht verändert hat. Die kulturelle Schutzwürdigkeit wäre, ginge es rechtens zu und her, deshalb nicht Thema, weil es keine pornografischen Werke sind, die hier zur Diskussion stehen. Gleichwohl, die Infragestellung ist ein weiterer Hinweis, der Auskunft gibt über die gesellschaftliche Verfassung, in der wir leben. Auch für die Taliban, keine Frage, wäre *Frühlings Erwachen* nicht schutzwürdig gewesen. Auch die Taliban zertrümmerten Kulturdenkmäler aus Ignoranz und auch das ist keine Metapher.

An der in der Schrift der Anklagekammer vorgezeichneten Linie der Verknüpfung von Stoff und Unterricht hält PB weiterhin fest: »Insbesondere wird in Verbindung mit dem Prüfungsstoff und der Fokussierung auf die Sexualität der Gesamteindruck nicht mehr als schutzwürdig qualifiziert.« So protokolliert der Anwalt ihre Position. Der Pornografiegehalt der Werke reicht nicht, deshalb fünfviertel Jahre nach dem Überfall weiterhin die diffuse Verbindung (»insbesondere«) zum Unterricht, der niemals untersucht wird. Die Litanei hinsichtlich eines angeblichen sexuellen Fokus hat unter der zeitlichen Dehnung nicht gelitten.

Zum Schluss des Gesprächs ein neuer Aspekt. Der Anwalt schreibt: »Für Frau B. stellt sich in diesem Zusammenhang einzig noch die Frage, ob sich eine gutachterliche Beurteilung aufdrängt. Indessen ist es für sie klar, dass ohne Anerkennung unsererseits diese Frage dem Gericht unterbreitet werden muss.« Am 23. September 2010 gibt die Staatsanwältin gegenüber meinem Anwalt also vor, ein Gutachten zu den Texten in Erwägung zu ziehen. Wie später jedoch klar wird, stand für PB ein solches Gutachten nie zur Diskussion. Weshalb spielt sie etwas vor? Wozu braucht sie dieses In-Erwägung-Ziehen eines Gutachtens? Im Grunde macht bereits ihre Formulierung deutlich, dass es sich um ein weiteres Manöver handelt. Wenn sie die Anerkennung der Schuld in diesem Punkt (Schulstoff als Pornografie) *als Bedingung* für ein Gutachten *voraussetzt,* so erübrigt sich ein Gutachten, das genau dies abklären soll. Denn käme das Gutachten zum Schluss, das sei keine Pornografie – und es ließe sich wohl kaum ein Literaturprofessor finden, der nicht zu diesem Schluss käme –, dann verlöre auch das »insbesondere« und damit die diffuse Verknüpfung mit meinem Unterricht alle Funktion. Es wäre dann nämlich die groteske Situation gegeben, dass pornografische Fragen zu einem nichtpornografischen Werk vorliegen sollen. Das ist vielleicht theoretisch nichtausgeschlossen, allerdings bei einem textgenauen Unterricht schon. Und wollte PB Pornografie für den Unterricht allein bewiesen haben, so müsste sie diesen Unterricht untersuchen. Indem auf diffuse Weise die Werke mit im Pornotopf schwimmen, soll sich diese Untersuchung irgendwie erübrigen. Die Werke, also doch, müssen Beleg sein für eine angebliche Pornoausrichtung des Unterrichts, eines Unterrichts, der inkriminiert, jedoch nie untersucht worden ist.

Es ist Herbst geworden. Kalt auch. Das Gerüst vor dem Hochhaus ist wieder weg. Nach über sechs Monaten. Die Wände wurden isoliert. Damit zukünftigen Generationen Energie bleibt. Energie zum Wohnen. Ich lese das Gesprächsprotokoll meines Anwalts. Es war nichts anderes zu erwarten. Und doch, ich bin erneut zermürbt. Das Gespräch, so kann man sagen, brachte nichts. Der Anwalt hatte nichts versprochen. Und doch deutete er an, im persönlichen Kontakt etwas erreichen zu können. PB sei ja eigentlich eine ganz Vernünftige. So von ihm im Oktober des Jahres 2009 geäußert, nachdem klar wurde, dass der Fall bei ihr bleibe – falls überhaupt jemals etwas anderes zur Debatte stand. Mit den Einvernahmen, vor allem der zweiten, und dem monatelangen Zermürben, ohne dass Ermittlungen stattgefunden hätten, begann auch der Anwalt die Staatsanwältin kritischer zu sehen. Nach dem ergebnislosen Treffen sagte er am Telefon: »Sie ist stur. Unglaublich stur.«

Advokat Huld

Mein Anwalt kennt den Betrieb bis ins Innerste. Bereits bei seinen ersten Ausführungen über das Justizsystem, das war noch im Sommer 2009, ist mir deshalb Advokat Huld aus Kafkas *Proceß* in den Sinn gekommen. *Sie reden zu viel.* So klärte er mich auf. *Sie sind ein Literat, Sie denken assoziativ.* Das sei hier fehl am Platz. Es gebe keinen Platz für Differenzierungen. Alles, was die Staatsanwaltschaft verstehe, sei *Ja* oder *Nein* oder *Weiß nicht. Versuchen Sie nicht, sich darüber hinaus zu erklären. Lange Erklärungen werden immer gegen Sie ausgelegt.* Im Grunde habe er als Anwalt es am einfachsten, wenn es sich beim Angeschuldigten um einen kaum Deutsch sprechenden Klienten aus Ex-Jugoslawien handelt. Dieser Code sei der ideale für die juristische Wirklichkeit. Neben der Code-Frage jedoch gelte es noch eine zweite wichtige Komponente zu beachten: das

Ticken der Staatsanwältin. Das sei mindestens so entscheidend für Erfolg oder Misserfolg. Und deshalb seien bilaterale Treffen manchmal von größerer Bedeutung als Einvernahmen.

Ich erkannte bald, dass es sich bei meinem Anwalt um keinen Haudegen handelt. Vielmehr, und deshalb, wie gesagt, fiel mir Huld ein, auch wenn dieser die Erklärungen aus dem Bett seines ewigdüsteren Schlafzimmers, mein Anwalt dagegen in einer hellen und hohen Anwaltskanzlei vornahm, vielmehr, so glaubte ich wahrzunehmen, operiert er aus einer profunden Kenntnis des Systems heraus. Ein System, mit welchem er mir so sehr verknüpft schien, dass zuweilen nicht mehr klar war, auf welcher Seite er stand. Von der Bezahlung her auf meiner, das wusste ich, aber sonst? Indes, ich hörte ihm nicht ungern zu. Einzig das Wissen, wie sehr seine Ausführungen ins Geld gingen, führte zu einer gewissen Spannung, zumal ich keine Rechtsschutzversicherung hatte. Außerdem war da immer noch die Empörung, nach der Lektüre von *Frühlings Erwachen* überhaupt einen Anwalt zu brauchen. Diese Empörung teilte mein Anwalt nicht. Als wir vor der zweiten Einvernahme in einem Korridor des Bezirksgebäudes warteten, fragte ich ihn, ob er es als Anwalt nie erlebt habe, wie jemand angesichts dieses Justizsystems durchgedreht sei. Als Anwalt habe er das nie erlebt. Als Politiker hingegen schon. So seine Antwort. Und er erwähnte jenen Amokschützen, der im Zuger Parlament auf Regierungsmitglieder und Parlamentarier geschossen hatte. Doch dabei habe es sich letztlich um einen Querulanten gehandelt. Einen Querulanten? Wird man nicht von Behörden dazu gemacht? So frage ich mich, Michael Kohlhaas im Kopf.

Mit dem Urteil »stur« lag mein Anwalt nicht richtig. Stur war PB nicht. Das Sture ist allenfalls als Nebeneffekt der Mission zu betrachten. Im Zentrum jedoch stand ein Wahn, ein Säuberungswahn, gepaart mit Ignoranz. Und wenn das als persönliche Mischung niemanden interessieren muss, so wird es politisch, wenn eine Person im Geiste dieser Mischung Staatshandlungen vornehmen darf. Und wenn genau das so geschieht und es sehen Vorgesetzte zu und keiner greift ein, dann ist etwas am Werk, das weit über PB hinausreicht.

Ich habe dem Anwalt gegenüber einmal das Wort ausgesprochen, das man nicht aussprechen darf, weil es reserviert ist für diejenigen von früher. Er wies es, für seine Verhältnisse fast entrüstet, zurück. Auch vom Vergleich mit der russischen Justiz wollte er nichts wissen. In jener Justiz nämlich müsste ich erst mal ganz viel Geld in die Hand nehmen, um eine Chance zu haben. Muss ich das hier nicht? Eine Stunde kostet 300 Franken. Über 20 000 Franken Anwaltskosten insgesamt. Damit käme man in Russland ordentlich weit. Natürlich, ein Anwalt, in aller Regel, ist Teil des Systems. Leute wie PB führen ihm Kunden zu. Meldete sich mein Anwalt bei mir, so meldete sich die Justiz. Dafür konnte er nichts.

Drehen am Deich

Ende Oktober 2010. Für einmal am Deich auf der Ostseite, in Entfernung der Marinehafen. Ich sehe die Kriegsschiffe, die für den Einsatz in Somalia vorbereitet werden. Piraten jagen, das ist ihre Mission. Aus zweiter Reihe. Zur logistischen Unterstützung irgendwelcher Nato-Verbündeter. Die zweite Reihe das Ergebnis der Nachkriegsordnung. Noch immer. Ich sehe diese Schiffe also und stelle mir die Frage fünfviertel Jahre nach dem Überfall erneut: Wenn eine Staatsanwaltschaft an einer strafbaren Handlung im Unterricht festhält, weshalb klärt sie dann weder Unterricht noch Unterrichtsmaterialien ab?

Ich weiß, ich habe bereits Antworten formuliert. Aber das groteske Ausmaß des Ganzen wirft mich zurück. Stets aufs Neue. Sie könnte doch zumindest so tun, *als ob* sie untersucht hätte. Um ihre Position besser zu legitimieren. Doch selbst ein solches *Als-ob* bleibt aus. Und wieder wirft es mir die Antwort an den Kopf, die ich noch immer nicht fassen kann: Könnte es sein, dass PB mit ihren Schuldkonstruktionen auf ein Gremium trifft, das sich nicht um solche Ermittlungen schert? Ein Gremium, dem der ganze Pfusch egal ist? Wie dieser Pfusch AK, PD und IJS egal war? Bald jedoch erneuter Einspruch. Diesmal wieder unterwegs in Richtung des Kleinflugplatzes Mariensiel, vorbei an Schafherden. Dahin, wo das Wattenmeer in Salzwiesen ausläuft. Die neue These: PB hält an einer strafbaren Handlung im Unterricht fest, weil sie den Grund des Überfalls nicht entlarven möchte. Die Justiz will weiterhin so tun, als hätte sich in der Schule wirklich etwas Strafbares ereignet. Und um zu kaschieren, nähme man in Kauf, vor Gericht zu scheitern …

Ich bremse den Lauf, bleibe stehen. Drehe an Ort. Was klar scheint: Mission ist es. So oder so. Im einen Fall wäre die Staatsanwaltschaft tatsächlich der Meinung, »Kinder« vor *Frühlings Erwachen* schützen zu müssen. Im andern Fall allerdings läge der Fokus darauf, Leute wie mich, die vermuteterweise so oder so sind, aus der Gesellschaft zu tilgen. Aus heutiger Sicht kann man beides zusammenbringen. Die Jagd ist gesetzt. Es gibt die Macht, die nicht jagt, nicht. Und jede Macht, um möglichst lange an der Macht zu bleiben, jagt im Zeichen eines Heils. Eine missionarische Jagd aber braucht neben den Tätern die Opfer, in deren Namen man jagt. So kommt der Jagd die Funktion des Schutzes zu. Genau deshalb musste die Schulschuld Bestand haben. Irgendwer muss die Rolle derer übernehmen, zu deren Schutz man loszieht. Und dafür braucht es die »Kinder« in der Schule, die im Sinne dieser Ideologie folgerichtig *Kinder* zu sein haben und nicht fünfzehnjährige Jugendliche. Die Anklagekammer hat diese Missionslinie in ihrer Schrift letztlich herausgestellt mit dem Verweis darauf, dass mit der Bearbeitung von *Frühlings Erwachen* möglicherweise ein Abhängigkeitsverhältnis ausgenützt worden sei. Das ist die Linie zum Missbrauch. Und steht der einmal im Raum, ist aufseiten der Jagenden alles erlaubt. Ich wende auf der Höhe von Cäciliengrode. Sehe in der Ferne unser Hochhaus. Der Wind fast eisig. Könnte ich doch das Denken stoppen. Ich kann es nicht.

Polizisten und Staatanwälte traten als Prosekutionskommando auf. Eine gleichsam emotionslose Haltung gegenüber diesen Instanzen einzunehmen, das ist für mich schwierig. Und doch habe ich, weniger auf meinen Wegen entlang der Deiche, eher in einem stillen Augenblick am PC, versucht, mich in diese Leute hineinzuversetzen, habe versucht

Antworten auf die Frage zu bekommen, was es genau sein könnte, was sie antreibt. Ich erinnerte mich an meinen Beruf. Was machte mich glücklich dabei? Irgendetwas musste es gewesen sein. Aus irgendetwas musste ich eine Befriedigung gezogen haben. Wahrscheinlich war es das nahtlose Denken, das ich zuweilen initiierte. Das Hintergehen von Gesetztem. Ja, das war es wohl, was mich beglückte. Für PB dürfte das so nicht gelten. Doch auch sie muss ein Glück erfahren. Darf man annehmen. Und ich frage mich, was ist es, abgesehen vom hohen Lohn, das PB dieses Glück verschafft? Und wie gehen dieses Glück und das monatelange Hängenlassen eines Menschen zusammen? Ja, kann es sein, dass das Glück unmittelbar aus dem Hängenlassen hervorgeht? Kann das Glück des einen nahtlos an die Zermürbung des andern gekoppelt sein? Ans Zusammensacken und Einknicken? Durchaus kindlich, diese Fragerei, ich weiß. Auch die Frage, ob im Gehirn von PB jemals ein Bewusstsein für das Kaputtmachen eines anderen Menschen geschaltet sei. Oder ist ihr diese Dimension nicht zugänglich? Braucht sie bloß möglichst viele Überfälle? Nicht einmal zur persönlichen Befriedigung, braucht sie die, weil sie Verurteilungen braucht? Wie ein Wissenschaftler Publikationen? Sind Verurteilungen der Schlüssel zum Oberstaatsanwalt, zum Bundesanwalt, also zur Karriere? Muss sie also einfach jagen, sind Verurteilungen ihr täglich Brot? Das Zurstreckebringen von Menschen der Code, an dem Erfolg gelesen wird? Das Leben der Anderen die Handelsware? Und ich frage weiter: Weiß PB jetzt, in diesem Augenblick, nachts um halb zehn, an einem Donnerstag im Oktober 2010, weiß sie, dass sie einem Menschen, vom dem sie selbst sagt, er habe niemanden geschädigt, einen Schlag versetzt hat, von dem er sich kaum jemals wieder erholen wird? Wenn ja, wie kann sie trotzdem gut schlafen? Ist es der Dschihad, der Glaube also, man kämpfe für das Richtige und dabei müssten diese oder jene halt über die Klinge springen, Schaden hin oder her? Ist es das, was den guten Schlaf bringt? Wenn nein, wie ist es *dann* möglich, das gute Einschlafen? Der Verweis auf das Gesetz allein? Quasi als Reflex? Oder eben doch: die Lust am Quälen?

Vielleicht ist die Frage nach dem Perspektivenwechsel die entscheidende. Kann sich eine Staatsanwältin in einen anderen Menschen versetzen? Ist ein Perspektivenwechsel ihr zuzumuten? Wenn sie meinen Fall und damit mich über Monate liegen lässt, Jahre sogar, weiß sie, wenn sie morgens aufsteht und einen Kaffee trinkt, wenn sie mit ihrem Chef zu Mittag isst, wenn sie abends in den Ausgang geht und später dann ins Bett, weiß sie, dass da einer ist, den sie liegen lässt? Vielleicht auch zehn. Fünfzig. Hundert. Denkt sie an die? Weiß sie, was das heißt, über Monate, über Jahre ausgesperrt zu sein? Aus dem Verkehr gezogen? Von der Schule dispensiert, von der Bildungsdirektion verscheucht wie ein Hund? Weiß sie das? Und wie kann es Menschen geben, Patrick, die daraus eine ganz normale Befriedung gewinnen, ein berufliches Glück? Wie ist das möglich? Haben wir nicht gesprochen darüber? In jenem Gesprächskreis mit dem Philosophen? Abläufe, Paragrafen, Unterschriften und Kaffeepausen: War das die Antwort? Wer in geordneten Kleidern, Markenteile selbstverständlich, und abgesichert über eine Pension einer Sitzung zustrebt, eine Türe öffnet, eine Hand schüttelt, eine Aussprache führt, der wird bestätigt. Das ist immer so, egal, wo man lebt. Die Umstände und alle, die daran beteiligt sind, sagen stets das eine: Es ist normal. Es ist Arbeit. Wo Menschen arbeiten, kann es zu Fehlern kommen, das schon. Das Blut aber, das an der Arbeit klebt: es dringt nicht durch. Die Inszenierung verhindert es. Dort, wo Blut ins Bewusstsein dringen müsste, dort halten Wörter die Membran dicht: Rechtsstaat, Amt, korrekt. Wörter wirken Wunder. Wörter und Kleider.

Die Nordsee gibt mir Luft zum Atmen. Doch der Atem ist kurz. Die Kräfte reichen für einen Tag. Solange ich den Gedanken an einen nächsten ausblende. Im Grunde sehne ich mich nach Schlaf. Stets und immer nach Schlaf. Immunfunktionen fallen aus, die Augen bekommen es stets deutlicher noch zu spüren. Das Ende muss her, ein Datum, eine denkbare Zeit, ein *Nach*-dem-Proceß. Ich möchte wieder leben, unpathetisch, bedeutungslos, meinen Füßen zuschauen, wie sie irgendwo über einem Wasser baumeln.

Die Bildungsdirektion mischt sich nicht ein

Ein paar Fotos würden wohl hängen bleiben. So mein Anwalt anlässlich einer Besprechung im späten Herbst. Einige Fotos akzeptieren, und was die Werke betrifft, ein Gutachten beantragen: Ich erzähle dem Rektor von dieser Strategie. Dieser erkennt die Stimmung, versteht sie und spricht dagegen an. Er sagt, *ja, stell einen Antrag. Die Fotos haben Zeit.* Im Grunde sagt er: *Knicke nicht ein, sacke nicht zusammen.* Er sagt dies nicht explizit. Was er sagt: *Es ist schwer, ich weiß. Aber du musst durchhalten.* Am 28. Oktober verlangt der Anwalt in einem Schreiben die Erstellung eines Gutachtens und schlägt hierfür den Leiter des Deutschen Seminars der Universität Zürich vor. Die Staatsanwältin reagiert nicht. Stattdessen geht kurz vor Weihnacht beim Anwalt ein Schreiben ein. Absender: Bildungsdirektion.

»*Anlässlich der Besprechung vom 13. Juli 2009 zwischen dem Mittelschul- und Berufsbildungsamt, dem Rektor des Literargymnasiums Rämibühl CB sowie Ihrem Mandanten DS* [Namen durch Kürzel ersetzt, DS] *wurde dieser über die weiteren anstellungsrechtlichen Massnahmen in Kenntnis gesetzt. Insbesondere wurde er darüber informiert, dass er gestützt auf § 29 Personalgesetz vorsorglich im Amt eingestellt, der Lohn jedoch – in der Annahme eines schnellen Verfahrensabschlusses und eines zuvor von der Schulleitung bewilligten Urlaubes für das Schuljahr 2009/2010 zum Abbau des Stundenkontos – weiter ausgerichtet werde.*

Der verfügte Urlaub endete am 31. August 2010, weshalb DS seit September 2010 wieder seinen vollen Lohn im Umfang seines Beschäftigungsgrades von 72,73% erhält. Die strafrechtliche Untersuchung ist nach wie vor nicht abgeschlossen und wird gemäss Auskunft der Staatsanwaltschaft Zürich-Limmat noch über einen längeren Zeitraum andauern. Unter diesen Voraussetzungen und da der Vorwurf, welcher die Integritätsrechte von Minderjährigen zum Gegenstand hat, noch immer im Raum steht, wird die Lohnzahlung an DS eingestellt werden.

Mit diesem Schreiben gewähren wir Ihnen im Sinne des rechtlichen Gehörs eine Frist von 10 Tagen, um zur geplanten Lohneinstellung Stel-

lung zu nehmen.« Dies schreibt MK, der Amtschef. Es hat, das bestätigt auch eine Mitarbeiterin der Bildungsdirektion gegenüber dem Rektor des Literargymnasiums, einen Kontakt zwischen Staatsanwältin und Bildungsdirektion gegeben. Wer sich bei wem gemeldet hat, weiß ich nicht. Bei diesem Kontakt hat PB die Verzögerung mit einem ausstehenden Gutachten begründet. Monate später wird klar (durch Zufall, mein Anwalt trifft sie auf der Straße): PB hat niemals ein solches Gutachten in Auftrag gegeben. Doch die Bildungsdirektion überprüft kein einziges Wort, das von der Staatsanwältin kommt. PB »informiert« – möglicherweise anlässlich des gleichen Kontakts – die Bildungsdirektion außerdem über den Befund auf meinen PCs. Wir kennen ihre Konstruktionen: Sex mit Kindern, mit Tieren, Gewaltdarstellungen. Das ist in der Anklageschrift zu lesen. Daraufhin, diesen Zusammenhang konnte der Journalist MN recherchieren, will die Bildungsdirektion mich loshaben. Und also schreibt MK einen Brief, ohne mich oder wenigstens den Rektor meiner Schule zuvor zu fragen, was ich zu den Vorwürfen zu sagen habe. Die Mitteilungen der Staatsanwältin sind das Maß. Ihre Informationen, immerhin, bedeuten Rufmord. Übernahme von Rufmord gilt bei der Bildungsdirektorin und beim Präsidenten der Sozialdemokratischen Partei der Stadt Zürich, der sich dazu in gleichem Sinne öffentlich äußerte, als Nichteinmischung in ein Strafverfahren. Mit dem Begriff *Nichteinmischung* begründen beide gegenüber der Presse das Verhalten der Bildungsdirektion, als nach dem Urteil des Bezirksgerichts doch erstmals Kritik an RA und ihrem Amt aufkommt.

Es gibt eine Vereinbarung vom 13. Juli 2009, die mir bis zum Ende des Verfahrens den Lohn zusichert. Diese Vereinbarung ist an keine Bedingung geknüpft. Dies verleugnend behauptet MK wider besseres Wissen, die Vereinbarung vom 13. Juli 2009 sei unter der Annahme eines schnellen Verfahrensabschlusses zustande gekommen. Dies ist weder in der schriftlichen Vereinbarung vermerkt noch wurde solches an jener Sitzung mündlich formuliert. Die zweite Unwahrheit ist die Erfindung eines Vorwurfes: Integritätsrechte von Minderjährigen standen und stehen nicht einmal nach Auffassung der anzeigenden Mutter zur

Diskussion. Niemals und zu keiner Zeit ist jemand mit diesem Vorwurf aufgetreten und selbst PB gibt gegenüber MN zu, es gibt keine Geschädigten. Wenn die Bildungsdirektion die Anklageliste auf eigene Faust erweitert, so zeigt das: Es muss konstruiert werden. Zur eigentlichen Perversion wird dieses Schreiben dann, wenn es implizit die Schuld für die lange Dauer mir zuhält und mich für diese Dauer durch die Lohneinstellung bestrafen will. Das Trauma einer Verhaftung erleiden zu müssen, ist das eine. Nachträglich durch eine grenzenlose Verschleppung der angeblichen Untersuchung weiter zermürbt zu werden, ist das andere. Die Bildungsdirektion in ihrem Schreiben nun stellt das Ganze auf den Kopf. Ich soll zusätzlich für die lange Dauer eines Verfahrens, für das und für dessen Länge ich nichts kann, mit der Lohneinstellung bestraft werden. Vielleicht, tief drin in den Beamtenneuronen, ist es Liquidationslust, welche RA und MK zu diesem Schreiben führt. Eine Lust sublimiert über Abläufe, Unterschriften und Paragrafen. Über vorgegebene Sätze, Kaffeepausen und Kleider, die sitzen. Eine Lust vergleichbar derjenigen, die uns als Kind Ameisen zertreten ließ. Wirksam war das Schreiben allemal. Es traf einen zermürbten Menschen. Die angekündigte Weigerung, den Lohn weiterhin zu bezahlen, war eine ideale Ergänzung zur zeitlichen Zermürbungstaktik der Staatsanwältin. Sie bedeutete letztlich Teilnahme an der Menschenhatz, wenngleich verdeckt, nicht mit den hatzüblichen Mitteln der Stimmungsmache. Diese überlässt die Bildungsdirektion anderen. Vorerst.

In einer Stellungnahme antwortete mein Anwalt in eigener Regie. Das war aus meiner Sicht eine seiner starken Aktionen, zumal ich selber ziemlich geschockt reagierte. Deswegen nochmals eine juristische Sache aufziehen? Das wäre für mich nicht infrage gekommen. Der Anwalt aber zersetzte Punkt für Punkt das Schreiben von MK und bat am Schluss, dieser möge ihm doch die Dokumente und Akten zustellen, auf welchen der Lohneinstellungsentscheid abstütze. Dass es solche Dokumente und Akten nicht gab, war klar. Und deshalb krebste die Bildungsdirektion zurück.

Das Schreiben meines Anwalts enthielt übrigens auch die Aufforderung an die Bildungsdirektion, sich bei der Staatanwältin bezüglich Verfahrensdauer endlich deutlich zu äußern, und es hält ebenso fest, dass auf unseren Antrag für ein Gutachten vom Oktober bis dato, also bis zum 21. Dezember 2010, keinerlei Antwort eingegangen sei. Der Rektor, nachdem die Bildungsdirektion ihren Versuch, mich abzustrafen, aufgegeben hatte, vermittelte eine möglichst lange Frist bis zur gegenseitigen Vertragsauflösung. Bis Ende 2011 musste mir die Bildungsdirektion den Lohn bezahlen. Für den Rektor war überdies klar: Auch eine Wiedereinstellung sei denkbar. Vielleicht würden sich die Umstände einmal ändern.

Winter II

Auch im zweiten Nordseewinter sitze ich hoch überm Wattenmeer. Am Holztisch, den ich einst mit Patrick für eine gemeinsame Ferienwohnung an einem abgelegenen jurassischen Grenzübergang gekauft hatte. Ich male wieder. Pastellkreide. Dazu Arvo Pärts *Alina*. Die Tage sind still, Pascale an der Arbeit am Institut. Einmal als Vorlage Patrick auf einer Fotografie. Wie er mit einer Pfanne voller Fische eine Katze lockt. Das war im alten Jahrtausend in der Toskana. Die Fische in der Pfanne und die Katze sind auf meinem Gemälde nicht ohne weiteres zu erkennen. Patricks Gesicht indes schon. Es lacht göttlich. Lacht dem Totalitarismus ins Gesicht. Kommt Pascale nach Hause, ändert sich die Szenerie. Ein Rotkehlchen auf einem Ast, ein Sägewerk, eine Straße mit Mittelstreifen zwischen bewaldeten Berghängen, zur Seite das Ortsschild: *Twin Peaks, Montana*. Dann der Wasserfall. Das sind stets die ersten Bilder der 29 Folgen, die uns zusammen mit Angelo Badalamentis Musik aus dem früh eindunkelnden Wattenmeerhimmel in eine tiefe Provinz des 20. Jahrhunderts versetzen. Und nach den 29 Folgen, als Krönung, *Fire Walk With Me:* die Geschichte *Twin Peaks* aus einer zeitlich neu zusammengebauten Spielfilmperspektive. Vor allem die magischen und gleichsam grotesken Versenkungen tun es uns an, die sakralen Überhöhungen des biederen Grauens, wie dies so nur das 20. Jahrhundert und da insbesondere Lynch hatte verdichten können. Wenn Julee Cruise vor einem rotsamtenen Vorhang in einer unendlich langen Nachtclubszene *Questions in a World of Blue* singt, dann geschieht für Minuten nichts – nichts, außer einer Verwandlung der Welt. Der Ort beginnt zu oszillieren, Jenseitiges leuchtet auf und mit ihm eine nie zu bändigende Sehnsucht, die auch die verlorensten Figuren in dieser verlorenen Provinz Montanas erfasst. Eine kurze Einstellung danach von Bäumen an einem bewaldeten Abhang, in leichten Nebel gehüllt, macht deutlich: Wir sind angekommen. In der Romantik. Selbst die Tankstelle, eine nächste Einstellung im Film, bekommt davon was ab.

Die Verwandlung des Biederen zum Sakralen, die höhere Gültigkeit: Nur Lynch mit seinem verborgenen Bezug zur deutschen Romantik, zu Tiecks semiotischem Horrormärchen *Der blonde Eckbert* und zu Novalis' Traum zu Beginn von *Heinrich von Ofterdingen* kann das bieten. Nur Lynch. Und die weiten, menschenleeren Landschaften Russlands. Ist *Twin Peaks* vorbei – mehr als zweimal im gleichen Winter schauen wir es nicht, aus Ehrfurcht –, legen wir ebenso wiederholt die Folgen aus *Wildes Russland* in den DVD-Player. Aus der Wattenmeernacht taucht der Ural hervor. Ural, Sibirien, Kamtschatka – das sind unsere Sehnsuchtsorte. Es gibt da keine Zürcher Beamten. Und überhaupt wenig Menschen. Im Grunde ertragen wir nur Lynch und Naturfilme. Andere Filme, die ich vor dem Überfall mit höchster Begeisterung analysiert habe, werden in die DVD-Hüllen zurückgelegt. Die Bilder, in Erinnerung, die Erzählungen, die Figuren nehmen mich weiterhin ein. Starte ich sie auf, Antonionis *Blow Up*, Bergmans *Fanny und Alexander*, Greenaways *The Cook* etwa, breche ich nach wenigen Minuten wieder ab. Der Film wird ins Trauma versetzt, nicht ich aus diesem hinaus. Im Herbst 2009 führten sogar Tierfilme von David Attenborough, eingelegt, um den Überfall zurückzudrängen, zu Panik. Ich klammerte mich an Pascale, entschuldigte mich, *ich kann das nicht schauen, es geht ein-*

fach nicht. Vor allem Insekten lösten den Horror aus, auch Fledermäuse. Die größten Attacken bei Ameisen und ihren Nestern. Nur bestimmte Säugetiere waren möglich, Zebras, Pflanzenfresser. Tiere mit klaren, einfachen Formen und ruhigen Bewegungen. Weihnachten 2010. Ohne Gewissheit, ob ich weiter noch Lohn bekomme – der positive Entscheid erst Ende Januar –, ohne Vorstellung, wie der Proceß weitergehen könnte. *Du musst durchhalten, auch wenn es schwierig ist.* So der Rektor kurz vor Jahresende am Telefon. Auch im zweiten Winter Schnee. Nachdem er zuvor über Jahre ausgeblieben sei, wie man uns sagt. Und wenn es hier weiß ist und die Sonne scheint, dann lösen sich die wenigen Konturen am Horizont gänzlich auf, verschwinden im Licht. Im linken Auge riss das Epithelgewebe am unteren Rand, im rechten geriet der Druck außer Kontrolle.

Die Justiz als Krebsgeschwür – der Gedanke begleitet mich oft. Dabei bin ich es, der den Proceß wuchern lässt, immerzu, auch bei Schneetreiben und Winternebel. Entlang der Deiche, der Kanäle, entlang des Hafens und im Stadtpark: Immer drängt sich der Proceß zwischen mich und den Ort. In unserem Gehirn-Lesekreis, im alten Jahrtausend, war die Konstruktion der Wirklichkeit das erste Thema. Es gibt kein Außerhalb der Konstruktion, das war die Erkenntnis. Also sind auch die Justizzellen, die mein Leben überwuchern, eine Konstruktion. *Meine* Konstruktion, Patrick, ich weiß. Ganz banal ist das und doch bräuchte ich dich, der mir das sagte. Ins Gesicht hinein. Wieder Stille. In Entfernung ein Hund, der Möwen nachhetzt. Den Deich quer hinab zum Wasser und wieder hinauf. Die Temperatur am Ende des Jahres plötzlich bei zehn Grad. Der Schnee wieder weg.

Alles, auch der Konstruktionsgedanke, ist eine Erzählung. Eine notwendige Erzählung, ein biologischer Zwang. Der freie Wille ebenso. Wir können nicht anders, als wir wollen. Das gilt auch für die Jäger. YUG konnte nicht anders, auch nicht AK, IJS und PD mit ihrem Überfallblankocheck und die Staatsanwältin. Die Justizzellen tun genau, was sie müssen, wahllos. Im Lesekreis war es der Philosoph, der dafür sorgte, dass unsere Schlüsse nicht zu trivial ausfielen. Auch er ist nun weg.

Seine seltenen Briefe sind Erinnerungen an eine Art zu sehen, die es nicht mehr gibt. Manchmal muss man das Ganze auf eine kindische Botschaft herunterbrechen. Sonst hält man's nicht aus. Und so ist es am Ende eben doch nicht mein Entscheid. Auch das Wuchern des Processes: nicht mein Entscheid. Und unabhängig davon: Was wäre dieses *Mein* überhaupt, dieses Ich? Bestimmt nicht das, was die schweizerische Bundesverfassung zu schützen vorgibt… Ich halte ein, komme zur Besinnung: Es gibt Augenblicke, da kracht die Wirklichkeit auseinander. Gerade die Versessenheit, mit der ich den Proceß an- und durch- und auf unzählige Seiten hin weiterdenke, führt zur Explosion. Und am Ende einer solchen, für Sekunden bloß, stehe ich dann doch am Deich, ganz und gar, am Kanal, am Hafen. Ohne jede weitere Bestimmung.

Eine Freundin Pascales hat mit bald 48 Jahren zusammen mit dem lang ersehnten Kind Brustkrebs bekommen. Ich stelle mir vor, wie das für eine Mutter ist, das ersehnte Kind zu bekommen mit der Aussicht, bald zu sterben. Ich würde mit ihr tauschen, hätte ich einen Wunsch frei wie in einem Märchen der Gebrüder Grimm. Das steht für mich fest. Ich übernähme ihre Krebszellen und gäbe das Wuchern der Justiz ab. Ob sie mit dem Tausch einverstanden wäre? Das habe ich mich oft gefragt. Die Justiz als Krebsgeschwür – der Gedanke tröstet, ich weiß nicht, weshalb. Und mit diesem Trost, irgendwo im Unterleib, stehe ich auf dem Deich, schaue dem Transportflugzeug der Bundeswehr zu, wie es zu Übungszwecken die für die Größe des Flugzeugs zu kurze Landebahn des Kleinflugplatzes von Mariensiel stets aufs Neue anpeilt, um kurz vor dem Aufsetzen durchzustarten und überm Wattenmeer abzudrehen. *God rid us from our conscience, so we can float away.* Ein pathetisches Lied von Archive. Es löst das Denken ab. Endlich. Der Text könnte von Novalis sein. Etwas später steige ich die Treppe hinunter vom Deich. Wende noch einmal: Bloß das öde Grün des Rasens ist zu sehen.

In diesem Winter hat sich die äußere Einsamkeit vergrößert. Ein Langzeitgejagter wird langweilig. Und irgendwie suspekt. Man beginnt an ihm, nicht ohne Worte der Treuebekundung, das Kranke zu erkennen. Erst nach dem Artikel von MN, publiziert im dritten Winter, mit der Kernbotschaft »Ihr jagt den Falschen«, melden sich einige wieder. Vorbehaltlos und unerschütterlich, ich kann das leicht aus den Zeichen, die eingehen, erkennen, stehen ungefähr eine Handvoll Leute zu mir. Und zwei oder drei sind dazugekommen. Querdenker. Querulanten.

Das Jahr 2011

Treffen zwischen Schulleitung und Anwalt zu Beginn des Jahres; im April der Strafbefehl – wir weisen ihn zurück; PB leitet ihn als Anklage ans Bezirksgericht weiter; Zurückweisung des Strafbefehls durch den Bezirksrichter; im August die richterlich erzwungene Abschlusseinvernahme; im Oktober die Gerichtsverhandlung; im Nachklang die Presseberichte als Krönung der Jagd. Fortsetzung der Jagd im Kantonsparlament; Weiterzug ans Obergericht durch die Staatsanwaltschaft.

Rektor als Kraftquelle

Die Beantragung eines Gutachtens, die Diskussion um den Strafbefehl, dann der Brief aus der Bildungsdirektion: Endlich war Bewegung in das Verfahren gekommen und der Rektor war froh darum. Es erlaubte ihm, selbst wieder tätig zu werden. Zuvor, über Monate hin, musste er diejenigen, die sich erkundigten, vertrösten: Unklare Situation, nein, machen könne man nichts. Man müsse warten, bis die Justiz endlich etwas vorlege. Zu Beginn des Jahres 2011 traf er meinen Verteidiger. Der Präsident der Schulkommission, ebenfalls ein Anwalt, war auch dabei. Ziel war es, Handlungsräume auszuloten und die Rolle der Fotos genauer einzuschätzen. Diese Bilder dürfen nicht Grund sein, einen Strafbefehl zu akzeptieren. Das stand für den Rektor fest. Ein Strafbefehl mit Schulschuld stehe ohnehin nicht zur Diskussion. Darüber sei man sich schnell einig gewesen. So berichtete der Rektor mir nach dem Treffen. Damit sprach er deutlich gegen meinen zuweilen durchbrechenden Fatalismus an.

Einverstanden sein mit der Vernichtung, die Welt will es so etcetera: Das kannst du für dich ruhig so sehen, so sagte er. Als private Philosophie. Manchmal brauche man Pathos. Er aber sei ein Pragmatiker, ein

Shakespeare-Mensch. Und da ich bereits diesen langen Weg gegangen sei, sollte ich ihn auch zu Ende gehen. Und zwar mit einem realistischen Handlungskonzept. Die romantischen Ideen hätten ihre Funktion durchaus, als Sinnstifter oder was auch immer. Bei der Verhandlung selbst allerdings sei Strategie verlangt. So redete er mir zu. Da machen Krebsvergleiche keinen Sinn. Zwar habe es der Anwalt als wahrscheinlich bezeichnet, dass bei den Fotos etwas hängen bleibe. Gänzlich ausgeschlossen jedoch habe er einen totalen Freispruch nicht. Und darauf richte er, der Rektor, sich aus. *Natürlich ist es ungeheuerlich, dass du dich überhaupt vor dieser Justiz verantworten musst. Aber daran würde auch ein Einknicken nichts ändern. Deshalb muss aus deiner Fassungslosigkeit wieder eine Wut werden. Wütend will ich dich sehen.* Die Botschaft hör ich wohl, allein: Im Rahmen dieses Systems kämpfen wollen – im Rahmen einer Justiz, die das alles verursacht hat? Wäre das nicht naiv? So widersprach ich und dachte an Chodorkowski. Dann sagte ich: Irgendwie verstünde ich Leute, die durchdrehten, sich bewaffneten und irgendwo ein Blutbad anrichteten. Für mich seien das nicht einfach Querulanten, selbst wenn die Opfer völlig zufällig zu Opfern würden und nichts dafür könnten. *Okay, auch das kannst du so sehen,* sagte der Rektor. *So bilde dir einfach ein, andere machten den Job für dich und also brauchst du selber in dieser Hinsicht nichts tun.* Für ihn, so fuhr er fort, stecke bei mir ein bisschen zu viel Kohlhaas drin. Das sei verständlich und besser als Lethargie, aber auch das führe nur zum Selbstruin. *Packe diese Justiz bei ihren Schwächen. Und was sie da angerichtet haben, ist schwach. Schwach und ungeheuerlich in einem.*

Die Worte des Rektors holten mich zurück. Aus der Weite des Wattenmeers und dem endlosen Kreisen. Wenn man bedenkt, dass der Richter einen totalen Freispruch in Erwägung zog, so war die Einschätzung des Rektors durchaus realistisch. Er denke manchmal, er hätte Anwalt werden müssen, so fügte der Rektor einmal am Ende eines Gesprächs lachend an. Tatsächlich, oft hatte ich das Gefühl, er sei mein wahrer Anwalt.

Zurückweisung des Strafbefehls

Ein Gutachten ist nie in Auftrag gegeben worden. Es gab keinen Kontakt zwischen Staatsanwaltschaft und dem Deutschen Seminar der Universität Zürich. Das erfährt mein Anwalt am Ende des Winters. Er trifft die Staatsanwältin auf der Straße. Zufällig. Ein halbes Jahr, nachdem die Staatsanwältin im Gespräch vorgegeben hat, ein solches in Betracht zu ziehen, vier Monate, nachdem der Anwalt einen offiziellen Antrag gestellt, und drei Monate, nachdem PB die Verzögerung beim Verfahren gegenüber der Bildungsdirektion mit eben diesem Gutachten begründet hat. Im Grunde vereinfachte dies meine Entscheidung. Eine Schulschuld zu akzeptieren, das wäre objektiv betrachtet nur als Realsatire auf diese Justiz zu verstehen gewesen. Die Berliner Freunde tendierten in diese Richtung: Nur mit Satire sei dieser Welt beizukommen. Allerdings hätte ich mich für diese Satire endgültig von einer pädagogischen Tätigkeit abtrennen müssen. Nein, ganz verbauen wollte ich mir eine pädagogische Tätigkeit nicht zugunsten einer Realsatire, deren Wirkung ungewiss war. Als am 11. April 2011 der Strafbefehl beim Anwalt eintraf, war ich im Grunde froh.

Die Staatsanwaltschaft Zürich - Limmat

hat in Sachen

Beschuldigte Person	**Saladin Daniel Sebastian,** geboren am 16.07.1963 in Zürich, von Duggingen, Sohn des G[redacted] H[redacted] und der H[redacted] H[redacted] ledig, Lehrer, wohnhaft Habsburgstrasse 25, 8037 Zürich
Haft	am 07.07.2009, 0615 Uhr bis 1245 Uhr
Verteidigung	RA Dr. iur. C[redacted] H[redacted], B[redacted] Zürich
Straftatbestand	**Pornografie etc.**
Rechtsgrundlage	Art. 352 ff. StPO

erkannt:

1. Der beschuldigte **Daniel Saladin** ist schuldig
   - des mehrfachen Vergehens im Sinne von Art. 197 Ziff. 1 StGB
   - des mehrfachen Vergehens im Sinne von Art. 197 Ziff. 3bis StGB sowie

2. Die beschuldigte Person wird bestraft mit einer **Geldstrafe von 150 Tagessätzen zu je Fr. 160.00**, entsprechend Fr. 24'000.00, wovon 1 Tagessatz durch Haft erstanden ist. Der Vollzug der Geldstrafe wird aufgeschoben unter Ansetzung einer **Probezeit von 2 Jahren**.

3. Die beschuldigte Person wird zudem mit einer **Busse von Fr. 2'000.00** bestraft, bei schuldhaftem Nichtbezahlen ersatzweise mit einer Freiheitsstrafe von 12 Tagen.

4. Die folgenden bei der Staatsanwaltschaft Zürich-Limmat, Büro A-2, sichergestellten Gegenstände werden eingezogen und nach Eintritt der Rechtskraft dieser Verfügung vernichtet:
   - 1 Notebook Sony Vaio inkl. Festplatte Hitachi 20 GB
   - 1 Notebook Fujitsu Siemens inkl. Festplatte Fujitsu 60 GB
   - 1 Video Orgienhaus
   - 1 DVD Origienhaus (Nr. 1)
   - 1 DVD Madolescenza (Nr. 2)
   - Klarsichtmappe mit verschiedenen Kopien von Fotografien

5. Die folgenden bei der Staatsanwaltschaft Zürich-Limmat, Büro A-2, sichergestellten Gegenstände werden - nach Eintritt der Rechtskraft dieser Verfügung - dem Beschuldigten auf erstes Verlangen hin gegen Empfangsbestätigung ausgehändigt:
   - 2 Ordner mit diversen Fotos
   - 1 Buch „Show me"
   - diverse Fotos und Schriftunterlagen

6. Die Verfahrenskosten werden der beschuldigten Person auferlegt.

7. Diese Kosten bestehen in:

900.00	Gebühr für das Vorverfahren (Pauschalgebühr)
1'980.00	Auslagen (allfällige weitere vorbehalten)
2'880.00	**Total**

Für Busse und Geldstrafe und auferlegte Kosten stellt die Zentrale Inkassostelle der Gerichte nach Eintritt der Rechtskraft dieser Verfügung Rechnung.

Tatbestand und Begründung:

Der beschuldigte **Daniel Saladin** hat

- mehrfach pornografische Schriften, Ton- oder Bildaufnahmen bzw. Abbildungen Personen unter 16 Jahren zugänglich gemacht

sowie

- mehrfach pornografische Schriften, Ton- oder Bildaufnahmen oder andere Gegenstände solcher Art oder pornografische Vorführungen, die sexuelle Handlungen mit Kindern oder mit Tieren, menschlichen Ausscheidungen oder Gewalttätigkeiten zum Inhalt haben, erworben, sich über elektronische Mittel oder sonst wie beschafft oder besessen

indem er

in seiner Funktion als Deutsch-Lehrer am Literargymnasium Rämibühl an der Rämibühlstrasse 58 in 8001 Zürich in der Zeit von ca. August 2008 bis 12. Juni 2009 seine vierzehn- und fünfzehnjährige Schüler und Schülerinnen in einer nicht adäquaten Form und im Übermass mit Sexualität konfrontierte, indem er den Schülern auftrug, diverse Bücher mit sexuellen Inhalten zu lesen, namentlich „Die Menschenfresser" von Marlen Haushofer, „Frühlingserwachen" von Frank Wedekind, „Die Selbstmordschwestern" von Jeffrey Eugenides, „Warum das Kind in der Polenta kocht" von Aglaja Veteranyi und „Dunkler Frühling" von Unica Zürn,

wobei die Schüler und Schülerinnen sich im Rahmen von Prüfungen und Unterrichtsstunden sich mit Sexualität, Masturbation, Schwangerschaften von 14-jährigen Mädchen, inzestuöse Handlungen wie Zungenküsse zwischen Mutter und Tochter, sexueller Missbrauch durch Bruder, sexuelle Handlungen mit Gewalt bis zum Tode, sexuelle Beziehungen zwischen Lehrer und Schülerinnen auseinanderzusetzen hatten,

zudem im Rahmen einer Abschlussstunde vor Weihnachten 2008 das Schulzimmer verdunkelte und indische Musik abspielte, den Schüler und Schülerinnen erklärte, sie dürften sich gegenseitig massieren, er indes eine Geschichte vorlas und diese mit dem Satz „... und dann wurde sie feucht" beendete,

ferner den obengenannten Schülern und Schülerinnen aus dem Film „Am Anfang war das Feuer" vorwiegend sexuelle Szenen vorspielte und sodann ein Bild einer Art Höhlenmalerei, auf welchem der Hinterteil einer Frau erkennbar war aus welchem Flüssigkeit tropfte und daneben ein Penis abgebildet war, zeigte und schlussendlich einen Film vorführte, wobei in einer Szene ein 13-jähriges Mädchen sich von Hand selber befriedigt habe und

die Schüler und Schülerinnen Textstellen wie folgender aus dem Werk „Dunkler Frühling" von Unica Zürn: „Der Hund, angezogen von dem Geruch, steckte den Kopf zwischen ihre Beine. Das bringt sie auf eine neue Idee. Sie steigt hinunter in den Keller, geht in den Hundestall und legt sich mit ausgebreiteten Beinen auf den kalten Zementboden. Die Kälte steigert noch ihre Wollust, während der Hund sie zwischen den Beinen zu lecken beginnt. Sie gerät in Ekstase und wölbt ihren Bauch der geduldigen Zunge entgegen. Ihr Rücken schmerzt sie auf dem harten Stein. Sie liebt es, Schmerzen zu haben, wenn sie die Wollust erleidet. Die Erregung ist gross, gesteigert noch durch die Möglichkeiten, dass in jedem Augenblick jemand kommen kann, um sie zu beobachten." lesen und bearbeiten liess und überdies dazu und zu weiteren sexuell ausgerichteten Textpassagen aus obenerwähnten Werken Prüfungen die stark auf sexuelle Themen fokussierten, vorlegte, welche die Schüler und Schülerinnen zu lösen hatten,

wobei er um die sexuellen Inhalte dieser Darstellungen, Schriften und Darbietungen wusste und auch über das Alter seiner Schüler in Kenntnis war

und

sich zu nicht näher bekannten Zeitpunkten in den Jahren 2005/2006 und 2007 mehrfach pornografische Erzeugnisse, die sexuelle Handlungen mit Kindern zum Inhalt haben, über das Internet beschaffte, herunterlud und speicherte, welche Erzeugnisse in nachfolgend erwähnter Form im Rahmen der am 07. Juli 2009 am damaligen Wohnort des Beschuldigten an der Habsburgstrasse 25 in 8037 Zürich durchgeführten Hausdurchsuchung sichergestellt werden konnten:

Notebook Sony Vaio, Festplatte Hitachi 20GB:

- unter dem Pfad C:\Dokumente und Einstellungen\Saladin Daniel\Eigene Dateien\Eigene Bilder 31 Bilder von nackten Mädchen, welche Bilder auf die primären und sekundären Geschlechtsmerkmale fokussiert sind
- aus den Temporary Internet Files ca. 410 Bilder von nackten Mädchen, welche Bilder auf die primären und sekundären Geschlechtsmerkmale fokussiert sind
- in Unallocated Clusters 35 Bilder von nackten Mädchen, welche Bilder auf die primäre und sekundäre Geschlechtsmerkmale fokussiert sind

Notebook Fujitsu-Siemens Lifebook, Festplatte Fujitsu 60 GB:

- auf den Pfad C:\Dokumente und Einstellungen\User\Eigene Dateien\Eigene Bilder in der Zeit vom 22. Juni 2009 bis 26. Juni 2009 aus der Internetseite „Girl2SchoolGirl.com" vier Bilder auf welchen zwei nackte Mädchen, die sich gegenseitig manuell vaginal penetrieren zu sehen sind
- auf dem Pfad C:\Dokumente und Einstellungen\User\Lokale Einstellungen\Temp am 09. November 2008 aus der Internetseite „TeenSexMovs.com" einen Film herunterlud, auf welchem drei Jugendliche, zwei Mädchen und ein Knabe bei sexuellen Handlungen zu sehen sind

wobei all die erwähnten Bilder und Filme aufdringliche Darstellungen sexuellen Inhalts mit Kindern unter 16 Jahren, welche sich auf den Genitalbereich und die wachsenden Brüste konzentrieren und objektiv darauf angelegt sind, beim Betrachter geschlechtliche Erregung zu wecken (insbesondere Darstellungen von posierenden Mädchen unter 16 Jahre mit aufdringlicher Darstellung der Geschlechtsteile; von noch nicht voll entwickelter Kinder unter 16 Jahren die miteinander geschlechtlich verkehren) darstellen.

Dadurch hat sich der beschuldigte **Daniel Saladin**

- des mehrfachen Vergehens im Sinne von Art. 197 Ziff. 1 StGB
- des mehrfachen Vergehens im Sinne von Art. 197 Ziff. 3bis StGB

schuldig gemacht, wofür er angemessen mit einer Geldstrafe von 150 Tagessätzen zu je Fr. 160.00, entsprechend Fr. 24'000.00, wovon 1 Tagessatz durch Haft erstanden ist und einer Busse in der Höhe von Fr. 2'000.00 zu bestrafen ist.

Die Voraussetzungen für die Gewährung einer bedingten Strafe sind ohne Weiteres gegeben, zumal sich der Beschuldigte zum ersten Mal strafbar gemacht hat und davon auszugehen ist, dass er sich durch die ausgesprochene Strafe genügend beeindrucken lässt, um inskünftig von strafbaren Handlungen abzusehen. Der Vollzug der Geldstrafe ist daher unter Ansetzung einer Probezeit von zwei Jahren aufzuschieben. Der Beschuldigte wird darauf hingewiesen, dass der Vollzug einer bedingt aufgeschobenen Strafe angeordnet werden kann, wenn er während der Probezeit ein neues Verbrechen oder Vergehen begeht (Art. 46 Abs. 1 StGB).

Nachdem der Vollzug der ausgesprochenen Geldstrafe bedingt aufgeschoben wurde, wird der Beschuldigte in Anwendung von Art. 42 Abs. 4 StGB zusätzlich mit einer Busse in der Höhe von Fr. 2000.00 bestraft. Diese Busse ist zu bezahlen.

Bezahlt der Beschuldigte die Busse schuldhaft nicht (Art. 106 Abs. 2 StGB), tritt an deren Stelle eine Ersatzfreiheitsstrafe von 12 Tagen.

Ausgangsgemäss sind die Kosten des Strafverfahrens dem Beschuldigten aufzuerlegen.

Staatsanwaltschaft Zürich-Limmat
Abteilung A, Büro 2

STA P[redacted] B[redacted]

Das alles hat die Staatsanwaltschaft Zürich-Limmat *erkannt.* Der *Erkenntnis*vorgang ist bekannt. Literarische Werke werden zu Pornografie. Daraus wird eine Straftat abgeleitet, nämlich das Zugänglichmachen von Pornografie an Personen unter sechzehn. Die Vorwürfe allesamt abgeschrieben aus Polizeiprotokollen und Schrift der Anklagekammer, basierend auf Erfindungen einer Mutter. Untersuchungshandlungen werden keine erwähnt. Es gab sie auch nicht. In dieser Hinsicht ist der Strafbefehl korrekt. Mein Name ist falsch wiedergegeben.

Der vom Schulvorwurf abgetrennte Anklagepunkt betreffs persönlichen Besitzes operiert mit der Unterstellung von »Vorführungen, die sexuelle Handlungen mit Kindern oder Tieren, menschlichen Ausscheidungen oder Gewalttätigkeiten zum Inhalt« hätten, besonders verzerrend. Doch was heißt verzerrend? Es ist eine Lüge, nicht mehr, nicht weniger. Der durch das Wesen des ganzen Verfahrens gegebene Druck auf die Zufallsbefunde schlägt gänzlich durch.

PBs Aussage bezüglich Sex mit Tieren, Sex mit Kindern, Gewalt und Ausscheidungen bezieht sich auf den Zufallsbefund auf dem PC. Nicht nur die Absetzung von der Schulschuld in der Anklage macht das deutlich, vielmehr formuliert PB an der ersten Einvernahme: »Herr S., solche Bücher zu schreiben oder gar zu lesen ist nicht verboten.« (Auszug aus Protokoll) Sex mit Kindern und Tieren, Ausscheidungen und Gewaltdarstellungen, das alles kann also nicht auf die Bücher beziehungsweise auf PBs Lektüre isolierter Textstellen referieren, denn die Bücher sind ja in ihrem eigenen Verständnis legal. Es ist eindeutig: PB unterstellt mir einen PC-Befund, den es nicht gibt. Dass er von IT-Spezialisten nicht in den PC hineinmanipuliert worden ist, erstaunt. Kriminell ist die Unterstellung dieser Delikte allerdings auch ohne PC-Manipulation. Die Sprache indes verrät auch hier das Unternehmen: So heißt es, Darstellungen von Sex mit Kindern *oder* Tieren, von menschlichen Ausscheidungen *oder* Gewalttätigkeiten. Eine Auswahlsendung. Darf man das Vorgefundene halten, wofür man es will? Das Diffuse aus der Schrift der Anklageklammer findet seine Fortsetzung. Entweder diese Darstellungen sind gefunden worden, und dann erscheint in der Anklage keine Auswahlsendung, sondern ein *und.* Oder das Ganze dient der Stimmungsmache. Hat dieses Schreiben als Leser mehr schon Journalisten im Auge denn einen Richter?

Beim Tatbestand operiert der Text gänzlich mit den sprachlichen Wendungen aus Protokoll und Schrift der Anklagekammer: Das *Übermaß* soll erneut wirken. Hierfür weitet PB den Themenkatalog aus: In den Texten sei es unter anderem um *sexuelle Beziehungen* zwischen Lehrer und Schülerinnen gegangen. Das war in keinem der behandelten Bücher ein Thema. Strafanträge als Textsorte der freien Fiktion. Dass es sich um eine Jagdschrift handelt, wird auch dann deutlich, wenn die erfundene Mehrzahl das Übermaß belegen soll: Um Schwangerschaft*en* von vierzehnjährigen Mädchen sei es gegangen. Das referiert auf die Schwangerschaft von Wendla Bergmann in *Frühlings Erwachen.* Weitere Schwangerschaften gab es nicht. Offenbar hat sich PB bei der Erstellung der Schrift in einen sexuellen Rausch hineingesteigert. Es sind jedenfalls nicht zuletzt Details wie die Schwangerschaft*en,* welche auch für diese Anklageschrift belegen: Der Pfusch hat System. Stimmung ersetzt Fakten. Wenn der Titel von Marlen Haushofers Erzählung, eines der für das Übermaß benötigten namentlich erwähnten Literaturwerke, falsch wiedergegeben wird, so ist dies allerdings bloßer Pfusch. Die Werke hat PB nie gelesen, doch hätte sie immerhin die Titel korrekt abschreiben können.

Beim Zufallsbefund werden aus Erwachsenen Mädchen und Knaben. Bei den Akten wird für sämtliche Fotos ein Fokus auf die primären und sekundären Geschlechtsmerkmale behauptet. Bei der Formulierung »aufdringliche Darstellung sexuellen Inhalts« soll das Strafbare erneut aus dem Ungefähren entstehen. Der sexuelle Inhalt bezogen auf die Aktbilder ist erfunden, genauso wie die Pornografie bei den Büchern. Nun soll eine »aufdringliche Darstellung« dieses an sich nicht gegebenen sexuellen Inhalts das hervorbringen, was von der Sache her nicht existiert. Beim Schulstoff hatten die Prüfungsfragen und die Arbeitsblätter diese Funktion. Der Fokus auf »wachsende Brüste« – Brüste sieht man auf Bildern nicht wachsen – und Geschlechtsteile ist PBs Fokus. Dieser subjektive Blickwinkel wird, die Macht des Amtes lässt das zu, in eine Pseudoobjektivität verkehrt. Objektiv betrachtet sollen die Bilder darauf aus sein, sexuelle Erregung zu wecken, so behauptet die Schrift. Was von dieser Wertung, vorgenommen von PB, zu halten ist, hat allein ihre Ermittlungsarbeit gezeigt, die mit vielem, bestimmt aber nichts mit Objektivität zu tun hat. Wenn PB eine objektive Absicht, sexuell zu erregen, herausliest, so ist das identisch zu sehen mit dem Urteil über die Textstelle aus *Dunkler Frühling*, welche sie ebenfalls in diesem Sinne begreift.

Was ich einzig neu erfahre aus dem Strafbefehl: 410 Bilder sind aus temporären Dateien rekonstruiert worden. Das wurde mir bis anhin nie so mitgeteilt. Bezogen auf all diese Bilder ist auch die pauschal vorgenommene Aussage, ich hätte diese Bilder abgespeichert, falsch. Lediglich 31 Bilder der Sammlung sollen aus eigenen Dateien stammen. Das erklärt auch, weshalb ich viele Bilder nicht gekannt habe. Ich habe sie vermutlich einmal geöffnet (wenn überhaupt) und dann entschieden, sie nicht in die Sammlung aufzunehmen, also nicht abzuspeichern. Bei 35 Bildern war selbst der Herkunftsort unbekannt. Auch diese sind mit in den Strafbefehl aufgenommen. Das genaue Datum ist laut Anklage bei keinem einzigen Bild bekannt. Seltsam.

Im zweiten Teil der Anklageschrift wird »Sex mit Tieren etc.« nicht mehr erwähnt. Richter sehen in der Regel, ob ein Mensch oder ein Hund abgebildet ist. Doch war bei diesen Aussagen offenbar die Wirkung wichtig, die sie in der einleitenden Passage des Strafbefehls erzeugen konnte. Diesen Strafbefehl lesen, ich habe es bereits angesprochen, auch Journalisten. Und sie lesen vor allem den Anfang. Sex mit Kindern, mit Tieren, Gewalt. Erst noch Lehrer von Beruf: Das wird verfangen. Erwähnenswert ist weiter die verlangte Vernichtung von konfisziertem Material. Von Material ohne irgendeinen Aspekt, der strafrechtlich relevant wäre. Der Besitz oder Erwerb dieses Materials wird von PB denn auch nicht als Straftat aufgelistet. Zu diesem Vernichtungsgut gehören die Filme *Orgienhaus* und *Maladolescenza* sowie Fotografien von Herlinde Koelbl und Thomas Carstens einerseits und aus der Kreativwoche des Literargymnasiums, die im Foyer der Schule gehängt hatten, andererseits. *Maladolescenza* – in der Anklage falsch geschrieben – übrigens war der einzige Film von über zweihundert in meiner auf die 70er- und 80er-Jahre spezialisierten Sammlung, gegen den man ernsthafte Jugendschutzeinwände vorbringen kann. Er galt als eine Art Kultfilm über Jugendgewalt und Jugendsex und wird noch heute kontrovers, wenngleich weitgehend ablehnend besprochen. Das veranlasste mich, ihn über das Verkaufsportal Ebay zu beziehen. Vollständig legal. Er erwies sich als künstlerisch überaus schwach. Einen Grund ihn zu vernichten gab es indes nicht, als Zeitdokument behält er eine gewisse Funktion. In Österreich ist er heute noch legal, in Deutschland nur in gekürzter Fassung.

Mit der Forderung, die Verfahrenskosten mir anzulasten, wiederholt PB schließlich den Versuch der Bildungsdirektion, mich für das Verfahren und dessen Dauer auch finanziell abzustrafen. Und so sehr das alles zu erwarten war – waren es nicht stets die Gejagten, welche die Jagd mitfinanzieren mussten? –, so fassungslos war ich beim Lesen eben doch. Der Anwalt antwortete kurz und klar: Der Strafbefehl wird abgelehnt. PB leitete diesen für einmal umgehend als Anklageschrift ans Bezirksgericht. Am 31. Mai 2011 wies der zuständige Bezirksrichter TM die Anklage aufgrund von Verfahrensmängeln zurück:

»*2.1. Gemäss Art. 356 Abs. 2 StPO entscheidet das erstinstanzliche Gericht über die Gültigkeit des Strafbefehls und der Einsprache. Gemäss den Akten hat der Beschuldigte den Sachverhalt nicht in vollem Umfang gestanden und sich nicht vorbehaltslos schuldig erklärt. Der Sachverhalt wurde auch anderweitig nicht ausreichend geklärt, so wurde keine – unerlässliche – Schlusseinvernahme durchgeführt, anlässlich welcher dem Beschuldigten die ihm vorgeworfenen Tatbestände nochmals vorgehalten werden konnten.*

Ausserdem ist festzuhalten, dass die Untersuchungsakten nur unvollständig sind, so genügt es nicht bloss kopierte Auszüge der infrage stehenden Werke und Darstellungen vorzulegen. Deshalb ist die Anklagebehörde aufzufordern, die Akten durch die Einreichung der massgebenden Gesamtwerke (Bücher sowie Filme) zu vervollständigen.

Unter Berücksichtigung dieser Umstände liegt kein gültiger Strafbefehl im Sinne von Art. 352 Abs. 1 StPO vor.

2.2. Der Strafbefehl ist deshalb aufzuheben und der Fall zur Durchführung eines neuen Vorverfahrens beziehungsweise zur Durchführung der Schlusseinvernahme sowie zur Vervollständigung der Akten durch Einreichung der massgebenden Gesamtwerke an die Staatsanwaltschaft Zürich-Limmat zurückzuweisen (Art. 356 Abs. 5 StPO).«

PB ist nicht neu im Metier. Und doch vermag sie selbst juristischen Verfahrensregeln nicht zu genügen. Wie passt das zusammen? Wie kann sich jemand, der Routineabläufe nicht beherrscht, in diesem Amt halten? Wäre dies in einem anderen Deliktsbereich ebenso denkbar? Oder treten solche Aspekte spezifisch da in den Hintergrund, wo etwas Großes im Gange ist? Sind da neben Lügen auch Verfahrensfehler nicht von Belang, vorausgesetzt, man steht auf der richtigen Seite?

Es braucht also eine Abschlusseinvernahme. Der Sachverhalt ist, was meine Würdigung betrifft, keineswegs erstellt. Juristische Insider sprechen von einer Ohrfeige. Ich kann das nicht beurteilen. Gleichwohl war diese richterliche Korrektur eine kleine Beruhigung. Nicht jede staatliche Instanz frisst der Staatsanwaltschaft so beflissen aus der Hand, wie dies die Anklagekammer des Obergerichts und die Bildungsdirektion taten.

Medien als Argument

Der Wunsch, es möge enden, war – neben dem phasenweise in Betracht gezogenen Effekt einer Realsatire – beim Gedanken, das Ganze mit einem Strafbefehl abzuschließen, entscheidend. Allerdings gab es noch einen anderen Aspekt, der mich mit dem Gedanken spielen ließ, einen Strafbefehl zu akzeptieren. Im Laufe der Zeit wurde mir bewusst, was eine Gerichtsverhandlung wirklich bedeutet. Entlang der Deiche begann ich, mögliche Szenarien durchzudenken. Auf alle Seiten. Hin und zurück. Und die Rolle der Presse wurde immer klarer.

Gerichtsverhandlungen spielen nicht in einem luftleeren Raum. Faktoren wirken, die mit der Sachlage nichts zu tun haben. Justiz, so habe ich es erfahren, ist von Wissenschaftlichkeit weit entfernt. Irrationale und emotionale Gesichtspunkte stehen vorne an. Eine entsprechende Rolle spielen Presse und Öffentlichkeit. Diese Rolle stellt sicher, dass ein Verfahren – vor allem in der Darstellung, und die ist heute mehr als die halbe Sache – von einer differenzierten Sachanalyse weg, hin zu Stereotypen tendieren wird und muss. Stereotype mit der Funktion, Reizerwartungen zu bedienen. Der Gerichtsberichterstattung kommt deshalb eine wichtige gesellschaftliche Funktion zu. Nur eine solche, genau diese Funktion wahrnehmende Berichterstattung macht das Urteil zu dem, was es ist. *Der Bericht aus der Justiz* hat deshalb wesentlich Anteil an der *Strafe*. Anders formuliert: Die Strafe besteht zu einem nicht unwesentlichen Teil in der Berichterstattung selbst. Das gilt ganz besonders dann, wenn – wie in meinem Fall – eine Berechtigung für den Einfall der Staatsorgane gar nie vorgelegen hat und ein Angeschuldigter, um diesen Einfall zurückzuweisen, einen weiteren Einfall, denjenigen der Journalisten und damit der Öffentlichkeit, zu erdulden hat. Der Pranger, als Ergebnis aus diesen Einfällen, ist in den letzten Jahren massiv ausgebaut worden. Nicht bloß durch Twitter und Facebook. Wenn Staatsanwaltschaften wie jüngst geschehen die Veröffentlichung des Urteils *als Teil des Urteils* beantragen, so wird deutlich, dass sich die Justiz selbst als Prangerinstrument begreift.

Nun mag die Berichterstattung zu gewissen liberalen Zeiten eine andere Funktion gehabt haben. Nämlich die Überprüfung justiziellen Handelns. Die Berichterstattung sollte ideologische Urteile, produziert in geschlossenen Räumen, gerade verhindern. Eine solche Konzeption allerdings ist an einen aufgeklärten Bürger geknüpft, der nicht mit Täterstorys über seinen Alltag hinweggehoben werden muss. Also an eine aufgeklärte Gesellschaft, wie sie in den 70er-Jahren ansatzweise und im Rahmen diskursiver, innergesellschaftlicher Auseinandersetzungen gegeben war, heute aber inexistent ist. In den letzten drei Jahrzehnten, im Zuge der radikalen Durchökonomisierung sämtlicher Lebensbereiche, hat der Unterhaltungsfaktor (und mit diesem die Bedeutung der Reizwörter) im medialen Business stetig zugenommen. Das ist unter anderem daran erkennbar, dass in den 70er-Jahren bei seriösen Medien Verbrechen und Unfälle niemals den Stellenwert hatten, den sie heute einnehmen. Der Prozess Kachelmann, ein Vergewaltigungsfall in Indien, ein Discounglück in Brasilien – das alles schaffte es zum Beispiel in den Nachrichten des Deutschlandfunks an die erste Stelle, wohingegen gleiche Meldungen in den 70er-Jahren in diesem und vergleichbaren Medien nicht einmal an einer hinteren Stelle eines Nachrichtengefäßes Platz gefunden hätten. Der globalisierte Zugang zu Unfällen und Verbrechen führt dazu, dass solche im Sekundenabstand in alle Haushalte durchgereicht werden. Auf sämtlichen Medien. Das schürt den Konkurrenzkampf. Durch den Quotenzwang gepuscht, wird auch in einst seriösen Medien mit Reizwörtern gearbeitet, Wörter, die bestehende Muster bedienen und die schnelle Verarbeitung von Botschaften sicherstellen. Der Hang zu immer kürzeren Sätzen und generell die Ausrichtung auf Schnellverwertbartkeit von Infos ist ökonomisch bedingt. Durch diese Entwicklung sind Medien völlig unabhängig von ihrer einstigen politischen Ausrichtung zu Systemstabilisatoren geworden, wohingegen sie früher oft die Funktion hatten, Dinge infrage zu stellen. Reizwörter wiederum sind beste Grundlage für Ideologien. Für stereotypes Schreien nach Strafe. Sind beste Instrumente, um Menschen zu Ventilen hinzulenken, wo sie ihre Frustrationen ablassen können. Danach funktionieren sie wieder störungsfrei. Justiz, als mediale Reizshow inszeniert, fängt Frustrationen auf, indem sie sowohl Aggressionen wie heimliche Wünsche auf Angeschuldigte projizierbar macht. So wurden an meine alte Adresse in der Schweiz nach dem Urteil Pornopostkarten gesandt mit Fragen wie »Ist es das, was dir gefällt?«. Die systemstützende Kraft der Justiz ergibt sich im Grunde nicht aus der Tatsache, dass Verbrechen geahndet werden, sie ergibt sich aus der kanalisierenden Funktion von Gerichtsveranstaltungen selbst.

Das ideologische Feld greift indes noch weiter: Sicherheit ist heutzutage ein Geschäft. Und das geht weit über Versicherungen hinaus.

Unfälle und Verbrechen heizen die Konsumstimmung an und schaffen den politischen Raum für immer mehr Verbote und Regeln, an welchen direkt oder indirekt ganze Produktketten hängen. Helme auf allen Ebenen. Neben diesen Produktketten, die ihrerseits Arbeitsplätze generieren, sind ganze Dienstleistungsketten an diesem Sicherheitsfetischismus festgemacht, vor allem staatliche mit Schutzfunktionen. Das sind gewichtige Argumente. Zu guter Letzt rechtfertigen Verbrechen und Unfälle die vollkommene Überwachung, an welcher kommerziell wiederum die ganze IT-Industrie mit ihren Controlling-Modulen hängt. In einem solchen gesellschaftlichen Umfeld als Täter präsentiert werden: das bedeutet nicht wenig. Und da reicht die Eingangspassage eines Strafbefehls durchaus. Wenn da ein Beschuldigter wie in meinem Fall mit Reizwörtern wie *Sex mit Kindern, Sex mit Tieren* und dergleichen auf dem Tablett serviert wird – und Journalisten lesen vor allem kurz und knapp diese Hauptanschuldigung, um zu entscheiden, ob sie ansaugen –, muss von einer Schädigung ausgegangen werden, selbst wenn nachträglich in der Sache ein Richtergremium korrigieren würde. So funktioniert der mythologische Wirklichkeitskonstruktionsapparat, genannt Justiz.

Was »darf« ich also erwarten? Täterbilder in der Medienlandschaft sind ein Verkaufsargument. Der Täterfokus eine wirtschaftliche Notwendigkeit. Die böse Tat Garantie für Umsatz. Fehlt eine Täterstory, so erlahmt das Interesse. Umgerechnet auf meinen Fall: Ein Abdrehen der Medien ist das Beste, was zu erwarten ist. Systemisch ausgeschlossen dagegen: die kritische Berichterstattung über Abläufe, über Gewalt im Rahmen komplexer amtlicher beziehungsweise alltäglicher Kanäle. Gewalt, die nicht auf einzelne Täterbilder herunterzubrechen ist.

So gingen meine Gedanken und so gehen sie noch immer. Im Gespräch mit dem Rektor versuchte ich meine Bedenken auf den Punkt zu bringen. Ich sagte: *Die Berichterstattung ist bereits Strafe. Nochmals fallen Unbefugte in mein Leben ein, die kein Recht dazu haben. So ist das vom System her vorgesehen.* Der Rektor: *Und was heißt das jetzt?* Ich: *Der Kollateralschaden, der aus einer Gerichtsverhandlung hervorgeht, dürfte denjenigen aus einem Strafbefehl übersteigen. Allein schon die Tatsache, dass ich durch eine einzige Verleumdung Freiwild geworden bin, zeigt doch, in welcher gesellschaftlichen Realität wir leben. Nach den Kinderschutzmissionaren sollen nun noch die Journalisten über mich herziehen: das ertrage ich nicht.* Der Rektor: *Was du nicht beeinflussen kannst, darüber zerbreche dir nicht den Kopf.* Ich: *Indem ich es nicht zu einer Verhandlung kommen lasse, kann ich es beeinflussen.* Der Rektor: *Auch einen Strafbefehl können Journalisten lesen. Außerdem: Der Schuss kann auch gegen hinten los, dahin, wo die Staatsanwältin steht.* Ich: *Das glaube ich nicht. Differenzierungen sind nicht nur kein Thema bei der Staatsanwaltschaft, sie sind es ebenso wenig bei der Tagespresse. Wenn man den Tenor der Berichterstattung sich vergegenwärtigt, der gerade in diesem Themenbereich vorherrscht, so wäre es geradezu naiv, anderes denn Grobschlächtiges zu erwarten.* Der Rektor: *Ich bleibe dabei, der Schuss kann auch gegen hinten los.*

Im Rahmen dieser Abwägungen wurden mir die strategischen Komponenten beim Vorgehen der Staatsanwältin gänzlich klar. Mochte vieles irrational sein, zumindest spekulativ der Gedanke, ein Richtergremium möge die Schulschuld durchwinken, so konnte PB durchaus mit meiner Schädigung allein durch das Verfahren beziehungsweise durch die an dieses Verfahren gekoppelte Tagespresse rechnen, vorausgesetzt, diese würde mit den richtigen Reizwörtern angelockt. Und diese Reizwörter platzierte sie prominent in ihrem Strafantrag. Egal, wie ein Gericht entscheiden wird: Sind bestimmte Reizwörter einmal in die Welt gesetzt, so ist der Schaden da. Justiz – das ist Arena. Dass ich nicht zu Beginn schon an diesen Aspekt gedacht habe. In Kafkas *Proceß* ist der echte Freispruch zwar eine vorgesehene Option, doch ist kein Fall bekannt, bei dem er zum Zuge gekommen wäre. In der Tat bleibt die Wahl zwischen scheinbarem Freispruch und unendlicher Verschleppung. Der Angeschuldigte jedenfalls verliert stets über das Urteil hinaus. Freispruch hin oder her. Und darauf kann die Staatsanwältin bauen.

Am Ende indes setzte sich weder der Wunsch nach dem schnellsten Ende noch die als Groteske gedachte Schuldakzeptierung durch. Auch die ernsthaften Bedenken, ob ich eine Verhandlung psychisch ertragen würde, und – damit verbunden – die Einschätzung der Rolle, welche der Presse zukommen wird, schlugen nicht an. Es war in erster Linie der Rektor, der mich überzeugte. Mit ihm stand mir auch eine Institution zur Seite. Die Bedeutung dieses Umstands kann im gegenwärtigen Umfeld gar nicht überschätzt werden. Eine Schule hat nicht die Macht eines Justizorgans oder der Bildungsdirektion. Ganz ohne Belang ist allerdings nicht, wie sie sich in einem solchen Fall verhält.

Strafmaßerhöhung

Ende August 2011 fahren wir in die Schweiz. Pascale hochschwanger. Die richterlich erzwungene Abschlusseinvernahme ist angesagt. Von einer anderen Justizinstanz zurechtgewiesen, kann PB nicht wieder Monate tatenlos verstreichen lassen. Das Bezirksgericht ist über den Zeitplan informiert. PB empfängt uns missmutig. Diesmal keine Kollega-Scherze an meinen Anwalt gerichtet. Die Pornografielitanei indes wird ein weiteres Mal heruntergebetet. Eher lustlos. Gäbe es nur diese Vorstellung, es wäre schwierig zu entscheiden, ob sie selbst an das glaubt, was sie sagt. Ich weise ihre »Würdigung« abermals zurück und dann ist die Veranstaltung vorüber. Neue Fragen oder Aspekte gibt es nicht. Das Ganze dauert keine Stunde.

Der revidierte Strafantrag entspricht, was die mir unterstellte Schuld betrifft, genau dem Strafbefehl. Das Strafmaß aber hat sich erhöht. Offenbar aus Frustration. Die veränderten Strafanträge:

»3.1. Anträge für die Hauptverhandlung

- *Schuldigsprechung von DS im Sinne der Anklageschrift*
- *Bestrafung mit einer Geldstrafe von 270 Tagessätzen zu Fr. 160.00 (entsprechend Fr. 43'200.00) sowie einer Busse von Fr. 2'000.00*
- *Gewährung des bedingten Vollzuges der Geldstrafe unter Ansetzung einer Probezeit von 2 Jahren*

- *Festsetzung einer Ersatzfreiheitsstrafe von 12 Tagen bei schuldhafter Nichtbezahlung der Busse*
- *Einziehung und Vernichtung der mit Verfügung der Staatsanwaltschaft Zürich-Limmat vom 31. August 2011 beschlagnahmten Gegenstände*
- *Entscheid über die Rückgabe der einzig als Beweismittel bei der Staatsanwaltschaft Zürich-Limmat sichergestellten Gegenstände: 2 Ordner mit diversen Fotos; 1 Buch »Show me«; diverse Fotos und Schriftunterlagen*
- *Anordnung der Abnahme einer DNA-Probe und Erstellung eines DNA-Profiles im Sinne des Artikels 5 des DNA-Profilgesetzes; Erteilung des Vollzugauftrages an die Kantonspolizei Zürich und Verpflichtung des beschuldigten DS, sich innert 30 Tagen ab Eintritt Rechtskraft des Urteils bei der Kantonspolizei Zürich, Erkennungsdienst, Zeughausstrasse 11, Zürich zur erkennungsdienstlichen Behandlung mit Wangenschleimhautabnahme zu melden*
- *Kostenauflage (Kosten, inkl. Gebühr für das Vorverfahren von Fr. 2'945.60)«*

Später behauptet PB gegenüber dem *Magazin*-Journalisten MN, die Erhöhung der geforderten Strafe von 150 auf 270 Tagessätze, immerhin fast eine Verdopplung, ergebe sich, weil ich nicht gestanden habe und der Rabatt eines Geständnisses somit entfalle. Das ist Unsinn. Auch zur Zeit des Strafbefehls lag keinerlei Geständnis von meiner Seite vor. Ich habe in den Einvernahmen stets die mir unterstellte Schuld vollumfänglich zurückgewiesen. Vielleicht soll in den 270 Tagessätzen zum Ausdruck kommen, dass der Krieg, um den es hier geht, in der Zwischenzeit noch heiliger geworden ist. Außerdem soll ich zur »Behandlung mit Wangenschleimhautentnahme« auf dem Polizeirevier erscheinen müssen. Der Sieg des Überfalls liegt weit zurück, neue Demütigungen sind gefragt. Das Bestreben, Gejagte in einer biologischen Kartei abzulegen, kennt man aus früheren Zeiten. Ingmar fragt: *Frühlings Erwachen* lesen und dann in einer DNA-Kartei landen: welcher Vergleich ist der richtige?

Welcher hinkt der Realität hinterher? Vielleicht ist Weißrussland tatsächlich zu schwach für das, was hier abgeht.

Die Verhandlung wird nach Eingang des neuen Strafantrags auf den 19. Oktober angesetzt. Zwei Jahre und dreieinhalb Monate nach dem Überfall kommt es zum Richterspruch. Ohne irgendeine Untersuchungshandlung. Zwischen richterlich erzwungener Einvernahme und Verhandlung wird unsere Tochter geboren. Das Ereignis, im Vor- und Nachfeld, verhindert die vollständige Ausrichtung auf die Verhandlung. Am Tag der Geburt denke ich kein einziges Mal an die Justiz im Alpenland.

Gerichtsverhandlung

Wieder durch Deutschland gefahren. Wieder die Ausfahrten und Raststätten, wieder Blei im Bauch. Wieder der Eindruck nach Basel: Alles verätzt. Wir haben das Auto geparkt. Bezahlt für zwei Stunden – mehr ist nicht möglich. Das wird nicht reichen. Aber viel länger als zwei Stunden dürfte es nicht dauern, so mein Anwalt an der Vorbesprechung. Sollte es länger dauern, würde die Verhandlung ohnehin vertagt. Er rechne jedoch mit einem Abschluss am gleichen Tag, wenngleich das Urteil wohl erst verzögert erfolge. Im Vorfeld hat mein Verteidiger erneut den Rektor als Zeugen beantragt. Ebenso ein Gutachten zu den inkriminierten Werken. Beides wurde abgelehnt. Er lese die Zurückweisung eher als positives Zeichen, so der Anwalt. Der Rektor des LG wird trotzdem anwesend sein. Aus Solidarität. Zwei Freunde aus der Fachschaft ebenso und das Berliner Paar. Freunde von Patrick. Der Himmel verhängt. Es regnet.

Die Verhandlung findet nicht, wie ich es erwartet habe, im Bezirksgebäude statt, sondern einen halben Kilometer entfernt. Ein Bau aus den 60er- oder 70er-Jahren. Die Außenfarbe diffus. *Da drin wirst du nun also zerlegt. In diesem schäbigen Bau.* So denke ich, wie wir auf das Gebäude zuschreiten. Natürlich, wir haben auf der Fahrt durch Deutschland mögliche Szenarien vorbesprochen. Und doch, so wird klar, wie wir auf den Platz vor dem Gebäude treten: Mit der Presse haben wir nicht wirklich gerechnet. Diese holt uns jedenfalls schneller ein als gedacht. Zwei junge Frauen jagen auf uns los, die Kamera vorneweg. Die Eingangspassage des Strafantrags hat gewirkt. Wie konnten wir das vergessen. Die Wespen sind angelockt. Das Geifernde und Triefende, das sie ausstrahlen, ist noch ätzender als die Kamera, mit der sie schießen. Pascale reagiert aufgebracht, geht auf die eine los, mit ausgestreckter Hand, will ihr die Kamera entreißen. Wespen, wenn man gegen sie schlägt, werden noch wilder. Sollen sie halt fotografieren. Wenn sie ihre Leser befriedigen, das macht die Erregung in ihren Gesichtern deutlich, so nicht aus Zynismus. Sie befriedigen sich selbst. Dann haben wir den Sicherheitseingang passiert und die Wespen draußen bohren ihre Blicke durch die dunkel getönte Scheibe des gläsernen Eingangs. Die Kamera gegen das Gebäude richten: nein, das dürfen sie nicht. Regeln gibts auch im Zirkus.

Drinnen der Rektor, mein Verteidiger, ein paar Journalisten ohne Kamera und die wenigen Freunde. Im Vergleich zur Aufregung vor der Tür herrscht hier fast Stille. Man flüstert, neigt die Köpfe leicht, wenn man spricht. Ich kann mich schnell fassen. Doch bin ich nicht wirklich da, wähne mich hinter einer gläsernen Wand, einer weiteren sozusagen. Erkenne einen Film jenseits. Angeschrieben: DEIN LEBEN. Erkenne mich selbst. Erkenne: Die Figur, die ich sein soll, ist leer. Ohne Bewusstsein. Damit sie überlebt. Würde mir jemand doch sagen, was gilt. In dieser Zeit, in diesem Land. Ein junger Journalist, seine Stimme fast zart, fragt für eine Stellungnahme an. Ich verweise auf den Rektor. Schicke Journalisten zu mir, so hat dieser gesagt bei der Begrüßung. Der Journalist nickt, sagt, er verstehe das gut. Lange wird der nicht im Business bleiben. Pascale hält meine Hand. Sie drückt kräftig.

Dann wird der Raum geöffnet. Ich, zusammen mit dem Verteidiger, werde geheißen einzutreten. Der Rektor macht ein letztes Zeichen: Wut, Empörung. Er kommt hinterher wie alle anderen. Spätestens jetzt wird klar: PB fehlt. Sie braucht nicht zu kommen und kommt auch nicht. Es gibt keinen Fragebedarf von Seiten der Staatsanwaltschaft. Im Grunde bin ich froh. Allein sie nicht sehen zu müssen, verschafft Luft. Die zwei Wespen vor dem Gebäude haben gereicht.

Ich sehe den Richter. Er könnte Vater einer Schülerin sein. Durchaus ein junger Vater. Keine vierzig jedenfalls. Unscheinbar. Man hätte Mühe, ihn wiederzuerkennen, irgendwann später. Kein markantes Gesicht. Und doch klare Linien. Seriös, ja, so sieht er aus. Mehr lässt sich kaum sagen. Ob er jemals Kaugummi kauen würde? Wohl nicht einmal in der Freizeit. Er strahlt etwas Offenes aus. Mit seiner Stimme, seinen ersten Worten. Diese sind bemüht um Sachlichkeit. Das Reißerische, so wird deutlich, ist seine Sache nicht. Und wenn ich mich nicht täusche: Mission ebenso wenig. Mein Verteidiger, im Vorfeld, vermochte nicht viel zu sagen. Er hatte noch nie ein Verfahren mit ihm. Dass er SVP-Mitglied ist, das habe ich selbst herausgefunden. Später, als klar wurde, wer das Richtergremium am Obergericht anführen würde, nämlich ein SP-Richter, meinte mein Anwalt, dies sei gut für uns. Es handle sich dabei um einen erfahrenen und unabhängigen Richter, der auch in Sachen Kunst eine aufgeschlossene Haltung vertrete. Doch hätte ich ja bereits vor Bezirksgericht gute Erfahrungen gemacht, *obwohl* es sich um einen Richter konservativer Herkunft gehandelt habe. *Obwohl?*

Die Stimmung an der Verhandlung war sachlich. Das latent Lüsterne, das PB ausstrahlte, die Pornografielitanei: Solches wiederholte sich hier nicht ansatzweise. Ich selber irgendwie gefasst. Der Rektor, nach der Verhandlung, bemängelte einzig, dass der Richter mich anweisen musste, die Mütze vom Kopf zu nehmen. Und zu oft hätte ich mit der Hand über den Kopf gestrichen. *Da müsstest du dich verbessern. Bei einem zweiten Mal.* Das Reden fiel mir leichter als bei den Einvernahmen. Nicht, dass nun mein Code gänzlich gegolten hätte, aber ein Stück weit, so spürte ich, griff meine Sprache wieder. Natürlich, auch dieser Richter war Teil des Systems und er würde dieses System nicht verändern können oder wollen. Doch er gab Raum zu sprechen und hörte zu.

Ich hatte im Vorfeld eine Stellungnahme zu den Vorwürfen und zum Verfahren verfasst. Bei der Vorbereitung dieses Schreibens, beim Gedanken, wie ich diesen Text vortragen würde, ergab sich zuweilen eine Nähe zur großen Verteidigungsrede K.s in Kafkas *Proceß*. Eine Wiederherstellung der Welt, wie sie war, ein Aufdecken der brüchigen Logik, der Widersprüche, der Ungeheuerlichkeit – das alles sollte diese Stellungnahme leisten. Immerhin, es wäre das erste Mal, dass ich eine Stimme bekäme. Von einer solchen Rede aber riet der Anwalt ab. Dazu sei keine Zeit an der Verhandlung und der Richter würde wohl bald nicht mehr zuhören. Vielleicht kannte der Anwalt die Brillanz der Rede K.s und wie sich diese gegen ihn selbst richtete. Abgeben hingegen könne ich diese Stellungnahme sehr wohl, ergänzte er. Der Richter werde das allenfalls nach der Verhandlung lesen, und da nicht mit einem Urteil am gleichen Tag zu rechnen sei, mache das Sinn. Der Richter indes nahm diese Stellungnahme nicht nur entgegen, vielmehr unterbrach er die Verhandlung bereits nach kurzer Zeit. Der Saal wurde geräumt, das Publikum und ich wurden geheißen, in der Vorhalle zu warten. Derweil las er das Dokument.

Als die Verhandlung nach ungefähr einer halben Stunde fortgesetzt wurde, stellte sich bald heraus, wofür der Richter die von den drei Oberrichtern AK, PD und IJS zu einem Verhaftungsbefehl aufgeblasene Schulschuld hielt: für Unfug. Er sagte sogar explizit, er könne nicht verstehen, wie es in dieser Sache überhaupt habe zur Anklage kommen können. Zu diesem Schluss wäre er vielleicht auch ohne meine Stellungnahme gekommen. Doch der Wahn, der das Verfahren bis in diesen Verhandlungsraum vorangetrieben hatte, wurde ihm wahrscheinlich erst aufgrund des Dokuments bewusst. Bestimmt spielte auch das Plädoyer meines Verteidigers eine Rolle. Juristisch gesehen allerdings waren die Sachverhalte, abgesehen von der Klassifikation der Aktfotos, im Grunde klar. Eine raffinierte Argumentation war nicht verlangt.

Der zweite Teil war den Fotografien gewidmet. Genauer: den Aktfotografien. Die als Kinderpornografie monierten Dateien mit sexuellen Handlungen spielten keine Rolle. Zu augenfällig die Tatsache, dass es sich um Erwachsene handelt. Die Aktfotos mit Jugendlichen wurden mir zum ersten Mal systematisch dargeboten. Ich hatte Zeit, alle Fotografien kurz zu sichten. Das nahm ungefähr zwanzig Minuten in Anspruch. Im fensterlosen Saal war es still. Ein schweigendes Plenum im Rücken, vor mir die jugendlichen Akte, von künstlichem Licht erhellt. Eine sonderbare Konstellation. Ich glaube, mir war, als wär ich in einer Klinik gelandet. Hinter mir Ärzte in weißen Kitteln und mit spitzem Schreibwerk. Mein Urteil erwartend, um das Ausmaß meiner Abartigkeit zu prüfen. Ich überflog alle Fotografien, hielt erneut fest, dass ich etliche nicht kenne und bekräftigte mein Urteil auch vor dem Richter: Das ist keine Pornografie. Und da, wo die Models jünger als 16 sind, folglich keine Kinderpornografie. Gleichzeitig fügte ich an, dass ich bezogen auf vier oder fünf Fotografien eine Diskussion über Pornografie verstehen könne. Wären die Models indes über zwanzig, so würden auch bei diesen Bildern kaum jemand von Pornografie sprechen.

In der heutigen Zeit sind Aktbilder von minderjährigen Models grundsätzlich heikel. Nicht aufgrund dessen, was sie darstellen, sondern aufgrund der gesellschaftlichen Wertung, die sie erfahren. Am ehesten werden Akte von Minderjährigen noch toleriert, wenn sie von Fotogra*finnen* stammen. Doch selbst eine berühmte Fotografin wie Sally Mann ist mittlerweile Kinderpornografievorwürfen ausgesetzt. In einem derart aufgeladenen Feld, zumal im Rahmen eines Processes, eine solchermaßen tabuisierte Nacktheit zu rezipieren und zu bewerten, da einen nüchternen Blick zu bewahren: das ist nicht einfach. Ich denke, meine Differenzierung in dieser Hinsicht war mindestens *auch* eine Konzession. Auch an mir ging der Säuberungswahn nicht spurlos vorüber.

Der Richter kritisierte am Ende der Verhandlung mit Worten, die im Rahmen einer Justizverhandlung offenbar völlig unüblich sind, Mutter und Staatsanwaltschaft für ihr Vorgehen und verkündete einen »klaren Freispruch« bezüglich Schulunterstellungen. Zu den Fotos hielt er fest: »Ob es zu einer Strafe kommt, kann ich noch nicht sagen. Falls ja, dann zu einer sehr geringen.« Dies ist vor allem deshalb von Bedeutung, weil die Jagd nach dem Urteil weiterging. Jagdinstrument: Genau diese geringe Schuld, zustande gekommen aufgrund ideologischer Bundesgerichtsentscheide, wie sich noch zeigen wird.

Die Gespräche nach der Verhandlung im Foyer des Gebäudes waren geprägt von Erleichterung. Es war, als hätte sich das Blatt gewendet, ein totaler Freispruch lag in der Luft. Ginge es um den Abschluss der Sache allein, so gab mein Anwalt jedoch zu bedenken, sei ein gänzlicher Freispruch vielleicht nicht das Beste. Eine kleine Strafe verleite die Staatsanwaltschaft wohl weniger zu einer Revision. Das Gerichtsgebäude verließen wir erst, nachdem sich die Journalisten verzogen hatten. Pascale fuhr zum Kind. Ich wartete mit den Berliner Freunden in einem nahe gelegenen Café. Auf fünf Uhr sollte ich nochmals zurück in den Gerichtssaal, um das Protokoll zu zeichnen.

Es war, als beträte ich einen schallisolierten Raum in einem Hörzentrum. Die fehlenden Fenster verstärkten das Gefühl, von der Welt entkoppelt zu sein. In den EEG-Kabinen an Pascales Institut hatte ich zuletzt ein ähnliches Gefühl der Abgeschiedenheit. TM sass, wo er auch während der Verhandlung gesessen hatte. Er war allein. Ich zögerte. *Kommen Sie nur,* so durchbrach er die Stille. Ich schritt auf ihn zu, setzte mich jedoch nicht, sondern blieb auf der anderen Seite des Tisches gegen ihn gewandt stehen, schaute ihn an. Es tue ihm sehr Leid für das, was ich da habe durchstehen müssen. So fuhr er fort. Die Stimme sachlich, nüchtern, die Hände verschränkt. Allerdings könne er nur begrenzt etwas für mich tun. Sein Urteil könne weitergezogen werden. Das sei zu bedenken. Damit müsse ich rechnen. Er sagte nicht: *Vor allem im Falle eines Freispruchs.* Aber ich hörte es heraus. Ich bedankte mich bei ihm. Er sei das erste menschliche Gesicht, dem ich im Rahmen dieser Justiz begegnet sei. Wir gaben uns die Hand.

Ich fuhr mit dem Bus 32 zurück. Im Wohnzimmer von Pascales Bruder dann die erste Euphorie nach langer Zeit. Die Unbeschwertheit war zurück. Als ob es nur um dieses Richterurteil gegangen wäre. Wir standen im Kreis, tranken Bier und lachten. Am anderen Tag, wie vereinbart, die telefonische Besprechung mit dem Anwalt. Dieser kennt das Urteil bereits. 36 Bilder sind als illegal taxiert worden, eine Bagatellstrafe: 15 Tagessätze. Anfechten? Weiter im Rahmen dieser Justiz? Endlos? Der Bauch sagt nein. Der Kopf weiß nicht recht. Der Rat des Anwalts: Man muss es sich gut überlegen. Sollte die andere Seite Revision ankündigen, könnte man immer noch folgen. Vorerst kein Einspruch. So lese ich seinen Rat. Ohnehin sei zuerst das schriftliche Urteil abzuwarten.

Zurück in der Wirklichkeit

Der erste Pressebericht, der mir zu Augen kommt, holt uns zurück. Und dies noch in Zürich. Der Begriff der Kinderpornografie macht es möglich. Zwar wird auf den Freispruch im Hauptanklagepunkt verwiesen, aber die Fotos sind ein großes Thema. Auf dem Bild in *20 Minuten* bin ich für alle, die mich kennen, gut identifizierbar. Die Berichterstattung funktioniert. Ich verzichte vorerst auf die Lektüre weiterer Artikel. Zurück im Norden erst lese ich zögerlich weitere Berichte, die mir zugesandt werden. Stiche jagen durchs Herz, danach Blei im ganzen Körper. Zwar gibt es zwei oder drei justizkritische Beiträge, so etwa in der *Zürichsee-Zeitung*. Auch die Sonntagsausgabe der *Mittelland Zeitung* streicht die Kritik an der Staatsanwaltschaft deutlich heraus. Doch die Anklageschrift der Staatsanwältin hat sich ausbezahlt: Von Sex mit Kindern ist zu lesen. Wenngleich in Frageform beziehungsweise mit einem vorangestellten »angeblich« versehen. Der Täter, den man braucht, ist da. Nur wenige Beiträge halten fest, dass es sich um reine Aktfotografien handelt, deren Einstufung als kinderpornografisch im Ermessensbereich liege.

Spiekeroog. Wir haben uns auf eine ostfriesische Insel zurückgezogen. Für wenige Tage. Um die Justiz zu vergessen. Die freie Presse. Um die Jahre zu vergessen, die verlorene Zeit. Entlang der Dünen mit Blick auf die Nordsee schieben wir den Kinderwagen mit dem neuen Leben. Eine der Schlagzeilen: *Lehrer hatte Kinderpornografie auf seinem Computer.* Im Grunde habe ich es immer gewusst und dann eben doch vergessen. Eine Gesellschaft, die *solche* braucht, findet sie. Einmal die Verbindung von der Insel zum Rektor. Er hat die Schlagzeile auch gelesen. Der schlechte Handyempfang hier in der Düne kann es nicht verbergen: Auch er wirkt gedämpft. Auch ihn hat Wirklichkeit eingeholt. Ich glaube, erst da hat er verstanden, was ich mit dem Begriff Hatz meinte. Er sagt: *Schalt ab, genießt die Insel, genießt die Tochter. Und später schauen wir dann weiter. Vor allem, dass du auf keine Liste kommst.*

Listen, Stempeln, Berufsverbot: Die Instrumente sind heutzutage wieder hoch im Kurs. In Namen der Sicherheit. Der Anwalt hat von dieser Liste gesprochen. Nicht eine Bagatellstrafe, die möglicherweise drohe, sondern deren Auswirkung sei das Problem. So hat er einmal gesagt. Da lag ein Urteil und dessen Auswirkung noch in weiter Ferne. Nun plötzlich, nach dem Urteil, wird es real. Ein Berufsverbot wegen Aktfotografien? Abschalten: ja, wir versuchten es, in der Weite der Dünen.

Lektüre II: Gerichtsurteil

Glaubwürdigkeit und falscher Name

Das schriftliche Urteil erhielt der Anwalt am 21. November 2011. Zwischen der Erwägung eines totalen Freispruchs am Ende der Verhandlung und der schriftlichen Urteilsbegründung scheinen Welten zu liegen. Das geht zunächst auf den juristischen Code als solchen zurück, der, systemisch betrachtet, der Justiz entstammt und diese stützt. Durch ihn wird auch die Staatsanwaltschaft grundsätzlich als Instanz bestätigt und nicht hinterfragt.

Wie äußert sich das? Auch bei der mir unterstellten Schuld bezüglich Schule, wo selbst aus der Perspektive der Justiz ein klarer Freispruch resultiert, muss man Vorwürfe an die Staatsanwaltschaft mit der Lupe aus dem Urteil herausfiltern. Es wird zwar festgehalten, dass »kein Delikt erstellt werden kann«, sämtliche Vorwürfe also nicht stichhaltig sind. Die Lügen und Verzerrungen jedoch, mithilfe derer Anklagepunkte überhaupt erfunden wurden, finden keinerlei Erwähnung. Dieser Fakt sticht deshalb ins Auge, weil anlässlich der Erwägungen zur möglichen Schulschuld die Glaubwürdigkeitsdiskussion durchaus geführt wird. Allerdings bezogen auf die Person des Angeschuldigten allein. Das Urteil formuliert wörtlich:

»6.1. Bezüglich der Glaubwürdigkeit des Beschuldigten ist zu berücksichtigen, dass er nicht unter Strafandrohung zu wahrheitsgemässen Aussagen verpflichtet war und als direkt vom vorliegenden Verfahren Betroffener ein – durchaus legitimes – Interesse daran haben dürfte, die Geschehnisse in einem für ihn besonders günstigen Licht darzustellen. Seine Aussagen sind daher mit entsprechender Vorsicht zu würdigen.«

Systematische Lügen und Schlamperei dagegen erscheinen in diesem Urteil lediglich als »keine erstellte Sachverhalte« und »zu lange Untersuchung angesichts weniger Untersuchungshandlungen«. Die Asymmetrie der Betrachtungsweise allein macht deutlich: hier wird ein Herrschaftsdiskurs geführt. Wenn die Glaubwürdigkeit eines Angeschuldigten thematisiert wird, so ist das nicht zu bemängeln. Ich stelle bloß fest: Juristische Instanzen werden einer solchen Prüfung nicht unterzogen.

Ein weiterer grundsätzlicher Aspekt: Wenn ein scheinbar um Präzision bemühtes System selbst in dieser Urteilsschrift Fehler übernimmt, so ist das bemerkenswert. Der Name des Angeschuldigten ist falsch wiedergegeben, der Titel eines von der Staatsanwaltschaft inkriminierten Werkes ebenso (*Die Menschfresser:* der Titel der Haushofer-Erzählung lautet nicht so). Weiter wird im Urteil ein Filmtitel genannt, den es nicht gibt *(Genie).* Auch wenn der Richter diese Kunsterzeugnisse nur erwähnt, so sind diese Fehlangaben deshalb von Bedeutung, weil sie mit den Angaben zu Speicherungsvorgängen und Beschreibungen dessen, was man auf den Fotos angeblich sieht, kontrastieren. Dort nämlich wird das Bemühen um eine *hyper*genaue Argumentation überdeutlich. Richter TM hat sich bei diesen Fehlern auf die Unterlagen der Staatsanwaltschaft verlassen. Und wenn er Werke, die offensichtlich nichts mit einem Straftatbestand zu tun haben, nicht genauer überprüft, so ist das verständlich. Die fehlende Sorgfalt einer Institution, die massiv ins Leben anderer Menschen eingreift, bleibt jedoch Faktum. In der Sache enthält das Urteil im ersten Teil keine überraschenden Aspekte. Die von der Anklage behaupteten Sachverhalte seien nicht belegt. Hier hätte die Staatsanwaltschaft nur auf ein anderes Urteil hoffen können, hätten Leute wie AK, PD und IJS gerichtet. Leute, die mit im Boot saßen.

Fotodiskussion: Von Schminke und blauer Schleife im Haar

Ein Täter bin ich allerdings auch im Urteil. Das Vergehen wiege leicht, heißt es, ganz am Ende. Doch das Urteil holt weit aus und schweigt sich in einem Punkt aus.

Die nun folgende Lektüre erfordert eine gewisse Geduld. Der Text TMs bewegt sich auf einem anderen Niveau als die Schrift der Anklagekammer oder der Strafbefehl. Das Aufzeigen fraglicher Punkte verlangt eine andere Präzision bei der Lektüre und die Argumentation, die daraus hervorgeht, ist verschränkt. Gleichwohl ist diese Arbeit zu leisten, denn gerade auf diese Verurteilung wird im Nachhinein gerne verwiesen und gerade dieses Urteil, ob willentlich oder nicht, zeigt, wie die Justiz ideologisch der Jagd zudient. Es ist deshalb von Bedeutung akribisch aufzuzeigen, wie selbst dieser Teil des Processes auf wackligen Füßen steht.

Das Schweigen über die Urteilsbasis

Als Strafbasis verwertet TM Material, das durch einen Überfall in Staatsbesitz überführt wurde. Diese Tatsache wird im Urteil an keiner Stelle angesprochen. Dabei bestätigt TM durch sein Urteil bezüglich »Schule« implizit: Ein Grund, in meine Wohnung einzudringen, hat im Jahr 2009 nicht vorgelegen. Ein Eindringen in eine fremde Wohnung ohne rechtlichen Grund ist ein Überfall. An der Verhandlung selbst hat TM das Vorgehen der Staatanwältin deutlich kritisiert. Im Urteil nun wird durch das Fehlen irgendeines diesbezüglichen Hinweises suggeriert, es habe sich rechtsstaatlich nichts Fragwürdiges abgespielt. Wenn auf illegale Weise auf CDs mit Steuerdaten zugegriffen wird, so ist dies juristisch immerhin ein Thema, wenngleich der derzeitige Säuberungswahn letztlich auch auf andere Themenfelder ausstrahlt. Spielt das Ganze im Feld des heiligen Krieges (Thema Sexualität und Kind), so erübrigt sich diese Diskussion offenbar. Das Ausblenden der Art und Weise, wie der Staat in Besitz von Material gekommen ist, zeigt erneut: Das Urteil ist Teil eines Herrschaftsdiskurses. Es liegen ungleiche Maßstäbe vor. Das Verhalten des beschuldigten Bürgers hätte keinen Eingriff in seine Privatsphäre gerechtfertigt. Das wird verschwiegen und ist bis auf den heutigen Tag kein Thema im öffentlichen Diskurs.

Das Ausblenden dieses Aspekts ist in einem grundsätzlichen Sinne mit der Strategie verschränkt, meine Argumente im Bereich der Fotografien von allem Anfang an zu entwerten. Beide Strategien immunisieren die Logik, die zu einer Verurteilung führt, gegen Kritik. Die Entwertung wird erneut über die Thematisierung der Glaubwürdigkeit realisiert. Wiederum einseitig auf mich bezogen:

»9.2. Die Aussagen des Beschuldigten, wonach er die Bilder bereits in den Jahren 1999 bis ca. 2002 bezogen habe, erscheinen daher im Lichte des klaren Befundes der Stadtpolizei Zürich als nicht nachvollziehbar. Zudem fällt im Aussageverhalten des Beschuldigten betreffend die Bilder auf, dass die Schilderungen wesentlich knapper und monotoner sind als diejenigen betreffend Gestaltung seiner Schulstunden. Die Aussagen des Beschuldigten betreffend die Fotos erscheinen somit nicht glaubhaft.«

Das Argument der Monotonie und der Hinweis auf scheinbar inkongruente Datenangaben sind die Instrumente, welche das Urteil benutzt, um die Inhalte, wie ich sie darstelle, scheinbar kausal begründet (»somit«) als nicht glaubhaft einzustufen. Diese Infragestellung meiner Glaubwürdigkeit fungiert als Ausgangspunkt der inhaltlichen Diskussion. Das ist strategisch geschickt.

Monoton? Was genau soll dieses Wort im Zusammenhang mit einer *Wahrheitsfindung* leisten? Wie ist *Monotonie* mit einer Urteilssprechung verknüpft? Welcher Systematik ist der Begriff entnommen? Und weshalb wird dieses Kriterium nur bei *einer* der beteiligten Personen angewandt? Mein Anwalt hat mir geraten, knapp zu sein (kennt er das System doch nicht so gut?). Außerdem habe ich die Bilder an der Verhandlung erstmals systematisch vorgelegt bekommen. An viele konnte ich mich nicht erinnern, vielleicht habe ich sie nie gesehen. Damit ist naturgemäß eine andere Grundlage gegeben als beim Reden über den Unterricht. Zumal ich gerade in diesem Bereich damit zu rechnen hatte, um jeden Preis etwas unterstellt zu bekommen. Der Zufallsbefund, so zeigt es die genaue Lektüre von Protokollen, Schrift der Anklagekammer und Strafantrag, *musste* die Legitimation im Nachhinein liefern.

Diese Fakten ließen mich vorsichtig agieren. Mir Knappheit und Monotonie vorzuwerfen, so denke ich, mutet vor diesem Hintergrund seltsam an. Zumal die Staatsanwältin fehlen durfte. Ist ein Fehlen an der Verhandlung nicht auch knapp und *monoton?*

Zu den Daten, dem anderen, scheinbar sachbezogenen, mit der Monotonie jedoch verschränkten Argument, habe ich bereits Grundsätzliches festgehalten: Ein Mensch hat gegenüber Apparaten stets das Nachsehen. Auf den Systemabgleich zu zwei Zeitpunkten sich berufend schließt das Urteil falsche Zeitangaben auf der Gerätseite aus. Was will ich dem entgegenhalten? Ich kann das, was mir an Zahlen und Daten vorgelegt wird, nicht überprüfen. Die PCs waren ab dem 7. Juli 2009 im Besitz des Staates. Eines Staates, der nachweislich mit Unterstellungen gearbeitet hat. Um unter solchen Umständen zustande gekommene Daten zu bestätigen, passe ich meine Erinnerung nicht an. Dass Erinnerung täuschen kann: auch das habe ich festgehalten. Um sieben bis acht Jahre: das allerdings ist unwahrscheinlich. Was auch bemerkenswert ist: In der Anklageschrift werden, was dieser Teil der Aktfotosammlung betrifft, keine konkreten Daten genannt, nur Jahreszahlen. Die Anklage räumt vielmehr *explizit* ein, der Bezug der Fotos sei zeitlich nicht näher zu bestimmen. Soll das, im Gegensatz zu meinen Aussagen, glaubwürdig sein?

Beide Punkte (Monotonie und Daten) sind indes letztlich nicht relevant. Monotonie grundsätzlich nicht und die Daten deshalb nicht, weil ich erklärtermaßen mit der Aktsammlung länger gearbeitet habe als bis ins rechtlich relevante Jahr 2002, in welchem der Bezug und der Besitz von illegaler Pornografie strafbar wurde. Allerdings mit eben *meiner* Aktsammlung, auf einem Stick gespeichert, und nicht grundsätzlich mit allen mir präsentierten Bildern, die zu ungefähr 90 Prozent aus temporären Dateien stammen. Vielmehr habe ich stets festgehalten, die mir vorgehaltenen Bilder teilweise wiederzuerkennen (wodurch der Bezugsort für mich klar war), teilweise nicht. So steht es auch im Protokoll der Einvernahme. Aus meiner Sicht ist, bezogen auf diese Bildersammlung, die Datenherleitung deshalb nicht entscheidend, weil es sich dabei um keine Pornografie handelt. Der Richter allerdings stuft die Bedeutung der Datenherleitung deshalb als sekundär ein, weil er alle angeblich vorgefundenen Fotos, also auch die inkriminierten 36, fraglos in den von mir erklärten Besitz über 2002 hineinrechnet (»Im Hinblick auf die rechtliche Würdigung der Bilder hätte sich die soeben vorgenommene Sachverhaltserstellung betreffend Datumangaben indes ohnehin erübrigt, da der Beschuldigte bekanntermassen zugegeben hat, die Bilder, welche er um das Jahr 2002 respektive 2003 oder 2004 auf einen Speicherstick geladen habe, in den Jahren 2005 bis 2007 wieder angeschaut zu haben, bevor er sie dann gelöscht habe.«). Offenbar ist auch aus der Optik des Richters die Datenherleitung (»zu nicht näher bekannten Zeitpunkten in den Jahren 2005/2006 und 2007«, so hält die Anklage fest) nicht gänzlich überzeugend. Deshalb setzt er auf das Muster einer Zweitargumentation, welche die erste erübrigen soll (wir haben dieses Muster bereits in der Schrift der Anklagekammer angetroffen). Sachlich, wie gesagt, ist das nicht korrekt.

Das Urteil indes führt die beiden Aspekte (Monotonie und Daten) in erster Linie strategisch ein, ich habe darauf verwiesen. *Meine* Glaubwürdigkeit soll infrage gestellt werden. Dagegen findet sich im gesamten Urteil keine Stelle, die auch nur annähernd akribisch und spitzfindig die Glaubwürdigkeit der Staatsanwältin hinterfragen würde.

Die inhaltliche Diskussion: Widersprüche in den rechtlichen Grundlagentexten

Die inhaltliche Diskussion der Fotografien startet mit der Definition von Pornografie, wie sie das Bundesgericht vorgenommen hat: »*10.2. Als Pornografie bezeichnet das Bundesgericht, wenn ›Sexualität so stark aus ihren menschlichen und emotionalen Bezügen herausgetrennt wird, dass die jeweilige Person als blosses Sexualobjekt erscheint, über das nach Belieben verfügt werden kann‹ (vgl. u. a. BGE 131 IV 64 und Kaspar Meng / Matthias Schwaibold zu Art. 197 StGB in Niggli, Wiprächtiger [Hrsg.], Basler Kommentar II, N 14). Massgebend ist immer der Gesamteindruck, weshalb noch so explizite Sexszenen innerhalb eines nicht darauf beschränkten Gesamtzusammenhangs nicht pornografisch sind (Trachsel, StGB-Kommentar, N 5 zu Art. 197). Art. 197 Ziff. 5 StGB besagt sodann, dass Gegenstände und Vorführungen im Sinne der Ziffern 1 bis 3 (des Artikels 197 StGB) nicht pornografisch sind, wenn sie einen schutzwürdigen kulturellen oder wissenschaftlichen Wert haben.«*

Die inhaltliche Grundlage der Strafe, einer Strafe, die am Ende der Verhandlung, als der Richter sämtliche Bilder kannte, in den Augen eben dieses Richters noch keineswegs als sicher galt (er hielt das am Ende der Versammlung explizit so fest), wird im Urteil sodann über mehrere Paragrafen hin vorbereitet. Dabei operiert es in erster Linie mit den BGE (Bundesgerichtsentscheide) 131 und 133: *»14.2. Das Verbot von Kinderpornografie umfasst Darstellungen von Sexualität unter Einbezug von Kindern unter 16 Jahren. Gemäss Praxis des Bundesgerichts gilt als harte Pornografie im Sinne von Art. 197 Ziff. 3 StGB (welche freilich gleichermassen für die Qualifikation der Pornografie im Sinne von Art. 197 Ziff. 3bis StGB Geltung hat), wenn das fotografierte Kind mit entblösstem Genitalbereich in einer nach Umständen objektiv aufreizenden Stellung posiert, unabhängig davon, ob der Betrachter dabei selbst sexuelle Regungen verspürt oder das Kind die sexuelle Bedeutung der Handlung erkennt. Hingegen sind gemäss bundesgerichtlicher Rechtsprechung von vornherein Bilder des nackten kindlichen Körpers als nicht pornografisch zu betrachten, denen in keiner Weise entnommen werden kann, dass bei der Herstellung auf die Kinder eingewirkt wurde, wie beispielweise einem Schnappschuss am Strand oder in der Badeanstalt (BGE 133 IV 31 Erw. 6).«*

Was beim Lesen des Urteils zuerst auffällt: Diese Festlegung widerspricht dem zuvor im Urteil ebenso angeführten Passus aus BGE 131. Bei Kindern und Jugendlichen soll Darstellung von Sexualität (mit der Ausnahme des Schnappschusses) *an sich* pornografisch sein, während zuvor im gleichen BGE die *Herauslösung* von Sexualität aus ihren menschlichen und emotionalen Bezügen eine Darstellung pornografisch macht. Weshalb bei Kindern beziehungsweise Jugendlichen ein anderer Pornografiebegriff gelten soll, wird nicht erklärt. Strafbares Verhalten kann bei der

Darstellung mit Kindern und Jugendlichen anders bestimmt sein, keine Frage. Jedoch sollte der Präzision wegen nicht derselbe Begriff verwendet werden – und das ist keine Anmerkung am Rande: Der Begriff *Kinderpornografie* ist heutzutage ein Totschlagwort und also ein wesentliches Instrument der Jagd. Und die Schlagkraft des Begriffs hat die Jagd exakt dem Umstand zu verdanken, dass der Pornografiebegriff nicht anders verstanden wird als bei Pornografie mit erwachsenen Darstellern, obwohl die Justiz selbst die Begriffe explizit anders füllt. Zu dieser unreflektierten Verschränkung zweier inhaltlich verschiedener Sachverhalte leistet der soeben aus dem Urteil zitierte BGE die Vorarbeit, noch genauer: Er segnet die Verschränkung juristisch ab. Diese fragliche Verschränkung wird in ihrer Auswirkung insofern noch verstärkt, als der Verweis auf eine mögliche *Aufreizung* es einer juristischen Instanz jederzeit und beliebig ermöglicht, irgendwelche Sachverhalte unter diesem Kinderpornografiebegriff zu subsumieren. Das subjektive Kriterium hierfür: »nach Umständen objektiv aufreizende Stellung«. Offenbar war den verantwortlichen Juristen bei dieser Formulierung die Paradoxie irgendwie bewusst, der Begriff »objektiv« soll dem entgegenwirken.

Aufreizungen finden im Kopf eines Betrachters statt. Der Begriff »nach Umständen objektiv aufreizend« ist ein Widerspruch in sich. Objektiv können Handlungen benannt werden: Masturbation, Oralverkehr, Hand auf Schenkel etc. Das sind Handlungen, objektiv identifizierbar. Und davon können einige oder alle juristisch als sexuelle Handlungen bestimmt werden. Ein Reizpotenzial dagegen entzieht sich einer objektiven Messbarkeit. Das gilt selbst dann, wenn ein solches über Gehirndaten beziehungsweise mit mobilem EEG in Echtzeit gemessen werden könnte, weil auch ein rotes Auto oder steigende Aktienkurse zu gleichen Aktionspotenzialen führen können wie gespreizte Beine. Reize finden im Kopf des Betrachters statt. Zum Beispiel in den Köpfen jener Bundesrichter, welche für BGE 131 verantwortlich sind. Und es ist nicht Sophisterei, was mich dies so festhalten lässt. Vielmehr geht es darum aufzuzeigen, wie die Justiz Tür und Tor öffnet für Urteile, die einer gesellschaftlichen Stimmung zudienen.

Noch so explizite Fotografien sollen nicht pornografisch sein, werden sie als Schnappschüsse taxiert. Eine blaue Haarschleife oder eine »posierende« Körperstellung neben einem Stuhl dagegen sehr wohl, wie wir gleich sehen werden. Der Gegensatz, Bilder, die ohne Wissen eines Models geschossen werden, als legal einzustufen, solche dagegen, die im Rahmen eines transparenten Arrangements hergestellt und also bewusst künstlich angelegt sind, strafrechtlich zu ahnden, wirft ethische Fragen auf. Unter dem Aspekt der *Selbstbestimmung* wäre das Umgekehrte zu erwarten.

Weshalb ein Strafrecht, im Bereich Sexualität und Jugendliche/Kinder grundsätzlich auf Tätererzeugung ausgerichtet, die Lücke des Schnappschusses zulässt, ist letztlich nicht klar. Die Umkehrung, also das pornografische Verständnis einer Pose, passt jedoch zur Ideologie des Kinderschutzes. Mit der Pose, so führt es der BGE-Text vor, wird *grundsätzlich* Manipulation verknüpft. Eine andere Variante wird nicht diskutiert. Jugendlichen im Bereich *Körper und Sinnlichkeit* Eigenregie zuzubilligen, wenn Körperlichkeit in Kooperation mit einer erwachsenen Person gestaltet beziehungsweise dargestellt wird, das widerspräche der Kinderschutzideologie. Was durch die Schutzideologie angeblich verhindert werden soll, der Verlust der Selbstbestimmung, wird dadurch ideologisch vorausgesetzt: Eine jugendliche Person *muss* manipuliert sein, wenn sie posiert. Konkret: Eine vierzehnjährige Person, der man ökonomisch weitreichende Eingriffe in ihr Leben zumutet und die man – vielleicht – als Vierjährige sogar auf reale Figuren hat schießen lassen, eine solche vierzehnjährige Person bewusst und gewollt an der Inszenierung eines Akt-Shootings beteiligt? Das soll nicht sein. Also *muss* Transparenz, die sich in einem bewussten Posieren äußert, abgestraft werden. An diesem Punkt greifen Jagd und Justiz ineinander. Dass es Fotoshootings gibt, im Rahmen derer Jugendliche zu Posen *gezwungen* werden, steht außer Diskussion. Darum indes geht es bei dieser Pornografiediskussion nicht. Dafür greifen andere Gesetzesbestimmungen.

Fragwürdig ist die Bestimmung dieses BGE jedoch auch aus erkenntnistheoretischen Gründen: Den Umstand, ob eine Fotografie gestellt ist oder nicht, zum Kriterium für Bestrafung oder Nichtbestrafung zu erheben, das verwandelt Juristen einmal mehr zu Sterndeutern. Und genau das wiederum macht sie brauchbar für Ideologien. Man kann Schnappschüsse auch stellen. Und dass ein Richter dies durchschauen soll: welcher Teil seiner Ausbildung soll das abdecken? Die erkenntnistheoretische Thematik ist gerade auch in meinem Fall entscheidend, weil durch das Kriterium der Pose deutlich mehr als pornografisch taxiert werden kann als durch die Regelung, Pornografie sei die Herauslösung von Sexualität aus menschlichen Bezügen. Die Pose bietet die Möglichkeit, Inhalte weit über Sexualität hinaus zu erfassen. BGE 131 wird explizit (auch dies als Teil meiner Verurteilung angeführt): Als Zeichen eines *bewussten* Fotoshootings gelesen, reichen, so argumentiert die Schweizer Justiz, blaue Schleife und Schminke, um Aktfotografien als Pornografie einzustufen:

»Auch Nacktaufnahmen von Kindern ohne besondere Betonung des Genitalbereichs können als pornografisch qualifiziert werden (vgl. BGE 131 IV 64 Erw. 11.2). So wurden beispielsweise folgende Fotos vom Bundesgericht als kinderpornografisch erachtet: ›Das Kleidchen des Kindes ist bis über die Hüfte nach oben und der Slip bis an die Knie nach unten geschoben, so dass sein Schambereich sichtbar ist.‹ Oder: ›Das linke Bein hat es angewinkelt und stützt es im Bereich des oberen Schienbeins auf einen weissen Stuhl im Rokoko-Stil ab, der neben ihr platziert ist.‹ ›Die Wangen und Lippen des Mädchens sind leicht rötlich geschminkt und in den Haaren trägt es eine blaue Schleife.‹ Auch wenn der sexuelle Bezug der Darstellung aufgrund einer romantisierenden Ausgestaltung nicht absolut offensichtlich sei, falle doch ins Auge, dass mit der Pose neben dem Stuhl, der Schminke und den Strümpfen gezielt Stilmittel eingesetzt würden, die im Bereich der Sexualität von Erwachsenen als aufreizend oder zumindest reizbetonend gälten (aus BGE 131 IV 31).«

Damit, spätestens, wird deutlich: Der Begriff Pornografie bei jugendlichen Darstellern fasst etwas anderes als der gleiche Begriff verwendet bei Erwachsenen. Sind Kinder oder Jugendliche dargestellt, so führt gemäß dieser Logik eine blaue Schleife und Schminke dazu, dass Sexualität als »aus ihren Bezügen gelöst« einzustufen sei. So lautet bekanntlich das Kriterium für Pornografie im BGE 131. Indes stellen Schleife und Schminke keine Sexualität dar. Insofern lässt sie sich nicht einmal aus den Bezügen lösen. Und doch soll es Pornografie sein? In der Aktfotografie mit Erwachsenen finden sich unzählige Sujets, die weit expliziter Sinnlichkeit oder Körperlichkeit fassen als Schleife und Schminke, und niemand würde behaupten, das sei Pornografie. Es ist offensichtlich: Indem BGE 131 die Linie zwischen Aktfotografie und Pornografie über das Argument der Pose im Sinne der Schutzideologie in Felder verschiebt, die keine Sexualität darstellen, dient die Justiz exakt jener gesellschaftlichen Stimmung zu, die in meinem Fall den Überfall ausgelöst hat.

Ein Verbot kindlicher Nacktaufnahmen übrigens könnte juristisch transparent erfolgen: Geschlechtsteile und Brüste von Kindern und Jugendlichen dürfen nicht dargestellt, fotografiert, beschrieben werden. Eine solche Rechtsprechung müsste nicht mit subjektiven und diffusen Kriterien wie »objektives Reizpotenzial« operieren, Kriterien, mithilfe derer Nichtsexuelles sexualisiert wird, um es als Pornografie einzustufen. Eine solche transparente Gesetzgebung stünde dagegen in der Pflicht, das, was ich als Talibanisierung bezeichne, offen zu vertreten. Zudem erfolgten sodann Verurteilungen wegen Verstößen gegen das Verbot von Nacktaufnahmen von Minderjährigen. Und nicht wegen Kinder*pornografie*. Immerhin, ein Jagdinstrument entfiele – eines, das in meinem Fall noch inflationär eingesetzt werden sollte.

Der Hinweis auf das »Romantisierende« allerdings macht deutlich, dass der BGE der Logik seiner Argumentation im Grunde nicht traut. Er kommt deshalb nicht umhin, die angeblich sexuelle Pose als das auszusprechen, was sie zumindest eher ist. Der Begriff des »Romantisierenden« – bis auf das Blau des Bandes im Grunde falsch verwendet – aber wird, beim Versuch, dem Einwand, eine blaue Schleife sei nichts Sexuelles, zuvorzukommen, gewissermaßen zum Eingeständnis. Dass

Schleifen und Schminke spezifische Reize aus dem Bereich der Sexualität von Erwachsenen sein sollen, das darf der betreffende Bundesrichter aufgrund seiner Erfahrung so empfinden. Indes, sind Schleife und Schminke sexuelle Merkmale, so ist alles sexuell.

Mit dem langen Vorlauf zu meinen Bildern, vor allem mit der Erwähnung von blauer Schleife und rötlicher Schminke wird klar: Das Urteil, verfasst von TM, bereitet die strafrechtliche Ahndung einiger der Bilder, die auf meinem PC rekonstruiert worden sind, vor. Und es tut dies unter dem Anschein höchster Akribie.

Das Einlesen der inkriminierten Bilder

Meine Fotografien: Ich kann sie hier nicht publizieren. Erstens sind 36 davon nun verboten. Doch ist es mir auch nicht möglich, eine nichtinkriminierte Fotografie aus der Sammlung anzufügen, die ebenso gut hätte inkriminiert werden können. Ich habe nämlich keinen Zugriff darauf. Und dies seit Jahren nicht mehr. Ich habe sie gelöscht. Definitiv, nicht bloß in den Papierkorb verschoben. Die Justiz, da sie sie schon »wiederherstellt«, hätte mir zumindest die Nichtinkriminierten zustellen können. Zuerst glaubte ich, der Anwalt habe eine Kopie der Sammlung erhalten. Dies hat er, auf Nachfrage, jedoch explizit verneint. Der Umstand ist in verschiedener Hinsicht störend. Zum Beispiel hätte ich mit den Nichtinkriminierten die Ausstellung machen können, die ich in irgendeiner Form immer schon geplant habe.

Die Sprache als Indikator

Die Fotografien sind hier also nicht abgebildet. Man mag das bedauern. Ob die Leserinnen und Leser dieses Buches selbst diese Bilder als pornografisch eingestuft hätten? Der Wunsch, dies zu überprüfen, ist bestimmt vorhanden. Letztlich geht es jedoch darum aufzuzeigen, *wie die Justiz* angeblich pornografisches Material *rezipiert.* Und diese Rezeption widerspiegelt sich stets *in* der Sprache. Wertungen sind *an der Sprache abzulesen*. Die Übersetzung in Sprache – und nicht das Bild als solches – ist also gleichsam der Gradmesser für das Ausmaß an Objektivität, das bei der Rezeption vorherrscht. Hier deshalb die Beschreibung der 36 inkriminierten Fotos aus dem Urteil. Die Zahlen beziehen sich auf eine interne Nummerierung:

»Nr. 1 Zusammenziehen des Slips mit der Hand bei hochgezogenem Kleid, so dass die äusseren Schamlippen erkennbar sind.

Nr. 6 Auf dem Bett liegend posierend, Fokus auf den Schambereich, daneben ein weiteres, minderjähriges Mädchen, dessen Genitalbereich nicht sichtbar ist.

Nr. 11 Posierend, geschminkt, Halskette, Bein aufgestützt auf Reisekoffer.

Nr. 17 Lasziver Blick, posierende Haltung.

Nr. 18 Hochziehen des Slips gibt Blick auf den Schambereich frei, Haarreif, geschminkt, posierend.

Nr. 20 Gespreizte Beine, geöffnetes Kleid gibt Blick auf den Schambereich frei, lasziver Blick, posierende Haltung.

Nr. 23 Hochgezogener Jupe gibt Blick auf die Scham frei.

Nr. 24 Posierende Stellung mit angewinkeltem Bein, Haarschmuck.

Nr. 26 Hochgezogenes Kleidchen, posierende Haltung.

Nr. 28 Mit Liane, welche beim Schambereich durchläuft, posierende Haltung.

Nr. 29 Posierend, mit den Armen nach hinten abgestützt; freier Blick auf den Schambereich; Haarschmuck.

Nr. 31 Mit gespreizten Beinen auf einem grossen Ahornblatt posierend.

Nr. 36 Posierend, den einen Arm auf den Rücken gestützt, mit dem anderen Arm sich durchs Haar fahrend.

Nr. 48 Posierende Haltung, Blick auf den Schambereich.

Nr. 153 Vor Kommode stehend, mit den Armen nach hinten auf diese abstützend, posierend.

Nr. 156 Posierende Haltung mit weit gespreizten Beinen und Armen.

Nr. 159 Gleiches Mädchen und derselbe Stuhl wie bei Bild Nr. 156. Posie-

rend, das Becken auf die vordere Sitzfläche des Stuhls geschoben, die Arme um die Stuhllehne geschlungen.

Nr. 178 Posierend, die Arme hinter dem Kopf verschränkt.

Nr. 181 Auf Stuhl posierend, Kopf auf Hand abgestützt.

Nr. 187 Posierend, zudem ist der Schambereich (so auch die Haare) mittels Fotobearbeitung in Leuchtgelb eingefärbt.

Nr. 190 Posierend mit einer Hand hinter dem Kopf und die andere angewinkelt darüber. Schambereich (und Haare) leuchtgelb eingefärbt.

Nr. 193 Im »Schulmächen-Stil« neckisch posierend, lasziver Blick.

Nr. 199 Auf Kommode posierend.

Nr. 203 Posierend, ein Arm hinter dem Kopf, den anderen darauf abgestützt.

Nr. 213 Aufnahmen aus einer ganzen Serie: Posierend vor Fotohintergrund (dunkelbraunes Tuch), dazu ein glänzendes Stofftuch haltend.

Nr. 214 Posierend mit einer Hand hinter dem Kopf und der anderen Hand angewinkelt über dem Kopf. Gleiches Bild wie Bild Nr. 190, diesmal jedoch ohne Einfärbung.

Nr. 225 Gleiches Bild wie Bild Nr. 187. Diesmal in Schwarz-Weiss.

Nr. 238 Fotoserie (vgl. Bild Nr. 213): Posierende Haltung. Das Mädchen hält ein Stofftuch unterhalb ihres Schambereichs.

Nr. 241 Fotoserie (vgl. Bild Nr. 213 und 238): Posierende Haltung mit Stofftuch.

Nr. 259 Foto Serie (vgl. Bild Nr. 213, 238 und 241): Posierend mit Stofftuch.

Nr. 261 Lasziver Blick, auf grossem Kissen posierend.

Nr. 279 Anderes Mädchen in Fotoserie: Posierend mit Ratte; da das Mädchen kniet, wird der Blick auf ihren Schambereich frei.

Nr. 353 Ein weiteres Mädchen in einer Fotoserie: Mit Hammer und Kokosnuss posierend; um die Hüfte ist lediglich ein Stofftuch gebunden.

Nr. 433 Mit ausgestreckten Armen und vorgestelltem Bein; unter Baum posierend.

Nr. 436 In posierender Haltung mit dem linken Arm hinter dem Gesäss.

Nr. 449 Geschminktes Mädchen, welches mit gespreizten Beinen auf ei-

nem Stuhl sitzt; das Kleidchen geöffnet, was den Blick auf den durch das Stuhlbein verdeckten Schambereich fokussiert.«

Diese Beschreibungen, ähnlich wie der Fokus auf die Textstelle bei *Dunkler Frühling*, zielen naturgemäß auf das, was, gemäß der Logik des als Autorität zitierten BGE, sexuell aufgeladen werden kann. Anderes ist kaum enthalten. Das Urteil liefert keine umfassenden Bildbeschreibungen, das versteht sich allein aus Platzgründen. Doch ist dies bei der Rezeption dieser Texte zu beachten. Dass bei der Auflistung die Einbettung dieser 36 Bilder, von denen ich wahrscheinlich 11 besessen habe, in einer Sammlung von gegen 5000 Aktfotografien und von gegen 80 000 Fotos insgesamt ignoriert wird – womit die 36 Bilder deutlich aus einem Gesamtzusammenhang herausgelöst werden –, ist ebenso zu beachten.

Über den reduktiven Beschreibungsansatz hinaus, der an dieser Stelle insofern vertretbar ist, als es darum geht, den etwaigen pornografischen Gehalt einzelner Bilder zu untersuchen, wird der subjektive Gehalt des scheinbar objektiv Beschriebenen deutlich. Die Sprache *allein* zeigt, dass nicht Abgebildetes, sondern *Hineinprojiziertes* eingestuft und als Grundlage für die Bestrafung bewertet wird. Das war aufgrund des BGE zwingend zu erwarten. Dieser führt das Muster – aus blauer Schleife einen sexuellen Inhalt machen – explizit vor.

Die Sexualisierung der Bilder durch die Sprache im Überblick:

- Posieren: Der Begriff der Pose oder des Posierens, ohne irgendeine Begründung hierfür, wird in den Beschreibungen als sexuelles Indiz verwendet beziehungsweise als Synonym für eine sexuelle Handlung. Das ist der Blick von außen und hat mit der Fotowirklichkeit nichts zu tun. Posen sind nicht per se sexuell.
- Lasziver Blick: Im Rahmen des Fotoshooting-Kurses am Literargymnasium, den ich bereits erwähnt habe, war »ernster Blick« eine der Ausgangsbestimmungen. Bei der Rezeption durch die Lehrerschaft – die Bilder wurden ausgestellt – zeigte sich: Bei Mädchen (bei Jungs nicht) wird ein unter einer solchen Vorgabe eingenommener Gesichtsausdruck überwiegend als »lasziv« bewertet. Mit der

Wirklichkeit der Entstehung beziehungsweise mit der Shooting-Situation hatte diese empfundene »Laszivität« indes nichts zu tun. Das semantische Konzept »lasziv« fasst etwas, das ausgelöst wird, nicht etwas, das vorhanden ist. Mit »lasziv« wird keine objektive Wirklichkeit eingefangen. Es gibt keine geometrisch definierte Gesichtsgestik dafür. Das Prädikat eignet sich also bestens, Darstellungen beliebig zu sexualisieren, ohne dass eine Entsprechung auf der Ebene des Dargestellten vorliegen muss. Das Wort wird im BGE als Argument geführt und in diesem Urteil inflationär gebraucht.

- Gespreizte Beine: Die Spreizung mag objektiv sein, aber nicht deren sexueller Gehalt. Bei den weitaus meisten natürlichen Haltungen der Beine liegt eine Spreizung vor. Die geschlossenen Beine sind die Ausnahme (und erst noch meistens gestellt). Die Spreizung als sexuelles Indiz gewertet beziehungsweise (sprachlich gesehen) als Synonym für eine sexuelle Handlung verstanden, ist wiederum ein Vorgang im Kopf beziehungsweise eine Projektion. Wenn ein Model, zum Beispiel, auf einem Ahornblatt kauert, so ist die Spreizung eine natürliche Folge. Der Körper kann dabei ein explizites Thema sein, das Geschlecht deutlich sichtbar. Dass der Inhalt dadurch per se sexuell sein soll, leuchtet nicht ein.
- »... gibt den Blick frei ...«: Diese Wendung fasst explizit keinen Vorgang auf dem Bild, sondern einen im Gehirn des Betrachters. Die Sprache beschreibt den Blick *auf* die Darstellung, nicht die Darstellung. Auf der Darstellung ist ein Teil des Körpers sichtbar, ein Teil nicht. Die Formulierung der Blickfreigabe auf den Schambereich führt zu einer Sexualisierung des Dargestellten, indem diesem Schambereich implizit eine *Funktion* unterstellt wird (Blicke auf sich ziehen). Gleiches gilt für »wird der Blick frei« und »freier Blick auf« beziehungsweise »was den Blick auf den Schambereich fokussiert«. Die sprachliche Wendung der *Blickfreigabe* stellt insgesamt den Fokus heraus, der diesen Beschreibungen zugrunde liegt.
- Um die Hüfte trägt sie »lediglich ein Stofftuch«: »Lediglich« fasst eine Wirklichkeit im Kopf des Betrachters. Eine nichtsexualisierte

Beschreibung des Dargestellten lautet: »Um die Hüfte trägt sie ein Stofftuch.« Der Unterschied ist frappant.

Diese exemplarische, nicht vollständige Analyse macht deutlich: Was scheinbar objektiv beschrieben und woraus eine Straftat abgeleitet wird, ist in der Tat eine subjektive Betrachtungsweise. Exakt das wird im BGE so vorbereitet, der mit der Feststellung beginnt, Pornografie beziehe sich auf sexuelle Inhalte, die aus ihren Bezügen gelöst würden, um dann eine blaue Schleife und Schminke darunter zu subsumieren. Dieser Übertrag sexueller Inhalte findet auf der Ebene subjektiver Wertungen statt, die durch den Übertrag Teil des Bildes werden. Und abzulesen ist das Ganze an der verwendeten Sprache. Dass ein solcher Mechanismus gerade im Themenbereich »Sexualität und Jugendliche beziehungsweise Kind« anzutreffen ist, stellt wohl keinen Zufall dar. Über justizielle Grundlagen- oder Referenztexte wird Raum für die Ideologie geschaffen, welche die Jagd auf mich initiiert hat. Es handelt sich um eine konkrete Ausgestaltung dessen, was ein Strafverteidiger bezüglich meines Falls so formuliert hat: *Die Justiz operiert im Windschatten einer gesellschaftlichen Hatz.* Zumindest dient sie dieser auf diese Weise wirksam zu.

Bemerkenswerte Details

In der Tat handelt es sich bei den inkriminierten Bildern um 34 Sujets, nicht um 36. Je zwei Fotografien sind identisch. Allerdings wurden sie in einem Fall in einer Schwarz-Weiß-Version und einer Farbversion wiederhergestellt, im andern Fall wertet das Urteil die Variante mit einer gelblichen Einfärbung als eigenständiges Sujet. Ob 34 oder 36 Bilder inkriminiert werden, spielt im Gesamtzusammenhang keine Rolle. Wenn die Justiz ein einzelnes Sujet, das nachträglich fototechnisch in zwei Varianten vorgelegt wird, als zwei Straftatbestände aufzählt, dann ist das indes erkenntnistheoretisch bedeutsam: Der Justiz geht es dieser Logik zufolge *um die Produkte,* nicht um die Shooting-Situation. Das widerspricht im Grunde jedoch einer Haltung, welche aus Haarschleifen ein pornografisches Bild zu erzeugen versucht. Eine solche Pornografisierung, die laut BGE 131 nur für Kinder und Jugendliche gilt, kann sich ethisch (wenn überhaupt) einzig auf den Umstand berufen, dass ein Model – möglicherweise gegen seinen Willen – sexualisiert wird, indem es bewusst künstlerisch dargestellt wird. Dem, so könnte dieser BGE für sich reklamieren, will man entgegenwirken. Zwingend muss für eine solche Argumentation der Fokus auf der realen Shooting-Situation liegen. Haarschleifen, im Nachhinein mit Photoshop ins Bild gesetzt, würden diese Sexualisierung als alleinigen Vorgang im Kopf eines Betrachters herausstellen, eine entsprechende Situation hätte es in Wirklichkeit nie gegeben. Zwar ist auch eine Argumentation, welche die konkrete Shooting-Situation beziehungsweise die Verhinderung einer *möglichen* Ausbeutung dabei im Auge hat, nicht zwingend, aber eine andere Begründung für die Sexualisierung einer blauen Haarschleife gibt es kaum. Von daher beziehungsweise unter dem Gesichtspunkt, ein allfälliges Opfer vor einer Sexualisierung zu schützen, dürfte ein Sujet, das nachträglich fototechnisch verändert worden ist, nicht als zweifacher Tatbestand gewertet werden. Doch genau das geschieht in diesem Urteil. Es wäre interessant zu wissen, ob bei einer real vorgefundenen Fotografie, die zweifach auf jeweils sehr unterschiedlichem Fotopapier realisiert worden wäre, sodass in einem Fall der Eindruck eines sehr körnigen Bildes entstünde, die Schweizer Justiz auch von zwei Strafbeständen ausginge. Der Produktefokus kontrastiert jedenfalls mit dem Opferschutz, denn bei einer nachträglichen Schwarz-Weiß-Bearbeitung entstehen keine Geschädigten. Insgesamt macht diese Bildzählung deutlich: Es geht darum, einen Täter zu erzeugen.

Ein sprachliches Detail zu diesem insgesamt als Detail angemerkten Punkt: Die gelbliche Einfärbung wird für den Schambereich in der Beschreibung festgehalten. Die gelbliche Einfärbung der Haare auf demselben Bild erscheint in Klammern. Immerhin erscheint sie. Doch diese Klammern allein – die Aussage: das ist weniger wichtig – belegen noch einmal den sexualisierten Fokus, der diesen Bildbeschreibungen zugrunde liegt. Eine neutrale, objektive Beschreibung hätte die gelbliche

Einfärbung sowohl für Schambereich wie für Haare ohne Gewichtung, also ohne Klammern festgehalten. Offenbar lag künstlerisch dieser Einfärbung eine andere Idee zugrunde als das alleinige Herausstreichen des Schambereichs, wie es durch die Beschreibung im Urteil halbwegs suggeriert wird.

Urteil eines Jägers?

Weshalb hat TM das Boot gewechselt? Hat er es überhaupt gewechselt? Mit Sicherheit lässt sich für mich diese Frage nicht beantworten. Aber unter Berücksichtigung bestimmter Punkte wird einiges deutlich. TM stützt sich bei seinem Urteil gänzlich auf die Bundesgerichtsentscheide. An diesen BGE vorbeizurichten, ist nicht unmöglich, aber riskant. Wenn ich TMs Aussage unter vier Augen, er könne nur bedingt etwas für mich tun, man könne sein Urteil anfechten, mit diesem nun vorliegenden Urteil in Sachen Fotos verbinde, so glaube ich an keine vollständige Wendung. Die scheinbar minutiöse Begründung des Pornografiegehalts, basierend auf BGE, welche einer sexuellen Auslegung von Dargestelltem in die Hand spielen, müsste mich von einer Revision zurückhalten, das schon. Aber sie ist eben auch an die andere Seite gerichtet. Das Urteil macht deutlich: Selbst blaue Schleife und Schminke sind berücksichtigt. Im Rahmen dieser Berücksichtigung, so schätze ich, ist TM vergleichsweise moderat geblieben im Strafmaß. Er weiß wohl, wie weit BGE 131 und 133 der Jagd Tür und Tor öffnen. Womöglich ist ihm der Gedanke gekommen, PB könnte, was das Richtergremium betrifft, auf eine Jagdgruppierung gesetzt haben. Dass es solche über AK, PD und IJS hinaus geben muss, wird ja allein durch jenen BGE deutlich, der den Übertrag von subjektiver Wertung ins scheinbar objektiv Gegebene rechtlich absichert. Träfe mein Casus, so könnte sich TM weiter überlegt haben, nach einer Revision vor dem Obergericht auf ein ideologisiertes Gremium, dann könnte dieses am Ende nicht bloß beliebig weitere Bilder, sondern mithilfe irgendeines Abhängigkeitsparagrafen sogar noch Teile des Schulunterrichts kriminalisieren. Vielleicht, ich überlege bloß laut, wollte TM mir das ersparen.

Die Vorsatzdiskussion

Und doch bleibt mein Urteil dieses Urteil betreffend in der Schwebe. Bei der Diskussion des angeblich kriminellen Gehalts beziehungsweise des Vorsatzes nämlich operiert das Urteil mit Argumenten, die erkenntnistheoretisch noch fragwürdiger sind. Will mich dieses Urteil – im Rahmen einer gegebenen Hatz – möglichst schonen oder ist es selbst Teil der Hatz? Im Grunde gilt beides.

Willensfestlegung und Wissensprüfung

»15.4. *Elf der sichergestellten Bilder (Bild Nr. 1; 7; 11; 18; 20; 23; 24; 26; 28; 29; 31) speicherte der Beschuldigte an verschiedenen Daten zwischen dem 16. März 2006 und 29. Mai 2007 im Ordner »Eigene Dateien« auf einem Sony Vaio Notebook. Durch das bewusste Abspeichern der Bilder in diesen Ordner hatte er Herrschaftsmacht mit Herrschaftswillen, weshalb er Besitzer dieser Bilder wurde. Dabei spielt es (abgesehen von hier nicht relevanten – da nicht erreichten – Verjährungsfristen) keine Rolle, dass die fraglichen Bilder zum Zeitpunkt der Auswertung der Festplatte alle gelöscht waren.*«

Diese genauen Speicherdaten für die 11 Bilder, die ich tatsächlich einmal besessen hatte, wurden mir bis anhin nie bekannt gegeben. Ich habe darauf verwiesen. Der Richter erhebt Daten zu Fakten, die an der Einvernahme, als die polizeilichen Ermittlungen abgeschlossen waren, nicht vorlagen. Dort wird weder ein 16. März noch ein 29. Mai erwähnt, sondern auf ein Herunterladen zu nicht näher bekannten Zeitpunkten verwiesen. Auf diese Daten bauend führt das Urteil den Willen als Instanz beim Abspeichern, nicht aber beim Löschen an. Eine Begründung, weshalb auf die Instanz des Willens im zeitlich weiter zurückliegenden

Fall referiert wird, im Fall des Löschens explizit nicht, findet sich im Urteil nicht. Weshalb soll der Löschwille keine Rolle spielen, wo doch unmittelbar zuvor der Wille zur Instanz erhoben wurde? Der Referenz auf den Willen bei der Schuldkonstruktion haftet insofern grundsätzlich etwas Willkürliches an.

Automatische Einspeicherung als Willensvorgang

»15.5. Die anderen als pornografisch qualifizierten Bilder (vgl. Ziff. I. B. 15.1. ab Bild-Nr. 36) wurden vom Internet Explorer zwischen dem 26. Oktober 2005 und dem 30. Mai 2007 im Ordner »Temporary Internet Files« gespeichert. Da solche temporären Internetdateien in der Grundeinstellung des Internet-Browsers ohne weiteres Zutun des Computerbenutzers gespeichert werden, gilt es grundsätzlich betreffend den Besitz dieser Bilder anhand der neuesten bundesgerichtlichen Rechtsprechung (Urteil des Bundesgerichts vom 12. Mai 2011, 6B_744/2010) zu prüfen, inwiefern der Beschuldigte vom automatischen Speichern sogenannter temporärer Internetdateien Kenntnis hatte. Da der Beschuldigte jedoch selber ausführte, dass er diese Bilder auf einen Speicherstick geladen und erst ca. im Jahr 2007 von diesem gelöscht habe, steht fest, dass er während einer gewissen Dauer Besitz an diesen Fotos hatte.«

TMs Vorhaben: Er muss das Material, worauf meine Verurteilung baut, als Urteilsbasis legitimieren. Und er muss einen Besitz konstruieren. Temporäre Dateien als Erwerb und Besitz zu werten, geht allerdings an den Netz-Tatsachen vorbei und bedeutet eine reine Justiz-Wirklichkeit. Ich habe diese Fotos erst einsehen können, *indem* ich sie geöffnet, also heruntergeladen habe. Es gab in dieser Newsgroup keine Vorschau der Bilder ohne Öffnen/Herunterladen. Wenn mir zu früheren Zeiten jemand (an der Haustür zum Beispiel) Fotos angeboten, ich diese betrachtet und daraufhin zurückgegeben hätte, dann wäre auch damals nie ein Erwerb oder Besitz daraus abgeleitet worden. In verschiedenen Rechtsstaaten gilt diese Regelung übrigens auch heute: Temporäre Dateien sind weder Erwerb noch Besitz. Werden sie zu solchen umkonstruiert, liegt eine Parallele im Grundsatz zu den beiden BGE vor: eine Instrumentalisierung des Rechts zur Tätererzeugung.

Die im Bundesgerichtsurteil ausgeführte und in diesem Urteil erwähnte erkenntnistheoretische Ergänzung kann indes als Eingeständnis gelesen werden. Die zuvor vorgenommenen Ausführungen überzeugen nicht oder reichen nicht aus. Die Ergänzung: *Ein »unwissendes Öffnen« beziehungsweise Herunterladen von etwas, das ohne Herunterladen nicht sichtbar wäre, soll keinen Besitz darstellen, ein »wissendes« schon.* Die automatisch vorgenommene Einspeicherung allein ist also selbst in der Logik der Justiz noch kein Besitzwille. Das menschliche Bewusstsein wird deshalb, reduziert auf ein Wissen um einen automatischen Vorgang, doch noch einbezogen. Diese Reduktion allerdings ist in der Sache fragwürdig und außerdem werden Richter damit ein weiteres Mal zu Sterndeutern erhoben: Wahrnehmungstechnisch müsste nämlich herausgefunden werden, ob jemand *im Augenblick* des Öffnens daran denkt, sonst liegt auf den konkreten Akt bezogen kein Wissen vor. Diese Augenblicke fanden in meinem Fall (so behauptet das Urteil) in den Jahren 2005 und 2006 statt. Der Richter allerdings versucht erst gar nicht, die Frage bezogen auf diese Zeitpunkte zu klären. Stattdessen schiebt er sie mit dem Hinweis auf den Stick zur Seite. Er unterstellt, die von ihm als illegal taxierten Fotografien hätten sich auch da befunden und der Besitz ergebe sich aus diesem Umstand.

Zur Erinnerung: Ich habe an keiner Stelle des Verfahrens gesagt, ich hätte *sämtliche* mir präsentierten Fotos auf einem Stick abgespeichert. Vielmehr habe ich betont, einen Teil nicht zu kennen. Das ist im Protokoll der ersten Einvernahme nachzulesen. Und doch folgert dieses Urteil, ich hätte sämtliche inkriminierten Fotos auf dem Stick gehabt. Wenn dieser Stick, der dem Staat nie vorlag (ich hätte ihn gar nicht erwähnen müssen) eine entscheidende Rolle bei der Kriminalisierung von Bildern und damit eines Menschen spielt, hätte man mich irgendwann fragen müssen, ob ich die inkriminierten Bilder wiedererkenne und ob ich exakt diese auf dem Stick abgespeichert hätte. Eine solche Frage kam nie. Auch nicht vom Richter.

Schwere des Urteils: Besitz als Herstellung

Bei der Ergründung der Schwere des Vergehens wird im Urteil auf die bundesgerichtliche Gleichstellung von Erwerb und Besitz bei Kinderpornografie verwiesen, um sodann allerdings von dieser Gleichstellung keinen Gebrauch zu machen. Die Thematisierung dieser Gleichstellung allein indes stärkt den Eindruck, das Urteil wolle möglichst keine Revisionsanreize bieten:

»Der bundesgerichtlichen Rechtsprechung, wonach jedes Kopieren eines kinderpornografischen Bildes eine Herstellung desselben bedeutet, kann jedoch in Anbetracht dessen, dass neben Art. 197 Ziff. 3 StGB bewusst eine neue, mildere Strafbestimmung in Form von Art. 197 Ziff. 3bis StGB eingeführt wurde, die unter anderem explizit den Besitz von Kinderpornografie umfasst, nicht gefolgt werden. Im Übrigen beantragt auch die Staatsanwaltschaft nur eine Bestrafung gestützt auf Art. 197 Ziff. 3bis StGB.«

Ich nehme diese nicht wahrgenommene Strafoption dennoch kurz auf, um die Verbindung von Justiz und Ideologie einmal mehr *konkret* herauszustellen. In der Sache ist es fragwürdig, Herstellung und Gebrauch von irgendetwas gleichzusetzen. Wer eine Waffe illegal besitzt, wird dafür bestraft. Nicht aber für deren Herstellung. Und im Alltag: Wer ein Lamm isst, schlachtet es nicht (viele würden kein Fleisch essen, müssten sie es selber schlachten). Wer die beiden Dinge identisch sieht, wird im konkreten Leben Probleme bekommen. In News-Sendungen kann ein Konsument davon ausgehen, Bilder von Erschossenen beziehungsweise Ermordeten zu sehen. In jüngster Zeit zum Beispiel im Rahmen von Kriegsbildern aus Libyen und Syrien. Und es ist nicht verboten, diese Fernsehbilder mit dem Handy aufzunehmen. Niemand würde behaupten, wer diese Bilder konsumiere (oder eben mit dem Handy aufnehme), stelle sie her beziehungsweise stelle die Situation her. Herstellung und Gebrauch sind zwei unterschiedliche Dinge und müssen unterschiedlich bewertet werden, auch moralisch. Das dürften wohl auch die Juristen wissen, welche diese Gleichsetzung ersonnen haben. Doch, davon konnten sie ausgehen, der Zweck überstrahlt die Sache. Und der Zweck ist die Tätererzeugung in einem gesellschaftlich aufgeheizten

Feld, eine Tätererzeugung, die deutlich forciert werden kann mit diesem Paragrafen. Die Beistellung einer milderen Form, welche die Anwendung der Gleichsetzung indes nicht ausschließt, ist wohl als sachlogisches Eingeständnis zu lesen.

Die eigentliche Vorsatzdiskussion

Die Vorsatzdiskussion geht von einem »normativen Tatbestandselement pornografisch« aus, das im Rahmen des Urteils bereits aufgezeigt worden sei. In der Tat hat das Urteil lediglich ein subjektives Empfinden einer Reizsituation unter Zuhilfenahme einer A-priori-Sexualisierung von Posen zu einem Tatbestand gemacht, dem sie das Prädikat »normativ« zuordnet. Für diesen Tatbestand nun will es den Vorsatz prüfen und setzt dabei die Pornografie voraus. Zirkuläre Muster prägen die Argumentation. Und dies verzerrt die ganze Prüfung grundsätzlich, denn ich habe diese Bilder – beziehungsweise ohnehin nur 11 Exemplare davon – nicht im Bewusstsein, kinderpornografisches Material zu besitzen, in meiner Sammlung geführt. Die Vorsatz-Argumentation im Zusammenhang:

»16.1. *In subjektiver Hinsicht ist beim Täter Vorsatz gefordert. Dabei muss sich der Vorsatz auch auf das normative Tatbestandselement »pornografisch« beziehen.*

16.2. *Der Beschuldigte räumte ein, dass er sich bewusst in einer Newsgroup aufgehalten, dabei Bilder oder Beiträge angeklickt und einen Teil der Bilder heruntergeladen habe (act. 3/5 S. 8 und Verweis auf diese Aussagen in act. 38 S. 10).*

16.3. *Der Beschuldigte hat demnach die Bilder mit Wissen und Willen, mithin direktem Vorsatz bezogen.*

16.4. *Dem subjektiven Erfordernis des Wissens des Täters betreffend das normative Tatbestandselement »pornografisch« ist Genüge getan, wenn dieser den Tatbestand so verstanden hat, wie es der landläufigen Anschauung eines Laien entspricht (sog. Parallelwertung in der Laiensphäre; BGE 99 VI 527 Erw. 1a). Demzufolge muss der Täter die*

Wertung bloss in dem Umfang vollziehen, der ihm als Nichtjuristen möglich ist.

16.5. Auch ein juristischer Laie erkennt bei Betrachtung der unter Ziff. I.B. 15.1. erfassten Fotos, die minderjährige Mädchen abbilden, welche nackt und aufreizend vor der Kamera posieren und deren Schambereich sichtbar ist, dass es sich hierbei um Kinderpornografie handelt oder handeln könnte (Eventualvorsatz). Das Bewusstsein, eine Darstellung sei möglicherweise pornografisch, kann ausserdem auch derjenige haben, der nach seinem eigenen Empfinden nichts Pornografisches darin erblickt (vgl. BGE 99 IV 58 bezüglich des Begriffs Unzucht).

16.6. Wenn der Beschuldigte wiederholt geltend machte, dass er an diesen Bildern nichts Pornografisches erkenne – wobei er diese Aussage anlässlich seiner Einvernahme in der Hauptverhandlung für wenige Bilder teilweise infrage stellte (act 38 S. 12 und 13) –, so ist festzuhalten, dass fehlendes Unrechtsbewusstsein Vorsatz nicht ausschliesst (vgl. BGE 50 I 327), zumal sich der Beschuldigte auch bewusst war, dass er sich mit solchen Bildern im Tabubereich bewegte (act. 3/5 S. 9).
Demzufolge handelte der Beschuldigte betreffend das normative Tatbestandselement zumindest mit Eventualvorsatz, indem er in Kauf nahm, dass die Bilder kinderpornografisch sein könnten.

17. Da der Beschuldigte an verschiedenen Daten Bilder auf die Festplatte seines Notebooks Sony Vaio und auf seinen Speicherstick speicherte, liegt mehrfache Tatbegehung vor.«

In dieser Argumentationsreihe erweist sich das Urteil am brüchigsten. Es reduziert sich stellenweise auf bloße Ideologie. Die Einwände im Zusammenhang:

1. Ich habe nicht auf Bilder geklickt, sondern auf Nummern. Daraufhin wurde das Bild geöffnet und dadurch in den temporären Dateien gespeichert. Das Bild konnte ich erst aufgrund dieses Öffnens einsehen.
2. Die Newsgroup, auf welcher ich genau diesen Vorgang vollzog, war selbst im Urteil, dessen wichtigste Passagen ich diskutiere, keines-

wegs eine kinderpornografische Newsgroup. Selbst mit den restriktiven Bundesgerichtsentscheiden als Maßstab sind laut Urteil nur etwa 5 Prozent der Bilder, welche die Polizei (angeblich) wiederhergestellt hat, illegal. 95 Prozent sind es nicht. Allein in dieser Newsgroup ein Bild zu öffnen, bestätigt also mitnichten einen kriminellen Vorsatz. Es war nicht einmal fahrlässig und bedeutete auch keinen Eventualvorsatz, mich auf dieser Plattform zu bewegen. Dass eine Intention, Bilder zu öffnen, gegeben war, ist trivial und braucht nicht diskutiert zu werden. Entscheidend ist das Fehlen einer *kriminellen* Intention, zumal in meinen Augen die (angeblich) wiederhergestellte Bildersammlung *insgesamt* nicht pornografisch war. Die Vorsatz-Argumentation indes funktioniert nur unter der Prämisse der Pornografie, ist insofern also zirkulär.

3. Mit dem Verweis auf eine landläufige Anschauung – ein entscheidendes Argument in der Logik dieses Urteils – zieht sich das Urteil gänzlich auf ideologische Positionen zurück. Genau genommen sagt der Text, ein genaues Verständnis jener zuvor angeführten BGE sei nicht nötig. Der Text suggeriert dabei, ein solches Verständnis liege für einen Laien nicht im Bereich des Möglichen, und entzieht dadurch gleichzeitig diese BGE einer kritischen Lektüre, wie ich sie betrieben habe. Statt an den Nachvollzug der juristischen Argumentation, welche der Text (weshalb wohl?) einem Laien nicht zumutet, wird die Schuldfrage nun an eine landläufige Anschauung betreffs dessen, was pornografisch sein soll, geknüpft. Mit dem Terminus der landläufigen Anschauung wird das Tor für ideologische Interessen aufgestoßen. Das kann bei der gegenwärtig herrschenden Jagdstimmung, bei der sogar die Lektüre von *Frühlings Erwachen* für einen staatlich legitimierten Überfall reicht, nur verschärfend verstanden werden.
4. Weshalb wird *im Urteil* mit meiner Unfähigkeit, juristische Argumentationen nachzuvollziehen, *argumentiert?* Ist eine genaue Lektüre juristischer Begründungen durch Nichtjuristen nicht erwünscht? Müssen diese deshalb als Laien taxiert werden? Was der

Jurist in dieser Sache irgendeinem Bürger prinzipiell voraushaben soll, bleibt unklar. Hier wird der Versuch unternommen, unangreifbare Instanzen zu schaffen. Entweder diese BGE sind der juristische Maßstab für die Bestrafung, die ausgesprochen wird, und also müssen sich diese BGE eine kritische Lektüre gefallen lassen. Eine landläufige Anschauung erübrigte sich in diesem Fall. Oder aber die landläufige Meinung ist das Maß.

5. Nun zeigt eine genaue Lektüre allerdings: Diese BGE und die landläufige Meinung sind kongruent. Was die BGE unter einer Tarnkappe der Objektivität vollziehen, ist die landläufige Meinung. Es ist eine subjektive, reizbetonte Wertung, die zur Objektivität verkehrt wird. Dass ein Volk (etwa in einer Volksabstimmung) die Bilder heutzutage auch als pornografisch einstufen würde, nachdem über Jahrzehnte im Bereich Sexualität und Jugend ein undifferenzierter Täterjournalismus das Feld beherrscht, davon ist auszugehen. Das Volk betrachtet heute Hamilton-Fotografien als kinderpornografisch, Novalis, würde es ihn kennen, wäre ein Schwein. Und solche Meinungen entstehen nicht aus dem Nichts. Auch in einst seriösen Zeitungen werden massenhaft Beiträge im Bereich Sexualität und Jugendliche beziehungsweise Missbrauch publiziert, die, was Objektivität und Differenziertheit betrifft, keinerlei Ansprüchen genügen. So finden sich in der *Frankfurter Allgemeinen Zeitung*, vormals ein Paradeblatt für seriösen Journalismus, Beiträge, in denen Maler der vorletzten Jahrhundertwende generell einem Missbrauchsverdacht ausgesetzt werden (»Würden Sie den Malern dieser Bilder Ihre elfjährige Tochter zu einem Badeausflug anvertrauen?« – die Frage auf Maler wie Ludwig Kirchner bezogen: So demagogisch beginnt der Artikel und so demagogisch bleibt er bis zum Schluss). Und im Zusammenhang mit der Kinski-»Affäre« werden in der gleichen Zeitung Filmemacher wie Wim Wenders zur Zielscheibe aufgebaut. Filmemacher, so der abstruse Vorwurf, welche Kinskis jüngere Tochter Nastassja im Auftrag von Kinski Lolita-mäßig inszeniert hätten. Das sind bloß zwei Beispiele von Tausenden. Josef Haslinger,

der Schriftsteller, der aufgrund eigener Erfahrungen den Missbrauchsdiskurs rund um die katholische Kirche differenzieren wollte, wurde medial kaltgestellt. Wer nicht mitschreit und bei diesem Schreien andere prinzipiell überbietet, erhält keine Stimme oder wird, wie Willi Winkler von der *Süddeutschen Zeitung*, der sich in einem Beitrag über die Kinski-Missbrauchsgeschichte lediglich getraut hat zu sagen, die Geschichte werde *wohl* wahr sein (dieses »wohl« war zu viel), über Twitter, Facebook und vor allem über andere Zeitungen selbst zum Gejagten. Die Eindimensionalität des Diskurses erinnert in seiner demagogischen Machart an systematische Kampagnen. Wie unter solchen Bedingungen eine landläufige Meinung im Bereich jugendlicher Nacktheit aussieht, versteht sich von selbst. Und exakt diese Landläufigkeit wird im Urteil von TM zur Instanz erhoben.

6. Unter der Zuhilfenahme der Landläufigkeit als Argument platzt die Logik des Urteils allerdings gänzlich: Wer diese landläufige Anschauung nicht nachvollziehen kann oder will, soll eben doch schuld sein. Die Übernahme einer landläufigen Sicht ist laut diesem Urteil zumindest zumutbar, eher aber grundsätzlich vorauszusetzen. Eine solche Position scheint mir totalitär. Dem gilt es entgegenzuhalten: Ein Unrechtsbewusstsein meinerseits fehlt, weil mein Bewusstsein *von der Sache her* (und nicht von einer landläufigen Meinung *über die Sache)* davon ausging, dass keine Pornografie vorliegt. Dabei passt mein Bewusstsein absolut zusammen mit den grundsätzlichen Definitionen von Pornografie in BGE 131. Es müssen sexuelle Inhalte sein, die aus ihren Bezügen gelöst dargestellt sind: dann handelt es sich um Pornografie. Ein Kauern auf einem Blatt, auch wenn die Beine dabei gespreizt sind, löst Sexualität nicht aus ihren menschlichen und emotionalen Bezügen noch stellt es überhaupt einen sexuellen Inhalt dar. Das gleiche Urteil, das diese Landläufigkeit als Instanz aufführt, formuliert am Ende übrigens explizit: *Es finden sich keine sexuellen Handlungen.* Die Diskussion dreht sich also keineswegs um ein wahrnehmungstechnisches Problem, das darin bestün-

de, dass sexuelle Handlungen vorlägen, ich diese jedoch nicht als solche einstufen wollte.

7. Ich habe anlässlich der Gerichtsverhandlung im Hinblick auf vier oder fünf Fotografien gesagt: Ich verstünde, dass die Darstellung eine Diskussion über Pornografie auslösen könne. Ich habe meine eigene Wertung diese Bilder betreffend jedoch nicht relativiert. Eine solche Differenzierung als eine Form von Eingeständnis zu werten und gänzlich der eigenen Argumentationslinie einzuschreiben, wie dies das Urteil macht, ist unzulässig.
8. Die Begründung des Eventualvorsatzes mit dem Verweis auf den Tabubereich ist, aus einer freiheitlichen Perspektive betrachtet, bedenklich. Der Aufenthalt in Tabubereichen darf, in einer angeblich freien Gesellschaft zumindest, keine Rechtfertigung und auch keine Teilrechtfertigung für staatliche Übergriffe sein und erst recht nicht für eine strafrechtliche Schuld. Indem Tabubereiche implizit als juristische Verbotszonen oder zumindest als Vorhöfe solcher Zonen begriffen werden, leistet die Justiz einen wesentlichen Beitrag zu einem immer totalitäreren Verbotsstaat.
9. Die angebliche Mehrfachbegehung ist ein rein juristisches Konstrukt. Tatsache ist, dass ich erst in diesem Urteil Daten von Bildern benannt bekommen habe. Tatsache ist ebenso, dass laut PB (so in der Einvernahme) der Bezug der Bilder zeitlich nicht näher zu bestimmen sei. Tatsache ist außerdem, dass der Stick, auf dem diese angebliche Mehrfachbegehung gründet, längst nicht mehr existiert. Der Staat hat ihn nie gesehen und kennt kein einziges Einspeicherungsdatum und keine einzige Fotografie darauf. Tatsache ist auch, dass ich nie gefragt worden bin, welche der angeblich auf dem PC wiederhergestellten Bilder ich auf dem Stick abgespeichert habe. Das Urteil einer Mehrfachbegehung auf dieser Basis ist in Wirklichkeit eine juristische Schimäre.

Verschulden letztlich doch leicht

Endlich, nach einer langen, um Akribie bemühten Fahrt, legt das Urteil an und spricht die Sätze, welche das zuvor Ausufernde – und deshalb auch in meiner Besprechung Ausuferende – zurücknimmt.

»Hingegen kann zu seinen Gunsten gewertet werden, dass die kinderpornografischen Bilder nicht schwerer Natur sind, insofern sie keine sexuellen Handlungen wie Geschlechts-, Anal – oder Oralverkehr oder Masturbation abbilden. Im Weiteren ist die Zahl der strafwürdigen Bilder relativ gering und die Tatbegehung liegt verhältnismässig weit zurück.

Angesichts all dieser Umstände kann das Verschulden des Beschuldigten als leicht beurteilt werden.«

Man kämpft sich durch zig Seiten, bis dem Urteil objektive Aussagen zu den Bildern einfallen: Keine sexuellen Handlungen. Selbst bei Anwendung von ideologisch motivierten Tätererzeugungsparagrafen (BGE 131 und 133) bleibt nur weniges hängen, das strafbar *gemacht* werden kann. Das ist die kurze, knappe Wahrheit dieser ganzen Fotogeschichte, die in der öffentlichen Wahrnehmung, ganz im Sinne der Jagd, über die politische Dimension des Falls gehalten wurde und dadurch dessen Ungeheuerlichkeit noch steigerte.

Weißes Flimmern

Ich lehne mich zurück. Vor mir der große Bildschirm, der mir das Lesen erleichtert. Die Wörter zerflimmern. Das PDF löst sich auf, es bleibt bloßes Licht. Überm Wattenmeer ist Nacht. Ein seltsames Gefühl nach der Lektüre. Zum Täter geworden, also doch. Ende November 2011. Eines der letzten Erzeugnisse am Literargymnasium: Pimp my Dreams. Patienten in einer Klinik. Abschiedswinken hinter einer Garderobe. Innige Umarmungen zu *Blue Velvet*-Sound: Mehr Pathos geht nicht. Im

Hintergrund Ärzte in weißen Kitteln mit Spritzen. Hundegekläff. Jetzt Täter. So ist das. Der Körper aufgewühlt. Der Geist schwer. Bleiern. Hat den Richter die gesellschaftliche Wirklichkeit eingeholt, kurz nach der Verhandlung? Die Stimmung im Lande, die landläufige Anschauung? Ein Lehrer müsste ganz besonders sensibilisiert sein, steht im Urteil. Sensibilisiert? Das bin ich wohl. Nicht aber in der Weise, wie die Hetzenden sich das wünschen. Noch nicht. 15 Tagessätze (von geforderten 270). Eine Bagatellstrafe, eigentlich. Und da ist auch eine Genugtuung, die ausgesprochen wird. 2500 Franken. Eine Perversion, objektiv betrachtet. In der Sprache der Justiz ein kurzes Streicheln, vielleicht. Ein nicht unwesentlicher Teil der Anwaltskosten wird übernommen, die Prozesskosten habe ich nur zu einem Sechstel zu bezahlen. Ja, vielleicht ist das im Rahmen eines Herrschaftsdiskurses eine Entschuldigung.

Was damit anfangen? Ich habe das Urteil zum zweiten Mal gelesen – Pascale und Tochter schlafen schon. Mein Blick in der Schwärze überm Wattenmeer. Patrick meldet sich nicht. Nicht bei Dunkelheit. Eine Justiz, so geht mir durch den Kopf, die wirklich daran interessiert gewesen wäre, einen etwaigen kriminellen Vorsatz zu überprüfen, hätte nicht auf eine landläufige Meinung referiert, sondern auf mein Verhalten, das ihr infolge des Überfalls und der Beschlagnahmung der Computer bis ins Intimste bekannt war. Auf keinem der drei konfiszierten PCs, auch nicht an einem entlegensten Ort, fand sich irgendeine Datei, eine Foto mit Kindersex. Das wäre, nebst dem minimalen Bruchteil, den Aktfotos mit Mädchen in meiner Aktsammlung ausgemacht haben, für eine rechtsstaatliche Justiz auf der Suche nach Vorsätzen ein überdeutliches Indiz gewesen. Aber das wollte nicht gelesen werden. Konnte nicht. In der gesellschaftlichen Verfasstheit, in der wir leben. Nicht *bei uns.* Und trotzdem, es bleibt die wahrscheinlichste Deutung: Das ist ein Urteil, geschrieben, um eine Revision zu verhindern. Eine Revision der Staatsanwaltschaft. Ein Urteil im Bewusstsein, wie umfassend ein Richtergremium der Jagd zudienen könnte, welche auch meinen Fall ausgelöst hat.

Berufung? Der Anwalt riet implizit ab. Sein Hauptargument: Würden wir das Urteil anfechten und eine zweite Instanz auch nur *eine* Fotografie als illegal taxieren, so blieben eben doch Kosten für diese zweite Runde an mir hängen. Anwaltskosten und Verfahrenskosten. Für jemanden, der keinen Lohn mehr hat, ist das, so spießig es klingt, ein Argument.

Der Rektor tendierte in die andere Richtung. Auch diese Fotos nicht schlucken. Aber letztlich müsse ich das selber entscheiden. Er verstehe, wenn ich einfach genug hätte. Wieder die Chodorkowski-Frage: Kämpfen im Rahmen einer Justiz, die einen erledigt? Diese Justiz noch weiter mästen? Meine anarchistische Ader sagte: Nein. Und auch meine Erschöpfung. Und wenn diese Ader und diese Erschöpfung zugunsten einer Kampfesstimmung zurücktraten, dann holte mich das reale Argument des Anwalts ein. Die Berufung kam dennoch – von der anderen Seite.

Berufungserklärung

Art. 399 Abs. 3 StPO, § 103 Abs. 2 Bst. c GOG

Beschuldigte Person	**Saladin Daniel** Sebastian, geboren am 16.07.1963, von Duggingen, Lehrer, wohnhaft Habsburgstrasse 25, 8037 Zürich
Verteidigung	RA Dr. iur. C[redacted] H[redacted] Zürich
Straftatbestand	**Pornografie**
Urteil	Einzelrichter in Strafsachen Zürich vom 20. Oktober 2011, begründet eingegangen am 21. November 2011

In dieser Angelegenheit erkläre ich die **Berufung an das Obergericht des Kantons Zürich.**

Die Berufung wird nicht beschränkt.

Mit nachgenannten Erwägungen:

Unter Hinweis auf das oberwähnte bezirksgerichtliche Urteil,

da der urteilende Bezirksrichter bereits einen Tag vor Urteilseröffnung gegenüber den anwesenden Parteien und der Presse ausführte, dass es für ihn nicht verständlich sei, weshalb die Staatsanwaltschaft Zürich-Limmat bezüglich Art. 197 Ziff. 1 StGB überhaupt Anklage erhoben habe und deshalb ein Freispruch zu erfolgen habe,

da sich deshalb bezüglich der richterlichen Unbefangenheit und Unvoreingenommenheit einige Zweifel ergeben, da dies im zweitinstanzlichen Hauptverfahren korrigiert werden kann, weshalb ausdrücklich kein Ausstandsbegehren gestellt wird,

da deshalb die Berufung nicht beschränkt wird,

da insbesondere die nachfolgend aufgeführten Punkte zu kritisieren sind,

da die Qualifikation der Vorinstanz bezüglich einzelner Bilder gemäss Anklagesachverhalt Notebook Fujitsu-Siemens Lifebook, Festplatte Fujitsu 60 GB als unrichtig erscheint, weshalb auch in diesem Punkt eine ausdrückliche Verurteilung zu erfolgen hat,

da der Freispruch vom Vorwurf der Pornographie im Sinne von Art. 197 Ziff. 1 StGB gemäss Ziffer 2 des Urteilsdispositivs zu Unrecht erfolgte,

da die Höhe der Strafe gemäss Ziffer 3 des Urteilsdispositivs als massiv zu gering erscheint, selbst unter Berücksichtigung des Teilfreispruchs,

da deshalb in jedem Fall eine höhere Strafe als angezeigt erscheint,

da auch eine Einziehung des Notebooks Fujitsu Siemens als angezeigt erscheint (Ziffer 5b des Urteilsdispositivs),

da angesichts des zu Unrecht erfolgten Teilfreispruchs die Kostenauflage an den Beschuldigten nur zu einem Sechstel nicht zu rechtfertigen ist (Ziffer des Urteilsdispositivs),

da dem Beschuldigten deshalb die Kosten der Untersuchung und des gerichtlichen Verfahrens vollumfänglich aufzuerlegen sind,

da angesichts des zu Unrecht erfolgten Teilfreispruchs auch kein Platz für eine reduzierte Prozessentschädigung bleibt (Ziffer 9 des Urteilsdispostivs),

da deshalb auf eine Prozessentschädigung an den Beschuldigten zu verzichten ist,

da im weiteren auch eine Genugtuung als in keiner Weise angebracht erscheint (Ziffer 10 des Urteilsdispositivs)

da die Abnahme einer DNA-Probe beim Beschuldigten ohne weiteres als angezeigt erscheint.

stelle ich folgenden

Antrag:

1. Vollumfänglicher Schuldspruch gemäss Anklage der Staatsanwaltschaft Zürich-Limmat vom 31. August 2011;
2. Bestrafung mit einer Geldstrafe von 300 Tagessätzen zu Fr. 160.-- sowie einer Busse von Fr. 2'500.--
3. Aufschub der Geldstrafe unter Ansetzung einer Probezeit von 2 Jahren
4. Definitive Einziehung der beiden elektronischen Geräte gemäss Ziffer 5a und 5b des Urteilsdispositivs
5. Herausgabe der übrigen Gegenstände
6. Vollumfängliche Auferlegung der Untersuchungskosten sowie der erst- und zweitinstanzlichen Gerichtskosten an den Beschuldigten
7. Verzicht auf Zusprechung einer Prozessentschädigung an den Beschuldigten
8. Verzicht auf Zusprechung einer Genugtuung an den Beschuldigten

Staatsanwaltschaft Zürich-Limmat
Büro A-1

Stv. LSTA lic.iur. D[redacted] K[redacted]

Winter III

Das Kind ist da. Im Ultraschall zuerst als Junge gedeutet, ist es in der 16. Schwangerschaftswoche zum Mädchen geworden. Ein Kind gegen alle medizinischen Prognosen. Ein Kind vom Himmel hoch. Vom Himmel überm Wattenmeer. Das Kind soll eine Andeutung sein und nicht in Berührung kommen mit dem Staub, der beim Säubern aufwirbelt und sich sodann neu über die Dinge legt.

Wieder am Deich. Nicht mehr im Jogginganzug. Nun mit Kinderwagen. Die Gespräche mit Patrick bleiben. Was haben wir an Georgien geliebt, damals vor der Jahrtausendwende, auf unserer Reise nach Indien? Weshalb haben wir dieses Land gemocht, mehr als jedes andere? Es waren bestimmt nicht die Dinge, die zeigten, Georgien ist auf dem Weg, bald modern, bald Teil der Weltgemeinschaft. Es waren nicht die wenigen Bankomaten, die es in Tbilisi schon gab. Vielmehr liebten wir das Korrupte, auch wenn wir es beklagten. Die Verkehrspolizisten, die aus dem Nichts auftauchten und die es mit Dollars und Zigaretten zu besänftigen galt. Korruption verlangt situatives Geschick. Korruption hält wach. Korruption verhindert Regeln. Das war es. Manchmal saßen wir zuletzt bei einem Polizisten zu Hause an der Tafel und das halbe Dorf mit dabei. Dicht waren die Wochen in diesem Kaukasus-Staat. Mehr Legende denn Staat. Das Unzeitgemäße holte uns heim. Eine Art Kindheit. Doch wir haben es verpasst, die Georgier zu warnen. Verbaut euer chaotisches Leben nicht mit Regeln und Paragrafen. Stellt keine Kameras auf. Keine Ampeln und Druckknöpfe, nichts, was dem Menschen die Entscheidungen nimmt. Verzichtet auf Sicherheit. Das, lieber Patrick, haben wir vergessen unseren georgischen Freunden zu sagen. Jetzt ist Georgien so geworden, wie es nicht hätte werden dürfen. Es ist eingetreten in die Welt der Paragrafen und Zahlen und Statistiken. Nach allem, was ich weiß, sind die Menschen nicht glücklicher. Im Gegenteil. Sie können in der Küstenstadt Batumi ein paar Glaspaläste und Luxushotels bestaunen. Sie haben eine dreispurige Autobahn. Aber das Leben ist kalt geworden. Kälter als im Bürgerkrieg, damals, 1992.

Unsere einstigen Freunde würden auf den inzwischen nicht mehr so neuen US-Präsidenten zeigen und sagen, du hattest nicht recht. Nach George W. Bush ist der Retter gekommen, der soziale Mensch. Deine Theorie von wegen Law-and-Order-Typen: falsch. Falsch? Es sind Drohnen, welche US-Law-and-Order vom Himmel hoch über die Welt verbreiten. Es sind Drohnen, die Feinde töten, von einem Schreibtisch aus gesteuert. Darunter auch Kinder, übrigens. Eine geregelte Arbeit mit Pausen und Gehältern. Krankenkasse neu inbegriffen, die große Leistung des Barack Obama. Es sind Drohnen, welche zum Friedensnobelpreis verhelfen. Und für den Live-Event sitzt er vor einem Monitor und schaut, wie US-Law-and-Order-Guys in die Häuser der Feinde einfallen. Irgendwo weit weg. Zur frühen Morgenstund. Ja, auch der Frieden ist heute anders. Den Frieden von heute hätte man früher als Krieg bezeichnet. Meine Freunde, Patrick, sind angetan von diesem Frieden. Ein technischer Friede. Ein Controlling-Friede. Ein Drohnen-Friede. Sie loben Obama mit geradezu ehrfürchtigen Worten und verurteilen Bush. Bush wählte eine Rhetorik, die mit seinen Kriegshandlungen kongruent war. Das war sein Fehler. Obama dagegen spricht den heiligen Code des Sozial- und Rechtsstaates. Und seine langjährige Außenministerin, wie sie noch im Amt war, half nach, wo Obamas Arme zu wenig griffen. Sexualstrafrechte verschärfen, damit die Menschen frei werden. Das war ihre Mission. Prostitution von Siebzehnjährigen muss strafbar sein. Nicht das Schießen von Vierjährigen auf reale Figuren. Und das Schutzalter muss weltweit rauf. Je höher das Schutzalter, desto mehr Arbeit für Polizei und Justiz, zumal die Kids immer früher geschlechtsreif sind. Das darf im Zeitalter der Arbeitsknappheit nicht vergessen werden. Auch Amokläufe bringen Arbeit. Und sie sind in den USA, wo Vierjährige mit realen Waffen auf Böse schießen und Fünfzehnjährige keinen frei gewählten Sex mit frei gewählten Partnern haben dürfen, am zahlreichsten.

Nun aber, lieber Patrick, hat auch die Europäische Union den Friedensnobelpreis erhalten. Lange blieb unklar, wofür. Dann wurde klar: Sie hat keinen Krieg angefangen mit den Nachbarn und auch keinen in sich selbst. Stattdessen den Krieg gegen das Rauchen intensiviert. Dafür hat sie ihn bekommen. Sie verschärft in einem fort Gesetze, kriminalisiert ungesundes Leben und lässt Autos mit Wegfahrsperren entwickeln. Wer fahren will, muss blasen. Ein EU-Kommissar brüstet sich damit, er besitze bereits ein solches Auto. Für den Krieg gegen den unperfekten Menschen also, dafür hat sie ihn bekommen. Gegen den Menschen, der leben will und nicht nur funktionieren. Menschen sind fürs Wachstum da, nicht fürs Rauchen. Das ist, plakativ gefasst, die Freiheit von heute, die du, Patrick, damals als Totalitarismus bezeichnet hast. Dass einer dieser Law-and-Order-Typen deinen Tod moderiert hat, kein Texaner, sondern jener Gefängnispsychiater, Patrick, die Ehrlichkeit verlangt es, dir das zu sagen.

Auch im dritten Winter, auch mit Tochter: Die Gedanken kreisen. Sie kreisen und kreisen. Und manchmal, wenn ich begreife, dieses Kreisen könnte nie mehr aufhören, fahre ich entsetzt zusammen. Bleibe stehen, lasse den Kinderwagen los, hämmere mit den Fäusten auf den Kopf und schreie. Es lindert, dieses Schlagen, für einige Stunden. Wie ich die erneute Hiobsbotschaft der Revision verarbeitet habe: Ich weiß es nicht mehr. Jedenfalls wurden die Augen noch schlechter. Der Druck dekompensierte über 40, die Sicht gab nach. Nebel, stetig dichterer Nebel.

Das Jahr 2012

Die Oberstaatsanwaltschaft setzt die Schule unter Druck; im »Magazin« erscheint der Fall als Titelgeschichte; verschiedene Schreiben und Petitionen werden verfasst und an die Bildungsdirektorin gesandt; Dispensation für die Berufungsverhandlung vor Obergericht; Rückzug der Berufung durch die Staatsanwaltschaft. Der Fall ist juristisch abgeschlossen.

Eröffnung eines Administrativverfahrens durch die Bildungsdirektion im August; Publikation meines dreiseitigen Berichts in der »NZZ am Sonntag« im September; ich komme nicht auf die schwarze Liste; Pascale kann die konfiszierte Ware an der Bezirksgerichtskasse abholen.

Ein neuer Jagdmeister

PB wird also ausgewechselt, ihr Vorgesetzter übernimmt. Das vor Obergericht geforderte Strafmaß, ohne neue Anschuldigung, nun bei 300 Tagessätzen. Inflation ist angesagt. Wenn DK am Tage des Rückzugs dieser Berufung, nämlich einen Tag vor der Gerichtsverhandlung am 6. Juli 2012, gegenüber MN den Rückzug damit erklärt, er habe erst jetzt die Akten eingehend studiert und gesehen, dass die Sache auf der Kippe stehe, so heißt das: Was er in der Berufung schreibt, schreibt er ohne eingehende Lektüre der Akten.

Weshalb die Revision? Es ist wahr: Der Bezirksrichter ist bei den zwei Dateien mit pornografischen Darstellungen nicht auf den Versuch, aus Erwachsenen Minderjährige zu machen, eingestiegen. Das einmal ist ein Dorn im Auge. Auch weist er die ganze Schulschuld zurück. Das musste die Staatsanwaltschaft zwar erwarten. Und doch kratzt es an der Ehre. Zumal der Richter PB deutlich rügte. Im Grunde jedoch will die Staatsanwaltschaft die Sache von einem *anderen* Gremium beurteilt haben. Die Revision bestätigt die These, wonach PB und die Kreise hinter ihr von Anfang an auf ein ideologisiertes Gremium gesetzt haben. Der SVP-Mann konnte in dieser Hinsicht nicht befriedigen. Seine »Befangenheit« als Grund ist vorgeschoben. Wir verzichteten auf eine Anschlussberufung. Mein Anwalt meinte am Telefon, mit DK sei nun ein Gegenüber gegeben, das berechenbarer sei. Vielleicht könne er die Revision allenfalls im persönlichen Kontakt rückgängig machen. In der Tat kam es, laut Angaben des Anwalts, lediglich zu einem kurzen Telefonat. Ohne Resultat. Aufgrund der Muster, die am Werk waren und sind, war damit auch nicht zu rechnen.

Ein anderer Anwalt?

In Kafkas *Proceß* entzieht Josef K., nach langem Abwägen, dem Advokaten Huld seine Verteidigung. Ausschlaggebend hierfür ist nicht zuletzt der Eindruck, Huld sei zu tief im System verhängt, als dass er ihn, Josef K., erfolgreich aus dem Proceß herausführen könnte. Einen ähnlichen Eindruck hatte auch ich zuweilen. Um gegen das ganze Urteil Berufung einzulegen, also auch gegen die Fotos und die allenfalls gut gemeinte, im Grunde aber perverse Genugtuung von 2500 Franken, hätte ich, so meine Einschätzung, einen anderen Anwalt gebraucht. Einen, der die politische Dimension des Falls erkannt hätte. Einen, der bei den Fotos mehr Kampfeswillen gezeigt hätte. Auch Josef K. glaubt, seine Verteidigung aktiver und forcierter betreiben zu müssen, als es Advokat Huld aus dem Bett heraus tut. Indes, und vielleicht hatte mein Anwalt als erfahrener Fuchs dies im Auge, bei einem bestimmt nicht unbeträchtlichen Teil der Richter hätte sich ein solcher Kampfeswille kontraproduktiv auswirken können. Seine Zurückhaltung kann ein Grund dafür sein, dass die Sache für mich nicht noch schlimmer herausgekommen ist. Auch Huld übrigens warnt Josef K. vor einem forcierten Vorgehen. Und die Kündigung des Advokaten zahlt sich für Josef K. am Ende nicht aus. Doch hätte der Proceß mit Huld eine andere Wendung genommen?

Der Rektor und ich besprachen einen möglichen Anwaltswechsel zu Jahresbeginn am Telefon. Um aktiv nach einem anderen Anwalt zu suchen, fehlte mir jedoch die Kraft. Die Schule hätte mir sozusagen einen organisieren müssen. Er wolle sich in dieser Sache umhören, so der Rektor. Immerhin, der Präsident der Schulkommission war selbst ein Jurist. Zu einem Vorschlag kam es nicht. Im Grunde hätte ich bei einem Anwaltswechsel, wäre mir die Suche auch abgenommen worden, in die Schweiz reisen müssen. Daran war nicht zu denken.

Die Abzweigung nehmen. So formulierte es Patrick bei jenem letzten Glas Johannisberg. Wir saßen auf der Terrasse seines Reihenhauses, das er erst wenige Monate vor seinem Tod bezogen hatte, und er sagte: Ich werde die Abzweigung nehmen. Vielleicht noch heute. Spätestens morgen oder übermorgen. Die Abzweigung, zu welcher ich mich zu Beginn des Jahres 2012 durchrang, war nicht die ultimative Patricks. Es war die Abzweigung aus dem Proceß. Zumindest aus der aktiven Teilnahme. Ich würde an dieser zweiten Verhandlung nicht teilnehmen. Das war der innerliche Entschluss. Ich entziehe den Menschen, die auf mich zugegriffen haben, das Recht, über mich zu verfügen. Ich fehle. Fehlen als letzte Würde. Zumal es handfeste Gründe gab. Meine Gesundheit, ich wusste es, würde eine zweite Verhandlung, erst noch unter Beteiligung einer im Vergleich zur ersten Runde geradezu herdenhaft auftretenden Journalistenschar, nicht zulassen. Eine solche Verhandlung, inszeniert von Menschen, die an mir ihre geheimen Wünsche ausleben, wäre meinem Körper nicht zuzumuten. Das stand fest. Letztlich hätte ich auch gefehlt, wenn die Dispensation nicht erfolgt wäre. Die Würde des Austretens steht über jedem Staat. Und mit dem Entschluss zur Abzweigung verlor sich die Frage nach einem neuen Anwalt im Winternebel überm Wattenmeer. Den Anwalt, der nicht Teil des Systems wäre, den gibt es kaum.

Oberstaatsanwaltschaft meldet sich bei der Schule

Schulleitungen, in der Regel, gehen auf Distanz. Sogleich und prophylaktisch. Schulleitungen, ganz dem Muster entsprechend, wie es die Bildungsdirektion vorlebt, vollziehen Stigmatisierungen mit, ja eilen ihnen voraus. Der Sicherheit werden Menschen geopfert. So auch im Fall jenes Lehrers an einer Luzerner Privatschule, dem Jugendliche Missbrauchsvorwürfe unterstellten. Diese Vorwürfe lösten sich alle in Luft auf. Die Staatsanwaltschaft verbiss sich indes über Jahre in den Fall und zum Ende noch in den Kopf des Lehrers, der im Rahmen eines in der Ausbildung empfohlenen Spiels am Bein einer Schülerin aufgelegen haben soll. Das Legen des Kopfes auf das Bein eines anderen Menschen als Straftat. Daneben wird der Erdball ausgeplündert. Das Jahr 2013. Hätte eine Lehrerin diesen Kopf angelehnt, wäre auch diese letzte, übrig gebliebene Geste bestimmt nicht als sexuelle Annäherung gedeutet worden. Der Mann ist kaputt. Die Schulleitung hat ihn mit auf dem Gewissen.

Nicht hoch genug eingeschätzt werden kann im Rahmen der gegenwärtigen Jagdstimmung deshalb das Rückgrat, das mir die Schulleitung des Literargymnasiums geboten hat. Der Rektor war, im Gegensatz zu den meisten seiner Zürcher Rektorenkolleginnen und -kollegen, die bloß einfach froh waren, den »Scheiß nicht am Hals zu haben« und mich zweifelsohne sogleich hätten fallen lassen, ein Fels in der Brandung. Erst noch ein behördlicher Fels. Das war der Justiz ein Dorn im Auge. Bei ihrer Jagdanordnung ging sie von einem Mitspielen der Schulleitung aus. Die Irritation, als dies nicht geschah, musste groß gewesen sein. Die Angelegenheit war denn auch so wichtig, dass die Oberstaatsanwaltschaft selbst sich einschaltete. Sie wollte die Unterstützung, die mir der Rektor bot, zu Beginn des Jahres 2012 brechen. Nicht das Handeln der eigenen Leute wurde einer kritischen Prüfung unterzogen, vielmehr galt es, die Kritik an diesen Leuten zum Verstummen zu bringen. AE, stellvertretender Oberstaatsanwalt, sandte einen Brief und sprach dann bei der Schulleitung vor. Was ich zu Beginn dieses Buches schon angedeutet habe, wird also bestätigt: Mein Fall war Thema auf der obersten Hierarchiestufe der Zürcher Staatsanwaltschaft. Es kann sich niemand darauf herausreden, er habe nichts von der Sache gewusst. Was stand in diesem Brief?

»Im Zusammenhang mit der Berichterstattung in den Medien zu diesem Fall, in deren Verlauf Sie sich zur Arbeit der Staatsanwaltschaft negativ äusserten, habe ich eine Stellungnahme der zuständigen Staatsanwältin eingeholt und teilweise Akten beigezogen. Aus diesen Letzteren geht hervor (Einvernahme der Mutter der Schülerin vom 16. Juni 2009), dass diese Mutter in dieser Sache im Mai 2009 – also vor der Anzeigeerstattung – mit dem Prorektor Dr. DM telefonierte, der versicherte, Sie anlässlich der Schulleitersitzung vorzuinformieren. In der Folge telefonierte diese Mutter zweimal auf Ihr Sekretariat, wobei Sie telefonisch nicht erreichbar waren. Gemäss Aussagen dieser Person hatte sie aufgrund des Gesprächsverlaufs mit Herrn M. [Prorektor, Anm. DS] *und Ihrer Nichterreichbarkeit den Eindruck, die Schulleitung wolle die Information nicht entgegennehmen. Die Anzeige erfolgte sodann am 16. Juni 2009.*

Es ist für mich nun schwer nachvollziehbar, weshalb Sie oder eine andere Person der Schulleitung die betroffenen Eltern damals nicht zu einem Gespräch empfingen. Ebenso wenig Verständnis habe ich gerade vor diesem Hintergrund, dass im Anschluss an die Hauptverhandlung in aller Öffentlichkeit Kritik an einer anderen Behörde geübt wird. Immerhin kam es zu einem Teilschuldspruch wegen mehrfacher Pornographie (Urteil noch nicht rechtskräftig). Hier wäre wohl ein Gespräch von Behörde zu Behörde zielführender gewesen. Sollten Sie noch ein solches wünschen, so stehe ich Ihnen gerne zur Verfügung.«

Eine verärgerte Geste der Überlegenheit, dieses Gesprächsangebot. Der Disziplinierungsversuch wird deutlich. Allerdings beruhte das Ganze auf einem fahrlässig lückenhaften Wissen. Die Schule sprach auf diesen Brief hin keinen Gesprächswunsch aus, erklärte sich jedoch bereit, ihre Position darzulegen und die Aussagen im Brief zu korrigieren. Man würde AE zu diesem Zweck gerne an der Schule empfangen.

Es stellen sich Fragen: Hätte AE bei der Akteneinsicht die groteske Ermittlungstätigkeit nicht ins Auge springen müssen? Die Schlamperei, ob systemisch oder echt, müsste einem jeden rationalen Blick geradezu auffallen. Jeder Schüler, jede Schülerin, und zwar durchaus noch in der Unterstufe, hätte bei einer Präsentation ähnlich inkonsistenter Fakten, sei es im Rahmen eines Vortrages, eines Arbeitsjournals oder sonst einer Arbeit, mit deutlicher Kritik zu rechnen. Wie kann es sein, dass ein Vorgesetzter das bei Einsicht in die Fakten übersieht? AE jedenfalls übernimmt kritiklos Aussagen, die ihm zugehalten werden. Er führt die Mutter als Instanz auf, ohne deren Glaubwürdigkeit auch nur ansatzweise überprüft zu haben beziehungsweise abzuklären, ob eine solche Prüfung stattgefunden habe. Wenn AE als Kern seiner Argumentation im ersten Teil, wo er die Schule maßregeln will, den *Eindruck der Mutter*, man habe sie nicht empfangen wollen, als Referenz anführt, wird die erkenntnistheoretische Schwäche dieses Schreibens auf nahezu groteske Weise manifest. *Eindruck der Mutter als Kernargument:* Das ist mehr als unprofessionell. Führt man jemanden als Autorität an, von dem man nichts weiß?

Ziel und Antrieb seines Schreibens offenbart AE im zweiten Abschnitt. Es ist die (andere) Behörde, die nicht schweigt. Justiz, im Zeitalter einer säkularisierten Schutzgesellschaft ins Sakrale überhöht, versteht sich als Heilsorgan. Heilsinstanzen ertragen keine Kritik. Wird eine solche laut, schlagen sie zurück. Hierfür vermengt AE sachfremd und im Grunde polemisch seine Kritik an der kritischen Haltung der Schule mit meiner Verurteilung wegen Fotos. Als fragwürdig stuft er ein, wenn eine Schulleitung einem solchermaßen einer Schuld Überführten (also einem *Solchen*) beisteht. Das macht er durch den Gebrauch des Wortes »immerhin« deutlich, ein Wort, dem außerhalb dieser Deutung keine Funktion zukommt. Um seine Argumentation zu schärfen, greift er auf den bei der Urteilsbegründung abfallenden Begriff des *Mehrfachen* zurück. Ein Justizprodukt, dieses Mehrfache, ohne Entsprechung in der Realität, wie wir gesehen haben. Zum Zwecke der Diffamierung bestens geeignet. Der Justizdirektor des Kantons Zürich selber wird nach Erscheinen meines Artikels in der *NZZ am Sonntag* im gleichen Sinne nachtreten, allerdings bedeutend ungeheuerlicher, als es AE in seinem Schreiben tut.

Beim Gespräch waren neben dem Rektor auch der Präsident der Schulkommission und einer der beiden Prorektoren anwesend. Die Aussage, »hier wäre wohl ein Gespräch von Behörde zu Behörde zielführender gewesen«, so machte der Rektor deutlich, sei nur als Hohn zu verstehen angesichts der Tatsache, dass die Staatsanwaltschaft zu keinem Zeitpunkt des ganzen Verfahrens mit dem Rektor oder irgendeiner anderen Instanz der Schule Kontakt aufgenommen habe. Weiter wurde AE über die angeblichen Kontaktversuche von Frau YUG aufgeklärt. Sie wollte eigentlich keinen, so sagt der Rektor, weil ihr ihre Polizeibekannte gesagt habe, man müsse die Schule und den Beschuldigten überraschen. Sonst würden der Beschuldigte und die Schule die »Beweisstücke« entfernen können. Dafür, dass Frau YUG sich keinen Termin geben lassen wollte, gibt es Zeugen. Die Sekretärin hatte ihr sowohl einen Rückruf wie auch einen fixen Termin angeboten. Beides lehnte YUG ab. Was sie dem Rektor, wäre er bei ihrem Anruf im Haus erreichbar gewesen, gesagt hätte, das bleibt ein Rätsel. Vielleicht rief sie bewusst zu Zeiten an, da sie den Rektor außer Haus oder nicht verfügbar wusste. Für LG, ihre Tochter, wäre es zumindest nicht unmöglich gewesen, an solche Informationen – zum Beispiel über den Stundenplan – zu gelangen. Zum Ende erklärte der Rektor, wie er dazu kam, die Arbeit von Frau B. zu kommentieren, und er machte AE gegenüber deutlich, dass eine ähnliche Amtsführung an der Schule zu Maßnahmen gegen eine Lehrkraft führen würde. Der Schulkommissionpräsident seinerseits betonte die existenzvernichtende Konsequenz des Handelns der Staatsanwaltschaft. »AE verließ uns still und nachdenklich. Ich glaube, es war ihm unwohl.« So der Rektor.

Gegen die Staatsanwältin vorgegangen ist AE nicht. Die Handlungen von PB und DK blieben von der obersten Staatsanwaltschaft gedeckt. Und wenn später gerätselt wird, ob vielleicht eine höhere Instanz DK zum Rückzug der Revision gezwungen habe, so schließt der Auftritt von AE und dessen Folgenlosigkeit einen durch die Oberstaatsanwaltschaft verordneten Rückzug im Grunde aus.

Der *Magazin*-Artikel

Ein Journalist meldet sich. Meine erste Regung: Misstrauen. Das kann bei all den Gedanken über die Rolle der Presse, die mir während meiner Deichläufe durch den Kopf geschossen sind, nicht verwundern. Gibt es den Journalismus, der nicht auf Unterhaltung und Ersatzbefriedigung zielt? Nicht auf kurze Sätze und hohe Quoten? Ich bespreche mich mit den Berliner Freunden. Sie sind skeptisch. Der Rektor dagegen reagiert positiv. Und nachdem sich der Journalist auch bei der Schulleitung gemeldet hat, sagt er: Kann eine Chance sein. Mein erster Kontakt am Telefon fällt ebenso positiv aus. Das Geschrei, so wird klar, ist MNs Sache nicht. Er arbeitet nicht für die Tagespresse. Und in Gerichtssachen hat er schon mehr als einmal geschrieben. Gegen den Trend der Zeit. Mein Bestreben: Ein politischer Artikel soll es werden. Seine Antwort: Das ist nur bedingt möglich. Der Fall muss ins Zentrum. Emotionen müssen rein.

MN reist zu uns in den Norden. Das Vertrauen wächst. Die Tonbandaufnahme stört nicht. Ich lasse ihm sämtliche Unterlagen zukommen, die er benötigt. Protokolle, Einvernahmen, Strafantrag. Dass er – von mir aus – befragen kann, wen immer er will, versteht sich von selbst. Doch bleibt die eine Unsicherheit: Ob das der richtige Weg ist? Bis zum Erscheinen des Artikels Anfang März 2012 beharre ich immer wieder auf der politischen Botschaft. In Mails und am Telefon. Er versteht mich und verspricht nichts. Der Fokus auf Sexualität jedenfalls ist auch im Artikel ausgeprägt. Und das stimmt nicht mit dem überein, was mein Unterricht geboten hat. Doch wie anders soll ein Artikel, welcher die Konstruktion eines Pornolehrers dekonstruiert, vorgehen?

Als Erster überhaupt befragt MN im Laufe seiner Recherchen die

Schüler der betroffenen Klasse. Die Schülerinnen und Schüler bestätigen: Auch nicht *ein* Vorwurf der Mutter trifft zu. Darüber hinaus wird deutlich, was für Auswirkungen die Aktion S. für die Klasse hatte. Ein Klassentrauma. Im Namen des Schutzes und des Kinderwohls. MN spricht auch mit den anzeigenden Eltern, eine Tonbandaufzeichnung lehnen diese ab. Er fixiert einen Termin mit PB, die allerdings erst auf Druck zu einem solchen bereit ist. Und sie erscheint nicht alleine, DK, ihr Vorgesetzter, ist dabei. Er trifft die Bildungsdirektorin und spricht den Umstand an, dass ihre Tochter mit meinem Unterricht sehr zufrieden gewesen sei. Sie selbst, die Bildungsdirektorin, habe mich explizit gelobt anlässlich einer Maturarbeits-Ausstellung im Stadthaus. Ihre Reaktion, widerwillig und nach langem Zögern: Auch Kriminelle könnten nett sein. Was jene legendäre Massagestunde betrifft, brachten MNs Recherchen die vollständige Klärung: Einige Mädchen begannen sich an den Schultern zu massieren. Während der Lesung. Sie fragten mich nicht einmal. Die Lüge von YUG beziehungsweise von AK, PD und IJS in der Schrift der Anklagekammer (»Der Angeschuldigte lässt das Schulzimmer verdunkeln, spielte indische Musik ab, sagte den Kindern, dass sich diejenigen, die möchten, sich gegenseitig massieren dürfen, und las dann eine Geschichte vor, die mit den Worten endete: ›Und dann wurde sie feucht.‹«) ist noch eklatanter als bisher angenommen. Das gilt auch für den angeblichen Schlusssatz aus jener Lesung. Gemeinsam mit Schülerinnen und Schülern konnte MN die vorgelesene Textpassage bestimmen. Sie stammte aus meinem Roman *Getötet wird keiner.* Der Schlusssatz der Lesung lautete: »Der Sommer wird dunkel, die Sonne stirbt ab, der Wald beginnt. Es wird feucht, sehr feucht.« Ich las entgegen meinen Gepflogenheiten doch aus dem eigenen Roman, den ich zuvor offenbar einmal kurz erwähnt hatte. Die Klasse bestand darauf, nachdem ich zuerst eines der abgründigen Tieck-Märchen für die Lesung vorgeschlagen hatte.

Die anzeigende Mutter als Zeugin wurde mir niemals gegenübergestellt – was von der Strafprozessordnung her verlangt gewesen wäre. Vielleicht war sich die Anzeigeerstatterin des Wahrheitsgehalts ihrer

Aussagen von Anfang an bewusst. Doch wurde YUG auch niemals von PB befragt. Das zeigten die Recherchen von MN ebenso auf. Die Glaubwürdigkeit der Frau wurde von der Justiz niemals überprüft. Was ergibt sich daraus? Wer eine Anzeige gegen einen *Solchen* aufgibt, dessen Glaubwürdigkeit ist gesetzt. MNs Bericht rückte außerdem die bis anhin verdeckte Rolle der Kinderschutzgruppe der Stadt Zürich in den Fokus. An dieses Gremium gelangte YUG und in diesem Gremium hatte man sich im Vorfeld der Anzeige stundenlang beraten. Es ging darum, einen Überfallgrund zu ersinnen. Was aus der genauen Lektüre der Protokolle und aus der Schrift der Anklagekammer deutlich wird, bestätigen die Recherchen: Ein Überfallgrund lag nicht vor, es musste einer konstruiert werden. Der Überfall war allein dem vermuteten So-Sein gewidmet. Bis auf den heutigen Tag konnte niemand, der über Vergleichen mit totalitären Machtstrukturen die Hände verwarf, den strukturellen Unterschied zwischen dem Vorgehen des Kinderschutzes der Stadt Zürich einerseits und durchaus bekannten Jagdszenerien aus anderen Zeiten benennen. Auch frühere Organe gingen allein aufgrund der Vermutung vor, *dieser* oder *jene* sei *einer* oder *eine*. Auch da brauchte es keine konkreten Schädigungen.

Im Grunde arbeitet MNs Artikel (vgl. Website des Verlages) all diese Umstände und damit letztlich den politischen Gehalt heraus. Und doch sah ich, als ich den Artikel las, meine Befürchtungen bestätigt. Zu wenig politisch schien mir, was MN als Resultat mir zusandte. Vor allem der Verweis auf den *Blick*-Journalisten, als Autorität aufgeführt, störte. »Das ist kein Fall von Pädophilie, das ist ein Fall von Prüderie.« So zitiert der Bericht jenen Journalisten, der begründet, weshalb der *Blick* im Anschluss an die Gerichtsverhandlung nichts brachte. Durch dieses Zitat, so meine Kritik, steht der Artikel für die Botschaft: *Ihr jagt den Falschen.* Statt: *Eure Jagd ist falsch.* Und wenn ein ehemaliger Lehrerkollege über die Frage zu Wort kommt, ob ich nun *einer* sei oder nicht (er spricht mich nach einigem Abwägen frei), so werden die Muster der Jagd abermals zementiert.

Meine politische Botschaft sei nicht vermittelbar, so entgegnete MN Ich gab bei. Das war wohl die richtige Entscheidung. Ohne diesen Artikel hätte es keine neue Wahrnehmung des Falls in einem Teil der Öffentlichkeit gegeben. Und diese neue Wahrnehmung war nötig, weil die Tagespresse nach der Verhandlung mit dem von der Justiz offensiv angebotenen Totschlagwort *Kinderpornografie* genau jenes Trümmerfeld angelegt hatte, das sich PB und die Jagdkreise hinter ihr wünschten. Erst über MNs Artikel wurden der Artikel in der *NZZ am Sonntag* und letztlich auch dieses Buch möglich. Sein Bericht operiert am Rande dessen, was einer Mainstream-Öffentlichkeit gerade noch vermittelbar ist. So zum Beispiel wagt er es bezüglich Aktfotografien von Mädchen festzuhalten, dass David Hamilton früher als Kunst gegolten habe. Und er schreibt das, ohne sich gleichzeitig von diesem früheren Kunstbegriff explizit zu distanzieren. Und auch meine Aussage, die Jagd gelte einem So-Sein und man kenne dies aus der Geschichte bestens, ist enthalten. Damit verschiebt er die Grenze des Vermittelbaren subtil. Weg von Nulltoleranz-Parolen zu einer differenzierten Betrachtungsweise. Das hätte auch früher Mut gebraucht.

Über Mehrheitsverhältnisse geben Leserbriefe keinen Aufschluss. Gleichwohl, ich wollte mir das selbst nicht eingestehen, waren die Reaktionen Balsam für meine Seele. Es gibt noch Menschen, die von der jahrelangen Jagdrhetorik weder angestachelt noch betäubt sind. Und das zu erfahren, rührte mich. Im Nachklang zum Artikel, publiziert als Titelgeschichte in der *Magazin*-Ausgabe vom 3. März 2012, gab es sogar Leser, die sich erkundigten, ob aus dem Fall irgendeine Bewegung entstehe. Sie wollten sich da anschließen. Ich füge eine Reaktion an, stellvertretend. Sie fasst manche Aspekte, welche auch in anderen Schreiben angesprochen wurden.

»Bis heute ist der Allgemeinheit der Fall Blum vermutlich – wie auch mir bis gestern Samstag – als Fall eines nicht ganz sauberen Lehrers im Kopf hängen geblieben, bei dem möglicherweise etwas überreagiert wurde. Und nach den ersten Wogen wurde damals zur Tagesordnung übergegangen.

Dass aber erstens die Vorwürfe der Pornografie im Schulzimmer mehr als haltlos waren, zweitens eine überbehütende, prüde Mutter (wo war ei-

gentlich der Vater und was hat der für eine Rolle gespielt??) von der Staatsanwaltschaft nicht gebremst wurde, drittens eine Staatsanwältin ihre Hausaufgaben nicht gemacht hat und so einem verdienten und geschätzten Lehrer, der sich in der Schule nichts zu Schulde kommen liess (und zu Hause ein paar Bilder hatte, die scheinbar je nach Optik und persönlicher Einstellung allenfalls ein leises Fragezeichen aufwarfen) die restlichen knapp 20 Jahre seines Berufslebens (und sein restliches Leben), zerstört hat, das war wohl nur den allerwenigsten bewusst oder bekannt. Dass die Mutter ihre Rolle als Klägerin wahrgenommen hat, ist ihr nicht einmal zu verübeln (was nichts sagt über die Geisteshaltung, die hinter ihrer Klage steht!), dass aber der Staat (die Staatsanwältin) auf diesen Zug aufgesprungen ist und mit einem ›Erfolg‹ in der Nebenklage einen Menschen zerstört hat, das gibt mir mehr als zu denken, das schockiert mich.

Nicht nur unsere Rechtsprechung hat ein Problem mit der Pornografie, auch die Gesellschaft hat ein Problem damit, und es ist leider noch viel schlimmer: unsere Gesellschaft hat ein Problem mit der Sexualität! Wir sind zwar über alles im Bild (am Fernsehen ab etwa 22 Uhr im wahrsten Sinne des Wortes, vom Internet schon gar nicht zu reden), im Kindergarten wird teilweise bereits unterrichtet über den kleinen Unterschied, unser Alltag ist mehr als oversexed – aber wenn man eines dieser 4-letter-words in den Mund nimmt, wird man krumm angeschaut. Wir sind zwar aufgeklärt, aber wir können nicht damit umgehen. Und wenn gar ein Lehrer diese Fragen (neben vielen anderen) in seinen Unterricht einbaut, wird er ausgemerzt. Wir nähern uns mit Riesenschritten wieder der Un-Aufgeklärtheit!

Ich wage die 100%-Prognose, dass, wenn Lehrer Blum eine Frau wäre, erstens die Mutter nicht geklagt hätte, zweitens die Staatsanwaltschaft (die Staatsanwältin!) eine allfällige Klage nicht weiterverfolgt hätte, drittens eine allfällige Klage (auch die Nebenklage) vom Gericht abgewiesen worden wäre und nicht zu einer Verurteilung geführt hätte und viertens im Falle einer Verurteilung der Lehrerin diese umgehend von einer der vielen Frauenorganisationen in ihrer Berufung unterstützt worden wäre.

Es bleibt ein Würgen, die Geschichte bleibt einem im Halse stecken.

Und es bleibt der Schlusssatz des Artikels von Herrn Blum: ›Es schmerzt das Schweigen jener, von denen er glaubte, sie stünden ihm nahe.‹ Wo sind die Lehrer(innen-)kollegen, die ihn unterstützen, die ›froh sind, dass sie diese Scheisse nicht am Hals haben‹? Wir alle brauchen eine Aufklärung, die uns hinführt zu einer Gesellschaft, die nicht geprägt ist von Kleinlichkeit und von Prüderie, wir brauchen eine Aufklärung, die uns – nachdem sie uns selbständig sehen und denken lehrte – nicht die Augen und den Mund wieder verschliesst. Wir brauchen eine Politik und eine Justiz, die das, was wir in den letzten Jahrhunderten erreicht haben, nicht wieder kleinkrämerisch zunichte macht.« RH

Drei Rechtsanwälte schreiben MN persönlich:

»Ihr Artikel ›Die nackte Wahrheit‹ ist ausgezeichnet. Ich teile auch Ihre Analyse, warum solches heute möglich ist. Sie werden ja auch die politischen Konstellationen und unausgesprochenen Allianzen quer durch die Parteienlandschaft, die solches begünstigen, so gut kennen wie ich. Eine überdehnte Nulltoleranz-Devise hat das unentschuldbare und unhaltbare Vorgehen der Staatsanwältin geradezu begünstigt.

Dass eine überdrehte Mutter oder genervte Eltern mal überreagieren, wird es immer, allerdings wohl zunehmend geben. Dass eine Staatsanwältin so vorgehen kann, müsste freilich eigentlich Folgen haben. Vielleicht sollte man mal Herrn AB fragen, was er denn dazu meint. Das Gerichtsurteil im Hauptpunkt und die von Ihnen angeführte Argumentation des Richters belegen dies ja überdeutlich.

Dass die Bildungsdirektion und deren Chefin allerdings auf ein Telefon hin derart reagieren, zeigt, dass dort offenbar aus purer Angst vor den Medien ein Denkverbot herrscht in der Befürchtung, für eine differenzierte Meinung geradestehen zu müssen. Die Bildungsdirektion hat das Leben des Lehrers fahrlässig mit zerstört, die Äusserungen von Frau Regierungsrätin A. unterstreichen dies mit peinlicher Deutlichkeit. Damit hat sie der Schule und vor allem der Freiheit des Unterrichtes in unverzeihlicher Weise geschadet. Durch Ihren Artikel ist aber auch erhellt, wie fragwürdig und eben auch unbrauchbar die Kriterien der ›schwarzen Liste‹ sind. Das sollte schnurstracks geändert werden.

Diesem Lehrer den Unterricht wieder zu ermöglichen, müsste die Bildungsdirektion unverzüglich an die Hand nehmen. Sie trägt nun die Last der Wiedergutmachung.

Schade, wurde das Urteil im Schuldpunkt übrigens nicht weitergezogen, obgleich ich die Beweggründe des Verzichts sehr gut verstehe. Ich glaube nicht, dass es einer Überprüfung standgehalten hätte.« Rechtsanwalt DV

»Ihre beiden Artikel ›Im Namen der Sicherheit‹ und ›Die nackte Wahrheit‹ sind ausgezeichnet. Sie bringen trocken und präzise die Sicherheitshysterie, gepaart mit Arroganz, Niedertracht und Angstmacherei, auf den Punkt. Das ist beneidenswert!« BR

»Es ist etwas faul im Staate, wenn ein Lehrer wegen einer hysterischen Mutter und für die Berufsausübung ungeeigneten Staatsanwälten existentiell ruiniert wird. Es ist nach meinem Dafürhalten schon lange so, dass offenbar Justizbeamte, die als staatstragende Berufsleute wahrgenommen werden, selbst dann noch besondere Protektion geniessen, wenn sie sich arg verhauen. Das geht dann eben so weit, dass man sie selbst dann noch schützt, wenn sie Existenzen vernichten, ohne dass dazu nur schon mit wenig Augenmass irgendein Anlass bestanden hätte.

Das kann nicht richtig sein. Deshalb handelt es sich in Wirklichkeit um einen Fall Staatsanwaltschaft. Und: Es ist kein Einzelfall.« Ein Zürcher Rechtsanwalt

Es gibt noch politische Juristen. Ihre Reaktion bestätigte aus dem Innern des Systems, was ich als einer, der von außen hineingerissen wurde, erfahren habe. MN schreibt, er habe inzwischen mehr als hundert E-Mails bekommen und eine ganz giftige Reaktion der Bildungsdirektorin, welche ihre Position nicht richtig dargestellt sehe. Er habe ihr daraufhin angeboten, das Gespräch mit ihr integral als MP3-File oder als Abschrift ins Internet zu stellen, damit jeder sehen könne, was Sache sei. Das indes wollte sie auf keinen Fall. Außerdem verweist MN auf die Reaktion eines weiteren Strafverteidigers. Dieser sei der Meinung, in solchen Fällen, »wo der Staat im Windschatten einer gesellschaftlichen Hatz operiere«, müsse man mit aller Kraft kämpfen.

Zum ersten Mal, nach über zweieinhalb Jahren Jagd, sehe ich den Begriff der Hatz von einer anderen Instanz verwendet. Von einem Juristen erst noch, einem Strafverteidiger. Dagegen war das Unverständnis in meinem Freundeskreis, gebrauchte ich diesen Begriff, so ausgeprägt, dass ich zuweilen an meiner Wahrnehmung zu zweifeln begann. Die Hatz wird von diesem Strafverteidiger indes nicht nur als Faktum vorausgesetzt, sie wird vielmehr in einen expliziten Zusammenhang mit der Justiz gestellt. Anhand der genauen Lektüre von BGE 131 und 133, so denke ich, konnte beispielhaft und konkret aufgezeigt werden, wie diese Windschatten-Operation juristisch funktioniert. Wie über Bundesgerichtsentscheide der Tätererzeugung im Feld dieser Hatz zugedient wird. So sehr, dass auch ein Richter wie TM, in meinem Urteil kein Jäger, nicht um diese Hatz herumkommt.

Ob der *Magazin*-Artikel den Rückzug der Staatsanwaltschaft begünstigte, ob er diesbezüglich überhaupt einen Einfluss hatte, lässt sich kaum sagen. Wäre der Rückzug unmittelbar mit dem Artikel verbunden gewesen, so wäre der Entscheid dazu wohl früher gekommen als 24 Stunden vor der Gerichtsverhandlung. Wie auch immer: Der Artikel ließ zumindest einige Menschen innehalten und einige rieben sich vielleicht sogar die Augen: Wenn da ein Falscher gejagt wird, ist vielleicht nicht doch die Jagd auch falsch? Bei mir meldeten sich einige Freunde und Bekannte wieder, welche den Artikel als Entwarnung gelesen hatten: Er ist eben doch keiner. Auf diese Meldungen mochte ich nicht reagieren. Die Hände wurden schwer, die Finger bleiern, wenn sie eine Antwort in die Tasten hauen sollten. Insgesamt gingen etwa fünfzehn Schreiben bei mir ein. Von einer Flut, einer Protestbewegung keine Spur. Der Artikel beziehungsweise seine Wirkung verebbte, zumindest in meiner Wahrnehmung, noch im Laufe des Frühlings. Als Zeugnis in fünfzig Jahren etwa, wenn man sich anschickt, Jagdszenerien des beginnenden 21. Jahrhunderts aufzuarbeiten, spielt er möglicherweise eine Rolle.

Ein Baum, ein Haus, ein Schädling

Das Interview, das MN mit den Staatsanwälten führt, zeigt die Perspektive der Ordnung. Zunächst wollte PB kein Gespräch mit ihm, wie der Journalist erzählt. Jemanden überfallen, die Polizei zur Seite, das geht leicht von der Hand. Texte und einen Deutschunterricht begreifen, die beziehungsweise den man inkriminiert, stellt andere Ansprüche. Im Rahmen der Justiz war ein solches Begreifen nicht verlangt. In einem Interview indes müsste die Staatsanwältin dazu womöglich etwas zu sagen wissen. Erst der Hinweis des Journalisten, ohne Interview würde er ihre Arbeit unwidersprochen verreißen, bewegte sie zur Zusage. Sie kam nicht allein, sie brachte DK mit, ihren Vorgesetzten, der für den Weiterzug des Falls ans Obergericht verantwortlich zeichnete.

MN, als er mir vom Interview erzählte, schickte voraus, er habe mit einer überforderten Staatsanwältin gerechnet, und so sei es auch gewesen. Teilweise sei er sich nicht sicher gewesen, ob die Staatsanwältin seine Fragen überhaupt verstanden habe. Ich führe diesen Umstand deshalb an, weil er politisch bedeutsam ist. Wenn Menschen mit erheblichen konzeptuellen Schwächen in Staatspositionen, wie sie PB innehat, gelangen, so spricht das für eine markante Ideologisierung von Macht. Auch zu Zeiten totalitärer Systeme stiegen Menschen, die intellektuell höheren Aufgaben kaum gewachsen waren, in führende Positionen von Justiz und Politik auf, nicht zuletzt als Staatsanwälte. Halten konnten sie sich, indem sie die herrschende Ideologie besonders eifrig vertraten. Auch dieser Umstand dürfte in fünfzig Jahren eine Rolle spielen, wenn das Handeln des sogenannten Kinderschutzes untersucht wird. PB, dieser Zusammenhang würde dann deutlich, ließ zum Beispiel verdeckt im Internet jagen, bevor hierfür eine Rechtsgrundlage gegeben war. Das Parlament des Kantons Zürich lieferte ihr diese Grundlage nach. Ein großer Erfolg für eine eifrige Jägerin.

Das Interview fand im Februar 2012 statt. Fünf Monate vor der terminierten Verhandlung vor Obergericht am 6. Juli 2012. Die zentralen Aussagen, wie sie der Journalist in Erinnerung hat:

Grundlage der Verhaftung: Die Staatsanwältin räumt ein, über das von der Mutter vorgelegte »Material« hinaus vermutlich keine Abklärungen veranlasst zu haben, bevor sie die Sache dem Obergericht vorgelegt hat.

Kenntnis der Bücher: Die Staatsanwältin kann keines des Bücher nacherzählen. Sie kennt den Inhalt nicht.

Taxierung der Bücher: Die Einstufung der Bücher als pornografisch wird mehrmals modifiziert. Hat die Staatsanwaltschaft in der Anklageschrift und im Gespräch mit meinem Anwalt im September 2010 noch auf dem pornografischen Gehalt der Texte beharrt, so ist das im Gespräch mit MN nicht mehr eindeutig, teilweise wird es sogar zurückgenommen. Der pornografische Kontext, in dem die Bücher zugänglich gemacht worden seien, wird betont. Von MN nachgefragt, wird aber bestätigt: Es gehe auch um die Bücher.

Stellenlektüre: Daran, dass sexuelle Passagen aus den Büchern heraus isoliert gelesen worden seien, hält die Staatsanwaltschaft auch nach dem Gerichtsurteil fest. Vom Journalisten gefragt, ob das ermittelt worden sei, geben die Befragten zu bedenken, dass man beim zeitlichen Ablauf noch am Anfang der Ermittlungen stehe, beim Verdacht. (Dies zweieinhalb Jahre nach meiner Verhaftung und drei Monate nach dem Urteil des Gerichts, an welches die Staatsanwältin, nimmt man diese Aussagen ernst, den Strafbefehl ohne Ermittlungen überwiesen hat.)

Wo ist denn die Pornografie? Ob die Bücher pornografisch sind oder nicht, kann die Staatsanwaltschaft nicht sagen. Da ich aber wegen »Pornografie etc.« verhaftet worden bin, muss diese Pornografie irgendwo sein. Deshalb beharrt MN auf der Frage. Die Position der Staatsanwaltschaft: Die Prüfungsfragen und die Behandlung von Passagen im Unterricht sind pornografisch. Und als Beleg erwähnt PB explizit eine Prüfungsfrage zum Text von Unica Zürn. (Zu diesem Text hat es nie eine Prüfung gegeben.) Außerdem sagt die Staatsanwältin, gemäss MN: Für Erwachsene seien die behandelten Passagen zwar nicht pornografisch, für Jugendliche schon.

Schulstunden: Auf die nicht nachvollziehbare Logik der Pornografieargumentation aufmerksam gemacht, formuliert die Staatsanwaltschaft ihren zentralen Vorwurf neu: Die Bücher sind in einer nicht adäquaten Weise zugänglich gemacht worden. PB und DK postulieren eine Massierung in der Konfrontation mit Sexualität im Unterricht. Das fungiert als hinreichender Anfangsverdacht und wird mit der Zugänglichmachung von Pornografie gleichgesetzt. Die Schulstunden rund um die Textstellen werden also zum auslösenden Moment, das den Proceß in Gang gesetzt hat. (Die Staatsanwältin hat eine Vorstellung einer adäquaten Zugänglichmachung von Texten, deren Inhalt sie nicht kennt.)

Der Schaden: Weshalb soll *Dunkler Frühling* mit einer Klasse von 14- und 15-Jährigen nicht gelesen werden? Die Staatsanwältin verweist rein formalistisch auf den Gesetzgeber. Auf mehrmaliges Nachfragen, was dabei denn das Schädliche für Schüler sei, hält der Staatsanwalt fest: Es gibt keine Geschädigten in der Pornografie. Dann die Korrektur: Es gibt Geschädigte, aber sie fühlten sich nicht als Geschädigte.

Weshalb Durchsuchung? Die Hausdurchsuchung wird als notwendig taxiert, um Lektionsvorbereitungen und Prüfungsunterlagen sicherzustellen. Die Staatsanwaltschaft muss aber einräumen, dass sie nicht mehr weiß, ob etwas gefunden worden ist. (Zur Erinnerung: Keine einzige Vorbereitung, auch nicht ein einziges Stichwort dazu hat bei diesen »Ermittlungen« eine Rolle gespielt. In den Akten kein einziger Verweis darauf.)

Verlauf der Ermittlungen: An den Ablauf erinnert sich die Staatsanwältin nicht mehr. Sie kann im Interview mit dem Journalisten nicht sagen, ob nach der ersten Einvernahme noch ermittelt worden ist. Die Ablehnung eines Gutachtens hat sie meinem Anwalt bei einem zufälligen Zusammentreffen auf der Straße kommuniziert, nachdem dieser den Entscheid schriftlich offenbar nicht zugestellt bekommen hat. Der Bildungsdirektion gegenüber wird die Verzögerung mit dem Gutachtensantrag begründet, der abgeklärt werden soll. Die gleiche Instanz ist über die Fotografien »informiert« worden (lange vor deren Wertung durch ein Gericht).

Strafmaß: Zuerst 150 Tagessätze, dann 270, dann 300, bei gleichbleibender Schuld – wie kommt das? Es gibt keine Formel, so die Position der Staatsanwaltschaft. Die Erhöhung deshalb, weil ich nicht gestanden habe. Außerdem ist Zeit vergangen und die Tendenz geht dahin, Kinderpornografie hart zu bestrafen. (Deshalb die Verschleppung? Um das Strafmaß in die Höhe zu treiben?)

Zermürbung: Auf das Stichwort »Zermürbung eines Menschen« reagiert die Staatsanwältin überrascht. Sie bestreitet eine solche, räumt aber ein, dass ein Verfahren eine Belastung darstelle. Auf die Länge des Verfahrens angesprochen, die Retourfrage des Staatsanwaltes: Ob der Beschuldigte (also ich) beziehungsweise sein Anwalt denn je ersucht hätte, dass man vorwärtsmache? Dass der Fall mehr als ein Jahr geruht habe ohne irgendeine Ermittlung, das sei vertretbar.

Die Hauptfrage zum Schluss: Wenn die Anklage im Kern auf den Unterricht zielt, dem ein pornografischer Gehalt unterstellt wird, dann muss dieser Unterricht doch irgendwann abgeklärt werden. Die Staatsanwaltschaft indes bestätigt: Es gibt solche Ermittlungen nicht. Grund: Weil es keine Geschädigten gebe. Zudem hätte ich nie bestritten, den Unterricht so gestaltet zu haben, wie das in der Anklage festgehalten ist. Subjektiv hätte ich es zwar bestritten, so wird präzisiert. Doch objektiv sei der Sachverhalt erstellt. Man muss das Ganze sehen. Die Massage. Das Abspielen von Musik. Das Vorlesen einer anzüglichen Textpassage. Es ist wie bei einem Mosaik. Jeder einzelne bunte Stein für sich macht keine Aussage, aber wenn man es zusammensetzt, entsteht ein Bild. Dann hat man auf einmal eine klare Sachdarstellung. Einen Baum. Ein Haus. An diesen Schluss des Gesprächs könne er sich sehr genau erinnern, so MN.

Ein Baum. Ein Haus. Ein Schädling. So kommt die Schweizer Justiz zu Sachdarstellungen. Staatsanwälte verdienen jährlich von 130 000 Franken an aufwärts. Mit Schweizer Juristen werden internationale Richtergremien besetzt. Ankläger in Kriegstribunalen entstammen dieser Justiz.

Dispensation und Rückzug der Revision

DK also unterschrieb das Revisionsschreiben, das er, traut man seinen eigenen Aussagen, aufgrund eines bloß oberflächlichen Studiums von Ermittlungsakten verfasst hatte. Akten, die noch nicht über ein Anfangsstadium hinausgediehen waren. Er ließ, wie bereits erwähnt, nach dem Rückzug gegenüber MN nämlich verlauten, kurz vor der Verhandlung die Akten genau studiert zu haben, und dieses Studium kurz vor Verhandlungsbeginn erst habe ihn dazu bewegt, die Sache zurückzuziehen. Träfe dies zu, gälte: Die Staatsanwaltschaft Zürich-Limmat hat mich weitere acht Monate auf der Basis eines nur oberflächlichen Aktenstudiums zermürbt, um diese Zermürbung dann wenige Stunden vor Verhandlung abzublasen. Auch das ist ein wichtiges Faktum, will man die Justiz, die derzeit herrscht, in fünfzig Jahren beurteilen.

Allerdings, glaubt man DKs Worten, hat er auch seine Einwände gegen meine Dispensationsgesuche ohne vertiefte Faktenkenntnis – er will diese ja erst kurz vor Verhandlungsbeginn erlangt haben – formuliert. Das ist möglich, entspräche dem Pfusch, der bis anhin das Verfahren begleitet. Allerdings kann auch dieser Pfusch Teil des Systems sein. Einerseits grundsätzlich, insofern die Zermürbung von Menschen per se erstes Handlungsziel von Staatsanwaltschaften wäre. Andererseits könnte diese Zermürbung wiederum spezifisch im Feld der gegenwärtigen Jagd stattfinden. Bei *Solchen* braucht's kein eingehendes Aktenstudium. Doch könnte die Antwort DKs auf MNs Frage, weshalb dieser Rückzug kurz vor der Verhandlung, auch ein Täuschungsmanöver sein. DK könnte die von PB hinterlassenen Fakten durchaus gekannt haben, das eingehende Studium mit dem Rückzug als Resultat kurz vor dem 6. Juli eine Ausrede. Dafür spricht das Interview, bei dem DK auf eigenen Antrieb anwesend ist. Er formuliert da zwar eine ganze Reihe falscher Aussagen, die jedoch durchaus kongruent sind mit den von PB produzierten Fakten und die womöglich bewusst falsch sind und nicht deswegen, weil er die Fakten nicht kennen würde. Auch seine Einwände gegen eine Dispensation sprechen für das Studium der von PB produzierten Fakten weit vor dem 6. Juli.

Der für die Leitung der Verhandlung vorgesehene Oberrichter TM, ein Namensvetter des Bezirksrichters, diesmal jedoch nicht SVP-, sondern SP-Mitglied, weist ein erstes Dispensationsgesuch, eingereicht im März, im Mai zurück. Im Gesuch hält mein Anwalt fest: Über Jahre sei ich zur Auskunft bereit gewesen. Aufgrund der Fakten, wie sie gegeben seien, sei nicht einzusehen, weshalb ich erneut aussagen sollte. Es gebe keine Fragen, für welche mein persönliches Erscheinen zwingend sei. Ich hätte bereits vor einer richterlichen Instanz zu den Vorwürfen Stellung genommen. Oberrichter TM, in einem Schreiben vom 21. Mai, begründet zunächst mit dem Hinweis, es gehe um reine Rechtsfragen, weshalb er die neuerlichen Anträge auf Zeugen und Gutachten zurückweise. Das Dispensationsgesuch lehnt er ab. Der Grund hierfür sei, dass »sich die Staatsanwaltschaft aber ausdrücklich gegen eine Dispensation ausgesprochen hat und geltend macht, sie wolle diesem [dem Angeklagten, Anm. DS] an der Berufungsverhandlung Fragen stellen«.

Meine Augen rasten aus. In der Klinik Mitte in Bremen werden sie untersucht. Muss zuerst eine Retransplantation oder zuerst ein drucksenkender Eingriff erfolgen? Die Mediziner finden keine klare Antwort. Ich habe Mühe, die richtigen Produkte aus den Regalen zu greifen, erkenne meine Nachbarn nicht. So schlecht ist zuweilen die Sicht. Es ist vor allem der Schleier, der die Welt trübt. Der war bereits im Winter vorhanden. Doch bildete er sich nach dem Aufwachen innerhalb von zwei Stunden jeweils merklich zurück. Nun aber bleibt der Nebel immer länger liegen, an einzelnen Tagen bis in die Abendstunden. Ursache unklar. Vielleicht ist es der Augendruck, herrührend vom PEX-Glaukom, vielleicht jedoch auch das ausgedünnte Zellmaterial der über zwanzigjährigen Transplantate. Will ich die Welt überhaupt noch sehen? Diese Frage schwirrt manchmal durchs Gehirn. Der Entscheid TMs war ein weiterer Schlag. Auch gegen die Gesundheit. Meine Absicht indes blieb: Ich würde an der Verhandlung nicht teilnehmen. Ob nun offiziell dispensiert oder nicht. Der Rektor sagte: »Ich bin dort, egal, ob du kommst oder nicht.«

Im Juni verschlechterten sich die Augen abermals. Ich erzählte meinem Augenarzt von der Verhandlung in der Schweiz, an der teilzunehmen ich mich nicht in der Lage sähe. Er hatte meine Augen über zwei Jahre minutiös betreut, das Ausstellen eines Arztzeugnisses war aufgrund der Gesundheitslage selbstverständlich. »*Mein Patient Dr. phil. DS (geb. 16.07.1963) weist beidseitig eine Keratoplastik und zusätzlich ein PEX-Glaukom am rechten Auge auf. Aufgrund einer Immunreaktion des Transplantats im rechten Auge, die sich nun bereits über zwei Monate erstreckt, unterliegt er starken Einschränkungen (starke Sichtschwankungen plus Nebenwirkungen). Aus medizinischen Gründen muss er vorläufig auf längere Reisen verzichten. Dr. med. RS*« Ich war gewillt, dem Obergericht nochmals ein Dispensationsgesuch einzureichen. Diesmal mit ärztlichem Zeugnis. Würde es nicht bewilligt werden, so hätte TM immerhin die Existenz von medizinischen Gründen zur Kenntnis nehmen müssen. Das war mir wichtig. Wenngleich der Entscheid zur Nichtteilnahme primär politisch motiviert war, so wollte ich durch meine Absenz doch keineswegs das Obergerichtsgremium infrage stellen, ein Gremium, das sich bis anhin und im Rahmen des gegebenen Systems korrekt verhalten hatte. Dieses Gremium sollte meinen Gesundheitszustand als Argument kennen, zumal TM bei seiner Zurückweisung des ersten Antrags ausschließlich und explizit auf die Haltung der Staatsanwaltschaft verwiesen hatte. Von einem Fragebedarf aufseiten des Obergerichts war in seiner Begründung keine Rede. Allerdings, so überlegte ich, müsste dieses ärztliche Zeugnis von einem Schreiben begleitet sein, das die gesundheitlichen und politischen Aspekte verknüpft. Das Gremium, so meine Überlegung, müsste explizit um die Hatz wissen, in deren Windschatten oder gar an deren Front DK mit operierte. Und hätte es wiederum abgelehnt, so hätte es nicht nur eine medizinische Instanz missachtet, es hätte sich auch mit dem Vorgehen der Staatsanwaltschaft Zürich-Limmat einverstanden erklärt. Das alles, so meine Überlegung, würde ein Begleitschreiben diesem Oberrichter beziehungsweise seinem Gewissen abverlangen.

Das Schreiben im Wortlaut:

Grundsatzerklärung zur Revision vor Obergericht am 6.7.2012:

Sehr geehrtes Gericht

1. Ich bin aufgrund von fünf sowohl in der germanistischen wie auch in der didaktisch-pädagogischen Fachwelt fraglos anerkannten literarischen Werken, die in der partiellen Lesart der Staatsanwaltschaft zu Pornografie geworden sind (lic. iur. PB hat eingeräumt, die Bücher, die Anlass waren, mich zu verhaften, nicht als Ganzes zu kennen), und aufgrund von angeblichen Ereignissen im Unterricht, die allesamt ebenso verzerrt beziehungsweise vollständig erlogen waren beziehungsweise sind, überfallen und verhaftet worden, ohne dass je irgendwelche Überprüfungen der Vorwürfe vorgenommen worden wären (auch nachträglich nicht). Dass die staatsanwaltschaftliche Darstellung dieser Unterrichtsereignisse nicht der Wahrheit entspricht, das bestätigen sämtliche SchülerInnen. Auch die bewusste, dem Zeitgeist entsprechende lautstarke Pornografisierung beziehungsweise Kriminalisierung des Zufallsbefundes unter Ausblendung sämtlicher Tatsachen, die das als wahrer Verhaftungsgrund fungierende Merkmal »pädophil« stören könnten, beweist, dass es hier nicht um eine seriöse Untersuchung, sondern um eine Menschenhatz handelt. Ich habe meinen Beruf verloren, ebenso meine Gesundheit. Ich bin traumatisiert. Ebenso meine Frau. Aus meiner Sicht hat das mit rechtsstaatlicher Justiz nichts zu tun. Wenn dieses Vorgehen juristisch abgesegnet wird, sind wir am Ende einer freiheitlichen Gesellschaft angelangt. Allein dass ein Mensch wegen der Klassenlektüre dieser fünf Werke verhaftet wird (mit der Einwilligung von Mitgliedern des Obergerichts), ist Anlass für das grösste Entsetzen.
2. Am Anfang stand der Verdacht, ich sei pädophil. Das ganze Verfahren ist ein Verfahren aufgrund eines vermuteten So- oder So-Seins, nicht aufgrund von Taten, die andere geschädigt hätten

(dass solche nicht vorliegen, hat selbst lic. iur. PB gegenüber dem TA-*Magazin* explizit eingeräumt). Die Gründe mussten nachträglich konstruiert werden beziehungsweise die Durchsuchung sollte sie nachliefern (dies allein schon eine Ungeheuerlichkeit, von der kaum einer spricht oder schreibt). Nicht nur das auslösende Moment (Verdacht, der ist so oder so), auch die Konstruktion dieser Gründe und der Umgang mit literarischem Material rückt das Handeln der Staatsanwaltschaft Zürich-Limmat in die Nähe eines totalitären Justizorgans.

3. Das Erscheinen-Müssen, das von Ihnen explizit damit begründet wird, dass der Staatsanwalt (und nicht Sie als Gremium) darauf bestehe, mich zu befragen, stellt für mich von Seiten der Staatsanwaltschaft eine neuerliche, vollständig pervertierte Schikane beziehungsweise eine plumpe Machtdemonstration dar, vielleicht in der Annahme, dass, sollte juristisch auch nicht mehr drinliegen als vor Bezirksgericht, immerhin die Berichterstattung in Teilen der Alltagspresse den bereits angerichteten Kollateralschaden nochmals erhöht. Ich stand während Monaten, ja Jahren für Fragen zur Verfügung. Diese Staatsanwaltschaft aber hat nach der zweiten Einvernahme auf jede weitere Frage verzichtet. Sie hat es nicht einmal für nötig befunden, mit mir eine Abschlusseinvernahme durchzuführen (erst auf die Rüge des Bezirksgerichts beziehungsweise die Rückweisung der Anklage durch diese Instanz hin ist eine solche dann erfolgt). Der Verhandlung vor Bezirksgericht blieb die Staatsanwältin fern. Nun soll plötzlich ein Fragebedarf der Staatsanwaltschaft bestehen. Das ist der reine Hohn. Tatsächlich geht es darum, nochmals eine Drohkulisse aufzubauen und mich zu diskreditieren, um das skandalöse und von der ersten Gerichtsinstanz deutlich gerügte Vorgehen der Staatsanwältin im Nachhinein irgendwie zu rechtfertigen. Ich bin von dieser Staatsanwaltschaft niemals ehrlich befragt worden. Befragungen basierten auf extrem hierarchischen Gesprächsregeln, ich wurde abschätzig behandelt

(lic. iur. PB kaute Kaugummi während der Befragung) und ich konnte kaum Zusammenhänge ausführen, kurz: ich war bei beiden Verhören von Anfang an chancenlos und im Grunde ein vorverurteilter Verbrecher. Die Fakten liegen längst auf dem Tisch, und wenn von der Staatsanwaltschaft an der Verhandlung neue hinzukonstruiert würden, so passte das zusammen mit den behaupteten Unterrichtsereignissen, welche (wie gesagt) sämtliche erfunden sind. Diese Staatsanwaltschaft hat für mich jede moralisch-ethische und jede rechtsstaatliche Legitimation verloren, ja, sie ist in meinen Augen moralisch gesehen ein Unrechts-Organ. Ich würde auf Fragen dieser Instanz auch dann nicht eintreten, wenn ich an der Verhandlung zugegen sein könnte.

4. Früher war die Schweiz meine Heimat. Jetzt in die Schweiz zu fahren ist für mich mit panischen Emotionen verbunden. Wer einmal willkürlich überfallen worden ist von der Staatsgewalt, für den ist die Rechtssicherheit zu Ende. *Ich kann jederzeit wieder überfallen werden – es schützt mich nichts und niemand. Einer Staatsanwaltschaft, die Fakten konstruiert, ist alles zuzutrauen.* Das ist die Botschaft, die mir mein Kopf sendet. Schweizer Boden bedeutet Angst, obwohl die erste Richterinstanz im Rahmen dessen, was möglich war, sich mir gegenüber korrekt verhalten hat. Deshalb möchte ich bezüglich fehlender ethischer Legitimation zwischen Staatsanwaltschaft und Richterebene unterscheiden. Gleichwohl gehe ich davon aus, dass aufgrund der vorgegeben Machtstrukturen weder die Staatsanwältin PB noch der Staatsanwalt DK sich persönlich rechtfertigen müssen und auch keine Konsequenzen zu befürchten haben.
5. Sich während dreier Jahre mental als Gefangener zu bewegen, als einer, der sich verteidigen muss, wo er nichts begangen und niemandem Schaden zugefügt hat (im Gegenteil, die Schulleitung und die SchülerInnen werden bestätigen: ich habe ihnen sehr viel gebracht mit meinem Unterricht), sich also über drei Jahre in

Unschuld verteidigen zu müssen, das macht unglaublich müde, höhlt aus, mehr noch: es zersetzt, macht psychisch angeschlagen. Ich bin es leid, ich habe keine Kraft mehr, dieses Spiel weiterzuspielen. Im Rahmen des vorgegebenen hierarchischen Rahmens der Person gegenübertreten zu müssen, welche diese Menschenhatz nun noch weiterzieht (lic. iur. PB konnte reglementskonform aussteigen, muss ihre »Untersuchung« nicht öffentlich verantworten) und die dabei sicher sein kann, dass ihre persönliche Motivation von Amtes wegen verschleiert bleibt, diese Vorstellung übersteigt das, was ich momentan psychisch aushalten kann. Etwas ganz anderes wäre es, dieser Person in einem herrschaftsfreien, paritätischen Diskurs auf neutralem Boden zu begegnen, wo sie sich nicht hinter dem Amt verstecken kann. Einer solchen Begegnung würde ich trotz meines psychischen Zustands keinesfalls ausweichen, sollte es der Gesundheitszustand zulassen.

6. Ich fehle an der Verhandlung aufgrund einer Immunreaktion in meinem rechten Hornhauttransplantat (vgl. ärztliches Zeugnis); die allgemeine Schwächung meines Immunsystems beziehungsweise die markante Verschlechterung meines Gesundheitszustands insgesamt ist als Folge des ganzen Verfahrens zu sehen. Diese Staatsanwaltschaft, die hierfür wesentlich verantwortlich ist, hat schlicht und einfach kein Recht, weiter über mein Leben zu bestimmen. Sie hat ihre Chance vertan. Dagegen verstehe ich diese gesundheitlich bedingte Absenz ausdrücklich nicht als Missachtung der 2. Gerichtsinstanz.

Danke für die Kenntnisnahme.

D. S., Dr. phil.

Ich sandte den Text ungefähr zwei Wochen vor Verhandlungsbeginn meinem Anwalt zu und bat ihn, diesen zusammen mit dem ärztlichen Zeugnis einzureichen. Der Anwalt bestätigte mir die Zusendung ans Obergericht. Zunächst erfolgte keine Reaktion. Ich hatte ein ungutes

Gefühl, zumal die Zeit davonlief. Hatte mein Anwalt womöglich mein Schreiben nicht mitgesandt? Dieser Gedanke schoss mir plötzlich durch den Kopf. Ich fragte per Mail nach, genau eine Woche vor der Verhandlung. Tatsächlich, das Zeugnis allein wurde versandt, mein Schreiben blieb beim Anwalt liegen. Die Gründe hierfür kenne ich nicht. Jedenfalls sandte der Anwalt auf meine Nachfrage hin das Schreiben umgehend nach. Es muss wohl am Freitag, den 29. Juni beim Obergericht eingetroffen sein. In einem Vernehmlassungsschreiben vom 2. Juli läuft DK ein zweites Mal gegen meine mögliche Dispensation Sturm:

»Antrag:

1. *Es sei auf das erneute Gesuch des Beschuldigten um Erlass der persönlichen Teilnahme an der Berufungsverhandlung vom 6. Juli 2012 nicht einzutreten bzw. dieses Gesuch sei abzuweisen.*
2. *Eventualiter sei ein amtsärztliches Gutachten über die Verhandlungsfähigkeit des Beschuldigten einzuholen.*
3. *Eventualiter sei die auf 6. Juli 2012 angesetzte Berufungsverhandlung auf einen späteren Termin zu verschieben.«*

Die wesentlichen Passagen aus der Begründung:

»Zu Antrag Ziffer 1: [...] Wie aus dem ärztlichen Attest von Dr. RS vom 20. Juli 2012 hervorgeht, befindet sich der Beschuldigte bereits seit zwei Monaten wegen der geltend gemachten Probleme an seinem rechten Auge in ärztlicher Behandlung. Es erscheint deshalb einigermassen stossend, wenn der Beschuldigte erst einige wenige Tage vor der ihm seit Monaten bekannten Hauptverhandlung das Gesuch um Verschiebung aus medizinischen Gründen stellt [ein solches Gesuch habe ich nicht gestellt, Anm. DS]. *Damit verunmöglicht er weitere, allenfalls amtsärztliche Abklärungen über seine Verhandlungsfähigkeit. Ein solches Verhalten darf nicht toleriert werden und es ist aus diesen Gründen nicht auf das Gesuch einzutreten* [wenige Tage vor Verhandlungsbeginn ein medizinisches Gutachten, das stößt DK auf, ein Rückzug 24 Stunden vor Verhandlungsbeginn nach dreijähriger Zermürbung ohne Ermittlung dagegen nicht – auch DK war der Termin seit Monaten bekannt, Anm. DS].

Aus den wenigen Zeilen des ›ärztlichen Zeugnisses‹ von Dr. S. geht in keiner Weise hervor, weshalb der Beschuldigte aus medizinischen Gründen vorläufig auf längere Reisen verzichten muss. Es ist nicht klar, ob er dauernder medizinischer Behandlung oder Pflege bedarf oder ob seine Reisefähigkeit einzig aufgrund der starken Sichtschwankungen eingeschränkt ist. Im zweiten Fall wäre es dem Beschuldigten ohne weiteres [ein Lieblingsterminus der Justiz, DS] *zuzumuten, sich allenfalls in Begleitung einer Drittperson nach Zürich zu begeben* [zur Erinnerung: die Staatsanwaltschaft fehlte bei der ersten Verhandlung gänzlich, DS]. *Weiter äussert sich Dr. S. mit keinem Wort über die Verhandlungsfähigkeit des Beschuldigten, so dass ohne weiteres davon auszugehen ist, dass eine solche gegeben ist, der Beschuldigte also aus medizinischen Gründen ohne weiteres an der auf einen halben Tag angesetzten Verhandlung teilnehmen kann. […]*

Ob der Beschuldigte bereit ist, ergänzende Fragen der Staatsanwaltschaft zu beantworten, spielt für die Frage seiner Erscheinungspflicht keine Rolle. Immerhin ist davon auszugehen, dass auch das Gericht Fragen an den Beschuldigten stellen wird, die Beantwortung solcher Fragen will der Beschuldigte offenbar nicht verweigern. Da ohne weiteres davon auszugehen ist, dass auch das Gericht Fragen an den Beschuldigten stellen wird, ist sein Erscheinen zwingend notwendig. Im Übrigen ist beizufügen, dass es dem Beschuldigten selbstverständlich zusteht, die Beantwortung von ergänzenden Fragen der Staatsanwaltschaft zu verweigern. Allerdings wird er sich diese Fragen anhören müssen [der Lustfaktor schlägt durch, DS] *und bei jeder Frage darüber entscheiden müssen, ob er sie beantwortet oder nicht. Auch deshalb scheint seine Anwesenheit als angezeigt.*

Da es sich vorliegend offensichtlich nicht um einen einfachen Fall handelt [hat DK »Fakten« studiert?, DS], *kommt gemäss Art. 405 Abs. 2 Satz 2 StPO (e contrario) eine Dispensation des Beschuldigten nicht infrage. Weiter sind vorliegend nicht ausschliesslich Rechtsfragen zu behandeln, weshalb auch ein schriftliches Verfahren gemäss Art. 406 Abs. 1 lit. a StPO nicht anwendbar scheint. Schliesslich wird seitens der Staatsanwaltschaft Zürich-Limmat ausdrücklich das Einverständnis zur*

Durchführung des schriftlichen Verfahrens im Sinne von Art. 406 Abs. 2 StPO nicht erteilt [eine Hatz funktioniert nicht schriftlich; nur das vorgeführte Wild erzeugt die Befriedigung und den Schaden, DS]*; wie oben ausgeführt, erscheint die Anwesenheit des Beschuldigten als erforderlich. […]*

Zu Antrag Ziffer 2: Wie bereits oben angeführt, gibt das nur wenige Zeilen umfassende Zeugnis von Dr. S. nicht Auskunft darüber, ob der Beschuldigte nicht reisefähig oder nicht verhandlungsfähig ist und wie lange dieser Zustand andauern wird. Es erscheint deshalb angemessen, dies amtsärztlich, allenfalls auf dem Rechtshilfeweg, abklären zu lassen [zur Verdeutlichung: für eine Verhandlung, von der sich DK 24 Stunden vor Beginn zurückzieht, droht er wenige Tage davor noch mit einem Rechtshilfebegehren an Deutschland, DS].

Zu Antrag Ziffer 3: Sollte das Gericht die Auffassung vertreten, dass der Beschuldigte aus medizinischen Gründen nicht an der Berufungsverhandlung teilnehmen kann, ist sein Schreiben vom 27. Juni 2012 als Verschiebungsgrund zu behandeln und entsprechend ein neuer Termin für die Hauptverhandlung anzusetzen, allenfalls nach Einholen von weiteren ärztlichen Berichten.«

Unter dem juristischen Satzbau kochen Emotionen. Worum kämpft DK? Weshalb dieser Zynismus angesichts eines Augenleidens? Warum scheut er keinen Aufwand, weshalb diese Vehemenz für eine Verhandlung, die er Tage später platzen lässt und wofür keinerlei Ermittlungen erfolgt sind? Was lässt ihn nach einem Rechthilfebegehren rufen? Es gibt nur eine Antwort: Er kämpft um meine Vorführung, um die Zirkusnummer. Das Wild muss in die Arena. Um jeden Preis. Ein Preis, den er selbst nicht zu bezahlen hat. Er operiert sicher verpackt. Aus dem Amt heraus. Ein plötzlicher Fragebedarf als Legitimation. Nach drei Jahren. Diesmal nicht zur Morgenstund, diesmal nach langer Hetzjagd, das Wild ermattet. Dabei sind Rechtsfragen allein zu klären. So stand es im Schreiben, mit dem der Oberrichter TM die Dispensation noch zurückwies. Das hat DK überlesen. Um Fragen des Gerichts geht es nicht. Im Übereifer unterlaufen Fehler. Übrigens: Wenn man bedenkt, auf welcher Ermittlungsgrundlage DKs Schreiben beruht, dann ist man sprachlos. Oder vollständig desillusioniert, was den Rechtsstaat Schweiz betrifft.

Was gab den Ausschlag für die Dispensation? Meine Stellungnahme, davon gehe ich aus, hat erstmals eine staatliche juristische Instanz die rechtsstaatlichen Alarmglocken hören lassen. Die Bewilligung kam denn auch unmittelbar nach der Nachreichung dieses Schreibens am 3. Juli. Und DKs Schreiben? Es offenbart das Wesen dieser Staatsanwaltschaft sozusagen exemplarisch. Der Oberrichter TM hätte mein Begleitschreiben nicht eindrücklicher bestätigt sehen können. Sitzt er nicht im gleichen Boot wie AK, PD und IJS, kann das nur zu einem Ergebnis führen:

»Nach Einsicht

in das Gesuch des Beschuldigten vom 27. Juni 2012, er sei von der persönlichen Teilnahme an der Berufungsverhandlung vom 6. Juli 2012 zu dispensieren (Urk. 65)

in den Antrag der Staatsanwaltschaft vom 2. Juli 2012, es sei das (erneute) Dispensationsgesuch des Beschuldigten abzuweisen (Urk. 68)

in der Erwägung

dass zwar ein erstes Dispensationsgesuch des Beschuldigten vom 15. März 2012 mit Verfügung vom 21. Mai 2012 unter Hinweis auf die formale, unbedingte persönliche Erscheinungspflicht der vorgeladenen Person abgewiesen worden war,

dass der in Wilhelmshaven lebende Beschuldigte unter Beilage eines entsprechenden Arztzeugnisses geltend macht, er sei wegen eines Augenleidens nicht in der Lage, am 6. Juli in die Schweiz zu reisen,

dass der damit geltend gemachte Entschuldigungsgrund keineswegs als unglaubhaft erscheint

dass der Beschuldigte sich jedenfalls schon in der Untersuchung und in der vorinstanzlichen Verhandlung zum inkriminierten Sachverhalt geäussert und Fragen beantwortet hatte, weshalb sich seine erneute Befragung durch das Obergericht aufgrund der vorliegenden Akten nicht als für die Urteilsfindung unabdingbar erweist,

dass er sodann bereits erklärt hat, bezüglich der von der Staatsan-

waltschaft gestellten Fragen von seinem Aussageverweigerungsrecht Gebrauch zu machen,

dass zur Beantwortung von Rechtsfragen ein persönlicher Eindruck von der Person des Beschuldigten kaum von Bedeutung sein kann,

dass sich eine Abweisung des Dispensationsgesuches oder eine Verschiebung der Berufungsverhandlung als unverhältnismässig erwiesen, weshalb dem Beschuldigten das persönliche Erscheinen seinem Antrag gemäss zu erlassen ist.«

Erstmals übrigens im Verfahren bin ich in dieser Verfügung mit dem offiziellen Namen, der auf allen Dokumenten und staatlichen Ausweisen steht, angeschrieben. Alle anderen Staatsjuristen haben vom Ermittlungsergebnis des Kinderschutzpolizisten TW kopiert. Der Leiter der Staatsanwaltschaft Zürich-Limmat, als Krönung, hat meinen Namen sogar durch einen gänzlich anderen ersetzt, wie ich später noch kurz aufzeigen werde. Und das ist keine Bemerkung am Rande. Der Oberrichter TM als Einziger operiert auf einem Sorgfaltslevel, der irgendwie mit der Tragweite der Entscheidungen, die Justizinstanzen treffen, kongruent ist. Indes, den richtigen Namen: darf man den nicht fraglos voraussetzen? Verlangt man den nicht bereits von Erstklässlern, wenn sie ein Dokument beschriften?

Stimmt meine Jagdtheorie, so ist der weitere Ablauf gesetzt. Die Staatsanwaltschaft zieht zurück. Im Schreiben von TM wird nicht nur deutlich, was er von DKs Einwänden hält, sondern – zwischen den Zeilen – auch vom ganzen Verfahren. Zweitens ist mit meiner Dispensation der Vorführeffekt weg. Also die Zirkusnummer oder der Pranger. Beides bremst die Jagd aus. Ersteres macht deutlich: Auch TM und seine beiden Mitrichter sind nicht das erwünschte Gremium. Und da der Kollateralschaden infolge meiner Absenz kaum zu erhöhen ist, fällt der Anreiz, die Jagd fortzusetzen, dahin. Eine Deutungsalternative wäre die Annahme, die zeitliche Dehnung allein sei das Ziel gewesen, der Rückzug kurz vor Verhandlungsbeginn immer schon geplant. Im Grunde aber gehen die beiden Deutungen zusammen. Zermürbung mit Rückzug, das würde ohnehin greifen, das war mit der Revisionsankündigung gesetzt. Im besseren Fall – mit einem infiltrierten Richtergremium – würde sich die Jagd mit der zweiten Verhandlung krönen lassen. Sollten die Zeichen indes in eine andere Richtung deuten, kann man kurz vor Schluss abdrehen. Ein Risiko irgendwelcher Art ging DK damit nicht ein. Schon gar nicht ein persönliches.

Die Rückzugsmeldung kam am 5. Juli 2012. Ziemlich genau 24 Stunden vor Beginn. Die Zermürbung will bis zur letzten Sekunde ausgekostet sein. Was die Spekulation betrifft, der Rückzug sei von oben verordnet worden, bin ich skeptisch. Die Oberstaatsanwaltschaft war über das Verfahren im Bilde. Sie begünstigte oder duldete es zumindest. Und dass der Justizdirektor, der, so zumindest wurde es dem Rektor kundgetan, im Frühjahr 2012 zwecks Abklärung selber jemanden auf den Fall angesetzt hatte – ein Ergebnis aus dieser Aktion war nie zu erfahren –, interveniert hätte, das passt nicht mit dem Nachtreten eben dieses Justizdirektors zusammen. Nein, es war die genehmigte Dispensation allein, welche die Jagd ausbremste. Deshalb der Rückzug genau dann, als klar wurde, ich musste nicht teilnehmen.

Wenige Stunden nach dem Entscheid, ebenfalls noch am 5. Juli, die Meldung der Schweizerischen Depeschenagentur. Zu lesen auf der Online-Ausgabe verschiedener Zeitungen. Darunter derjenigen des *Tages-Anzeigers:*

»Staatsanwaltschaft zieht Berufung im Gymilehrer-Prozess zurück

Ein Deutschlehrer an der Kantonsschule Rämibühl in Zürich soll seine 14- bis 15-jährigen Schüler mit verbotener Pornographie im Unterricht konfrontiert haben. Mangels Beweisen sprach ihn das Bezirksgericht Zürich im Herbst von dem Hauptvorwurf frei. Die Staatsanwaltschaft zog nun die Berufung zurück. Den Rückzug der Berufung gab die Kanzlei des Obergerichts am Donnerstag bekannt. Gründe, weshalb die Staatsanwaltschaft ihre Anträge zurückzog, nannte sie nicht. Der Berufungsprozess findet am Freitag folglich nicht statt. Damit wird das Urteil des Bezirksgerichts Zürich vom vergangenen Herbst rechtskräftig. Das Gericht hatte den Lehrer vom Hauptvorwurf freigesprochen, da es keine Beweise gefunden hatte. Allerdings hatte es den heute 49-jährigen Lehrer für den privaten Konsum von Kinderpornografie zu einer bedingten Geldstrafe von 15 Tagessätzen zu 160 Franken verurteilt.

Die Mutter einer Schülerin hatte den langjährigen Deutschlehrer im Sommer 2009 angezeigt. Die Staatsanwaltschaft Zürich-Limmat leitete darauf eine Strafuntersuchung gegen ihn wegen Pornografie ein. Dabei stellte die Polizei bei einer Hausdurchsuchung auch den privaten Computer des Pädagogen sicher. Im August 2011 wurde der Mann angeklagt. Gemäss Staatsanwaltschaft hatte er im Unterricht Bücher behandelt wie »Die Menschenfresser« von Marlen Haushofer, »Frühlings Erwachen« von Frank Wedekind oder »Warum das Kind in der Polenta kocht« von Aglaja Veteranyi. Zudem mussten sich die Schüler in Prüfungen mit Themen wie Masturbation, Schwangerschaft von 14-Jährigen, inzestuösen Handlungen und Sex mit Gewalt bis zum Tode beschäftigen.

Das Bezirksgericht Zürich sprach den Angeklagten im vergangenen Oktober in den Hauptpunkten frei. In den Nebenpunkten sprach ihn das Gericht schuldig. Für den privaten Konsum von Kinderpornografie an seinem Computer wurde er verurteilt. Auf seinem beschlagnahmten Computer wurden Bilder von minderjährigen Mädchen und Knaben bei sexuellen Handlungen gefunden. Er selbst gab an, er habe die Bilder aus künstlerischen Motiven heruntergeladen.

Der Lehrer war nach der Anzeige freigestellt worden. Als sich dann der Fall über längere Zeit hinzog, habe man das Arbeitsverhältnis ›in gegenseitigem Einvernehmen‹ auf Ende 2011 aufgelöst, wie es bei der Kantonsschule auf Anfrage hiess. (sda)«

»Wärst du fähig, den zu erschießen, würde mich jemand fragen. Und ich würde antworten: Erschießen? Um Gottes willen, nicht erschießen. Pfählen.« So schreibt der Patrickfreund und Philosoph. Auf Journalisten ist Verlass. Wenn man die Staatsanwälte PB, DK, AE und AB, die Oberrichter AK, PD und IJS samt Bildungsdirektorin nicht erschießen sollte, sondern sie vielmehr pfählen müsste, damit gesühnt wäre, was sie taten, dann wäre der Journalist, der das verfasste, dann wären der Chef dieser Agentur und all jene, welche diesen Bericht ungeprüft übernahmen, mitzupfählen.

Wir saßen in der Blühenden Schifffahrt am Weser-Ems-Kanal, die kleine Tochter mit dabei. Auf der gegenüberliegenden Kanalseite der Kran auf dem Schrottplatz von Jade Stahl. Wir wollten aufatmen, wir wollten auf die Befreiung anstoßen. Es gelang nicht. Leer und doch wütend, so fühlten wir uns. Betrogen bis zuletzt. Die Kleine, auf einem Tuch am Boden, krabbelte und lachte. Pascale, irgendwann, begann zu weinen. Eine Verarschung, eine einzige riesige Verarschung. So schluchzte sie leise. Natürlich, ich verstehe das metaphorisch, sagte ich nach langer Zeit. Das schon. Auch weil der reale Tod dieser Menschen nicht viel brächte. Sie würden durch Gleichgestrickte ersetzt. Doch brauchten wir die Vorstellung unnennbarer Qualen, damit wir das alles irgendwie ertrugen. Dass irgendwann die Grenze zwischen Metaphorik und Konkretion schwinden könnte, dass man zum Querulanten würde: leichter denkbar als erwünscht.

Meine Analysen entlang der Deiche hätten nichts anderes erwarten lassen: Eine Systemkritik, ein Aufdecken totalitärer Zustände, das ist von Medien im Kampf um Quoten und Leser nicht zu erwarten. Systemkritik gleich lange Sätze gleich Unverständnis. Spätestens ein Redaktor kippt das weg. Dafür braucht's keinen Ceausescu, keinen Lukaschenko, keinen Putin. Der Proceß geht über das Urteil hinaus. Das weiß ich von Kafka. Der Rufmord dürfte nicht einmal gezielt vorgenommen worden sein. Es braucht den Täter, das ist gesetzt. Und also gibt es ihn. Das ist normal. Es gibt *diesen* oder *jenen*. Sonst stünde er doch gar nicht erst vor Gericht. Das ist normal. Und er hat sich dabei bestimmt nichts gedacht, nichts Böses jedenfalls, dieser Journalist. Kindersex: Hat er aus den Akten der Staatsanwältin. Kann ihm keiner verargen. Und die Schwangerschaft von Vierzehnjährigen (der Plural leicht verschoben) und Sex mit Gewalt bis zum Tod ebenso. Das war mein Unterricht. Kann man aus den Akten lesen. Und jetzt als Meldung der Schweizerischen Depeschenagentur. So funktioniert freie Presse. Deshalb jemanden pfählen? *Konsum* von *Kinderpornografie* – das ist das Angebot der Justiz. Das geht aus der justiziellen Beteiligung an der Jagd hervor. Die Kinder beim Sex, Knaben inbegriffen (solche fehlten gänzlich), und der Pornounterricht: das hat den Richterspruch überdauert. Es lebe der Pornolehrer. Gegen Staatsanwaltschaften ist man machtlos. Juristisch dagegen vorgehen? *Haben Sie je gehört, dass ein Staatsanwalt verurteilt worden wäre? Und was die Presse betrifft: Eine kleine Gegendarstellung am Rande, das ist in etwa alles, was zu erreichen wär.* So der Anwalt beim letzten telefonischen Kontakt. Kriminelle Staatsanwälte? Manipulierte Presse? Ja, durchaus schon gehört: in Weißrussland, in Russland, irgendwo. Das Vorgehen gegen Pussy Riot und gegen Timoschenko: Davon ist in der hiesigen Presse zu lesen.

»Wäre das in anderen Feldern auch möglich?«, frage ich Pascale. Bei Wirtschaftsdelikten etwa – oder funktioniert das so im Felde der heiligen Jagd? Ist da alles recht und alles Recht? Wir haben nichts gegessen. Eine Gesellschaft nebenan hat den Kochprozess verzögert, sodass wir mit der Kleinen eher nach Hause mussten. Am Kanal entlang schieben wir den Kinderwagen. Schweigend. Es hätte der Abend der Befreiung sein müssen.

Facetten einer Jagd

Einiges, nicht zuletzt Politisches, wurde mir erst nach dem Ende des juristischen Teils des Verfahrens bewusst. Einiges, obwohl es zuvor stattgefunden hatte, kam mir erst danach zu Kenntnis. Und es gab ein Geschehen, das weiterging. Von alledem berichte ich nun im letzten Teil des Buches: Facetten einer Jagd.

Manipulation von Wirklichkeit

Hast du die Fotos genau angeschaut? Hast du sie wiedererkannt? Wie viele hast du wiedererkannt? Es war ein Gespräch mit dem Rektor, geführt im Herbst 2012, das mir die Manipulation von Daten auf meinem PC als reale Option zurück ins Bewusstsein rief. Ausgelöst wurde der Gedanke erstmals durch die angebliche Verlagerung des Falls zu einem auf Internetkriminalität spezialisierten Staatsanwalt. *Was haben die mir untergejubelt?* So schoss es mir damals durch den Kopf. Doch war ich einerseits trotz des Überfalls noch zu gutgläubig (»das würden Schweizer Behörden doch nie tun«) und andererseits auch zu traumatisiert, als dass ich diesen Gedanken konsequent hätte verfolgen können. Unterschwellig aber blieb die Befürchtung, es sei manipuliert worden, stets vorhanden. An der Gerichtsverhandlung war mir dann aufgefallen, wie viele Fotos ich nicht kannte.

Wenn ein offizielles staatliches Justizorgan so weit geht, wie es in diesem Fall gegangen ist, wenn es Weltliteratur als Pornografie einstuft, geradezu groteske Beschuldigungen den Unterricht betreffend ohne jede Abklärung übernimmt und vor allem Zufallsbefunde unterstellt, die nie gefunden worden sind (Sex mit Tieren etc.), dann drängt sich die Frage auf, ob ein solches Organ sich nicht dazu verleiten lassen könnte, bestimmten Konstruktionen nachzuhelfen. In der realen Welt, so habe ich es erlebt, kann eine Staatsanwaltschaft Konstruktionen aufrechterhalten, indem sie nicht ermittelt. Beschlagnahmte Gegenstände indes sind in ihrem Besitz. Ein IT-Spezialist kann einen PC manipulieren. Nach allem, was geschehen ist, wäre es naiv, die Möglichkeit einer solchen Manipulation oder zumindest die Versuchung dazu zum Vornherein auszuschließen. Wer auf der Ebene der realen Wirklichkeit Dinge so verdreht, könnte auf die Idee kommen, dies auch auf der Ebene der virtuellen Wirklichkeit zu tun.

Ich schreibe dieses Buch, weil der Fall eine politische Dimension hat. Und ich meine, dieser soeben gefasste Aspekt gehört mit zu dieser Dimension. Eine Dimension, die deutlich macht: Es geht längst nicht um *einen* Fall, um »Pornografie etc.«. Eine Jagd bleibt nicht stehen. Erst auf die Nachfragen des Rektors hin wurde mir klar, wie genial diese Temporary-Files-Angelegenheit für die Staatsanwaltschaft eigentlich war. Einmal abgesehen davon, dass man als Mensch gegenüber Maschinen stets das Nachsehen hat, konnte man unter dieser temporären Vorgabe jede Fotografie ablegen, und würde ich mich nicht erinnern, die Tatsache der bloß kurzzeitigen Perzeption würde genau dieses Faktum erklären. Der Rektor sagte: »Ich frage bloß. Ich meine, die haben dermaßen ungeheuerliche Konstruktionen im Zusammenhang mit der Schule vorgenommen, da wäre es naiv, keine kritischen Fragen zum angeblichen Fotobefund zu stellen.« Weiter sagte er: »Du hast Aktfotografien auf dem PC gehabt, daran erinnerst du dich. Doch hast du *alle jene* gehabt, welche angeblich rekonstruiert worden sind?« Juristisch gesehen sei die Sache zwar gelaufen, aber, so hoffe er, es folge eine politische Aufarbeitung. Und da müssten diese Fotos mit ins Zentrum.

Indes, wollte die Justiz wirklich manipulieren, so mein erster Gedanke, hätte sie handfeste Kinderpornodateien abgelegt. Das war nicht der Fall. Doch muss das zwingend so sein? Zum einen kann die Manipulation rein *zeitlich* sein. Immerhin konnte die Staatsanwaltschaft nicht davon ausgehen, dass ich einen Besitz von Aktfotos ohne weiteres einräumen würde, eben mit dem Verweis auf jenen Stick. Die Staatsjustiz zum Zeitpunkt einer möglichen Manipulation wusste nichts von diesem Stick. Also hätte eine Manipulation der Daten für eine Verurteilung entscheidend sein können. Weiter muss im Zusammenhang mit einer möglichen PC-Manipulation die Bedeutung von *Quantitäten* bei diesem ganzen Verfahren berücksichtigt werden. Es war – ein deutliches Indiz für den ideologischen Gehalt des ganzen Verfahrens – das *Übermaß* allein, das den Überfall zu rechtfertigen hatte. In allen Dokumenten der Staatsanwaltschaft wird mit erfundenen *Mengen* (Schwangerschaft*en* von Vierzehnjährigen, Liebesbeziehung*en* zwischen Lehrern und Schülern etc.) operiert. Eine Manipulation der PC-Daten könnte also durchaus genau diese Linie fortschreiben: *Vermehrung* von Bildern durch Bilder ähnlichen Inhalts (vielleicht wären Schwarz-Weiß-Fassungen diesbezüglich ein Thema), im Wissen, dass die heutige Rechtsprechung und ganz besonders jener BGE 131 aus Aktbildern Pornografie *macht*. Da müssten also nicht zwangsläufig konkrete Kinderpornodaten hineinmanipuliert werden – es reicht eine Vermehrung von Aktfotografien zur Absicherung. Ist das Ausmaß genügend groß, so dürfte auf jeden Fall etwas hängen bleiben, zumal das Urteil temporäre Dateien mit als Besitz anrechnet. Liest man die Bildbeschreibungen des Urteils, ist leicht erkennbar, wie diese Logik in sich aufgeht.

Doch würde eine Staatsanwaltschaft das Risiko einer Datenmanipulation auf sich nehmen? Würde damit nicht eine rote Linie überschritten? Fakt ist, PB konnte folgenlos Strafbestände in ihre Anklage aufnehmen, die sich als Lügen erwiesen. Sex mit Kindern ist zwar zur Not durch die Umdeutung des Alters als Anklagepunkt zu rechtfertigen. Sex mit Tieren, Ausscheidungen sowie Gewalt als durch den Zufallsbefund belegte Strafbestände: das hingegen kann durch keine Umdeutungen herbeigeführt werden. PB musste diesen Rufmord nie verantworten. TM in seinem Gerichtsurteil verliert keine Zeile daran. Wenn eine Staatsanwaltschaft erwiesenermaßen falsche Zufallsbefunde, die nicht in einem Ermessenbereich liegen, nicht verantworten muss, so ist die Annahme naheliegend, dies könnte auch für eine Datenmanipulation gelten. Zudem: Wie sollte ich eine solche überhaupt nachweisen? Die PCs waren seit dem 7. Juli 2009 im Besitz des Staates. Ich werde nie in der Lage sein aufzuzeigen, was mit ihnen nach diesem 7. Juli 2009 wirklich geschehen ist. Und dass Behörden einander decken, das ist spätestens seit der nahtlosen Übernahme und Weiterverarbeitung von Überfallgründen durch Kinderschutzpolizei, Staatsanwaltschaft und Anklagekammer des Obergerichts deutlich. Führt man sich dies vor Augen, so ergibt sich: Ein Risiko wäre PB mit einer Manipulation wohl kaum eingegangen, zumal der moralische Impetus der Jagd nahezu alles rechtfertigt. Vielleicht ist es – im Sinne einer echten Schlamperei – lediglich auf ein Missverständnis zwischen Staatsanwaltschaft und Polizei zurückzuführen, dass die Daten, welche die Aussagen in der Anklage (Sex mit Tieren etc.) wahr gemacht hätten, sich auf meinem PC nicht haben finden lassen. Führt jemand Sex mit Tieren als Anklagepunkt auf, so doch nur mit der Gewissheit, dieser Tiersex sei auch vorzeigbar. Sollte indes der Sachverhalt gegeben sein, dass Staatsanwaltschaften aus Prinzip oder für die Presse einen Angeklagten, im Sinne der Vorbereitung eines maximalen Kollateralschadens, folgenlos mit bewussten Fehlanschuldigungen diskreditieren dürfen, dann wäre auch damit ein deutliches Urteil über den Rechtsstaat Schweiz gesprochen.

Kinderschutz und Übereifer

Kinderschutz ist ein schöner Begriff. Wer will schon dagegen sein, dass Kinder geschützt werden? Von der gleichsam begrifflich herbeigeführten Unantastbarkeit zehren all jene, die sich mit diesem Begriff anschreiben. YUG war mit ihrem Material an die Kinderschutzgruppe der Stadt Zürich gelangt. Eine Schädigung von irgendwem lag nicht vor, das musste YUG einräumen. Doch schnell durfte sie begreifen: Eine solche ist nicht verlangt. Das Thema ist ein anderes: Ein *Solcher* ist zu stellen. Und wer *Frühlings Erwachen* liest und andere Texte mit Jugendlichen analysiert, eine blaue Haarschleife genauso präzise einlesend wie einen leckenden Hund oder das Fehlen eines bestimmten Artikels – der Unterschied zwischen *Die Menschfresser* und *Menschfresser* war für meine Schüler offensichtlich –, wer präzise analysiert mit »Kindern«, der ist wohl *einer.* Zumindest verdächtig.

Kinderschutz ist eine Ideologie, die vorgibt, die Autonomie des Kindes zu schützen, und diese dabei untergräbt. Wer schützt, kontrolliert. Autonom sind jene Kinder, die just *das* wollen, was der Kinderschutz will, dass sie wollen. Exemplarisch dafür der bereits kurz angesprochene Fall jenes Lehrers im Kanton Luzern, der über Jahre hinweg im Zeichen des Missbrauchs gehetzt wurde. Der Kinderschutz, nach ersten Gerüchten eingeschaltet, trieb die Schüler an. Das Begehren nach einem Schädling erwies sich als derart stark, dass die Wirklichkeit verblasste. Belastende Aussagen von Schülern wurden mit Zuneigung belohnt, entlastende mit Desinteresse bestraft. Suggestion trieb die Ermittlung an. Das magische Gespür hatte sich vom Verstand getrennt. Ein Gemisch aus Paranoia, Reinigungswahn und Libido wütete drauflos. Die Endlösung im Visier. Die Lösung aller Probleme. Vor allem der eigenen. *Was fühlen Sie, wenn die Kinder aus dem Schambereich berichten?* So hätte man die Kinderschutzfrauen fragen müssen. Aber das fragt man nur Täter. Die Kinderschutzfrauen, die jenen Lehrer einer Luzerner Privatschule auf dem Gewissen haben, sind strafrechtlich niemals belangt worden.

Ein Verhaftungsgrund muss ersonnen werden. So also das Resultat eines stundenlangen Gesprächs zwischen YUG und dem Kinderschutz der Stadt Zürich. Ein Telefonat, auf das ich noch näher eingehe, bestätigt das. *Frühlings Erwachen* und *Dunkler Frühling* plus ein paar Geschichten aus dem Unterricht: das müsste reichen für den Überfall. Und danach wäre auf den Zufallsbefund zu setzen. Kein Lärm im Voraus. Und deshalb darf die Mutter der Schule nichts erzählen. Dass der Kinderschutz in der ganzen Angelegenheit nicht ein einziges »Kind« befragt, das scheint ein Widerspruch zu sein, passt aber durchaus. Für eine Befragung zu autonom, diese *Kinder,* die Opfer des Unterrichts. Analytisch verseucht durch die Lektüre von *Frühlings Erwachen.* Hat man bei mündigen Bürgern je nachgefragt, inwiefern *diese* oder *jene* sie geschädigt hätten?

Um das Werk nicht zu tangieren allerdings, müssen *offensichtlich* fragwürdige Aktionen *ein bisschen* kritisiert werden. Ein Wort muss her, das tadelt und die Mission fortführt. Wie heißt das Wort? *Übereifer.* So wurde in der Presse im Falle jenes Lehrers im Kanton Luzern gewertet, so wurde PBs Amtsführung in meinem Fall charakterisiert. Übereifer: Das ist eine Paarung aus guter Absicht – die Richtung stimmt – und leiser Kritik. Etwas zu viel, das Maß verloren, mit Kanonen auf Spatzen, so wurde in meinem Fall auch gesagt, Sprichwörter sind immer gut. Übereifer: Das ist die Heiligsprechung der Jagd. Nirgendwo habe ich im Falle jenes Lehrers im Kanton Luzern eine Kritik gelesen, die weiter gegangen wäre als eben dieses »übereifrig«. Nirgendwo ein systemischer Ansatz. Nirgendwo: *Eure Jagd ist falsch.* Nirgendwo der Schlusssatz aus Ingeborg Bachmanns Roman *Malina: Es war Mord.* In Wirklichkeit hat das Verhalten des Kinderschutzes nichts mit Übereifer zu tun. Die Kinderschutzfrauen im Falle jenes Lehrers im Kanton Luzern handelten nicht übereifrig, ebenso wenig YUG und ihr Mann RG, PB und DK und die Oberstaatsanwaltschaft. Sie handelten systemisch. Eine Strafe, folgerichtig, blieb aus. *Haben Sie je gehört, dass ein Staatsanwalt bestraft worden wäre?* So mein Anwalt beim letzten Telefonat.

Undine, Schutz und Jagd

Undine ist eine märchenhafte Frau, im Wasser treibend, real nur in der Projektion. Eine romantische Gestalt, eine Grenzgängerin, eine, die nur in der dauernden, im Grunde öden Reibung mit dem Gewöhnlichen, den Männern, zu Bewusstsein gelangt. Sie verkörpert gleichermaßen das Unaussprechbare und Sprachlose. Und sie erfährt Gewalt nicht durch Männer, sondern durch die Sprache selbst, wird sie in sie hineingezwängt. Sprache heißt System, heißt Ordnung. Und für diesen Zwang sind Männer wie Frauen verantwortlich. Undine ist die zentrale Figur in Ingeborg Bachmanns Erzählung *Undine geht.* Mit Biologie oder Gender-Forschung hat die Figur nichts zu tun. Gleichwohl ist sie feminin. Ingeborg Bachmann stammte aus Kärnten und lebte bis zu ihrem Tod 1973 in Rom. Mutter war sie nie. Sicherheit gebunden an Familie, Aufzucht und Genealogie sucht man in ihren Texten vergeblich. Das Provisorische, das Nichtrealisierte, das Utopische, das waren ihre Themen. Oft waren es Frauenfiguren, die das verkörperten, zumeist schmerzhaft. Allen voran Undine, eine nahtlose Figur im Wasser, stets an der Grenze zur Auflösung.

Es waren auch Frauen, die mich jagten. An entscheidenden Stellen waren es sogar deutlich mehr Frauen als Männer. Gleichzeitig stammen drei der fünf inkriminierten Werke aus weiblicher Feder. Von Schriftstellerinnen des 20. Jahrhunderts, die in ihren Texten Figuren auftauchen lassen, die mit Undine verwandt sind. Es prallen also auch »Weiblichkeiten« aufeinander, wenn die Zürcher Staatsanwältin PB gegen die Werke loszieht. Den Jägern, ob weiblich oder männlich, schwebte nichts Provisorisches vor, als sie mich jagten. Eine dauerhafte, eine systemische Lösung war angepeilt. Die schwarze Liste spätestens sollte das garantieren. Systemverhaftet, das waren Ingeborg Bachmanns Frauenfiguren nicht. schwarze Listen und DNA-Karteien waren keine Kategorien im Denksystem der Undine. Wenn YUG, zumindest aufgrund der Fakten, wie sie vorliegen, die Jagd eröffnet, Frauen im Kinderschutz anheizen, wenn die Oberrichterinnen AK und IJS den Segen geben, wenn PB das Ganze leitet und die Bildungsdirektorin flankiert, dann ist nichts am Werk, das mit Weiblichkeit im Sinne von Ingeborg Bachmann zu tun hat.

Was aber lässt jagen? Grundsätzlich kommen zwei Aspekte in Betracht: Das Nahrungsbedürfnis und das Gefühl, bedroht zu sein. Wenngleich die beiden Aspekte verschränkt sind, so gehe ich in meinem Fall vom zweiten aus. Deshalb als Jäger Gruppierungen, die sich mit Schutz anschreiben. Schutz bedingt Angst. Angst engt ein, macht Räume klein. Kinder, naturgemäß und in der Vorstellung, sind stets die Ersten, auf die man Bedrohungen bezieht. Ihr Leben zu schützen beziehungsweise einzuengen ist ein erster Impuls. Ich sehe das an mir selbst. Die Panik, verliere ich die Tochter kurz aus den Augen, spricht Bände. Aus einer Haltung heraus, welche mit Bedrohung rechnet, stets und immer, wird potenziell alles zum Übergriff. Vor allem alles Sexuelle, das, zumindest in der Vorstellung der Eltern, mit einem Kontrollverlust gegenüber den Kindern einhergeht (vielleicht ist dies der Kern der Missbrauchspanik). Auch *Frühlings Erwachen,* dessen Lektüre das *Kind* auf dem Weg zur Selbständigkeit voranbringt, wird so zur Bedrohung. Oder der, der ein solches Werk *mit Kindern* liest. Nicht mehr der göttliche Schutz, dessen Ausbleiben als Fügung entgegenzunehmen war – und mit dem einst viel Lebensraum bestand, der nun mit Überwachungsgeräten verstellt ist –, auch nicht der Cowboy, der die Gefahr mit der eigenen Knarre über den Haufen schoss, vielmehr institutionalisierte Schutzprogramme sind es, die heute die Angst zu bändigen haben. Es sind systemische Arme, die zur Morgenstund in fremde Wohnungen einfallen und das Wild stellen. Und waren es mit der eigenen Waffe vor allem Männer, die schossen, so finden sich unter diesen systemischen Armen viele weibliche.

Hatzszenerien sind, so zeigt es die Geschichte, immer an irgendwelche Ängste gekoppelt. Und sie haben es deshalb leicht (und werden deshalb lange kaum als Hatz erkannt), weil sie unter Vorgabe eines Schutzes operieren. Eines Schutzes, den wir der Angst entgegenstellen. Zumindest vermeintlich. Schutzanliegen stehen heutzutage – zumal im Vergleich mit den 1970er- und 80er-Jahren – hoch im Kurs. Sie münden auffallend häufig in Strafverschärfungen (andere Ideen scheinen den Politikern ausgegangen zu sein). Eine Kritik an solchen Verschärfungen wird in der Umkehrung oft als feindlich gegenüber dem gebrandmarkt, was geschützt werden soll. Das ist sachlich nicht selten falsch. Gegen staatliche Strafe (und damit staatliches Jagen) zu sein, heißt nicht automatisch, etwas gutzuheißen. Aber in der gegenwärtigen landläufigen Stimmung ist es nur allzu leicht, Kritik an Jagdszenarien zu diffamieren. Nicht zuletzt als patriarchalisch oder sexistisch. Da lässt man Jagende besser gewähren. Sonst wird man am Ende selbst zum Wild. Das spielt der Jagd in die Hand, die auch diesen Windschatten nutzt. Ich gebe zu, ich war jeweils erleichtert, als mir der Anwalt die Besetzung der

Gerichtsgremien bekannt gab. Bei Frauen, so meine Befürchtung, hätte das Urteil womöglich anders ausgeschaut. Nicht weil Frauen generell Jägerinnen wären. Doch Undine-Figuren treibt es nicht in die Justiz. Nicht zu Polizei und Kinderschutz. Die leben lieber im Wasser.

Blaues Wild und Demokraten

Blau ist die Farbe der Sehnsucht und damit des Nichtrealisierten, des Nichtgebundenen. Vielleicht auch der Freiheit. Der Dichter Novalis hat diese Sehnsucht mit der blauen Blume eingefangen. In dieser blauen Blume, genauer: bei ihrem Anblick bekommt die Sehnsucht eine Heimat. Eine, die sich nicht halten lässt, logisch. Die Blume lässt etwas durchschimmern, ohne es anwesend zu machen. Anwesend ist es nur in der Kunst, in der Literatur. Die blaue Blume ist zum Symbol für die Romantik schlechthin geworden. Was aber hat das mit Jagen zu tun? Bei Ingeborg Bachmann wird die Verschränkung deutlich. Die blaue Blume als Durschimmern einer Utopie ist auch bei ihr Thema. Allerdings ist diese Blume, gut 150 Jahre nach Novalis, kontaminiert. Und zwar mit der Erkenntnis, wie sehr die Sehnsucht auch im Jagen und Hetzen durchbricht. Die blaue Blume pervertiert. Zum blauen Wild, zur Geburt des Schädlings und des Jagdgeheuls. *Unter Mördern und Irren,* so heißt die Erzählung. Darin wird eine solche Geburtsstunde vorgeführt. Das Ganze spielt in einem Wirtshaus nach dem Krieg. Die Demokraten, neu auferstanden, treffen sich da und reden. Und ohne es zu wissen, jagen sie wieder. Jagen den Schädling und erfüllen ihre Sehnsüchte. Es ist das *blaue* Wild, das gejagt wird, weil mit der Jagd auch Sehnsüchte wahr werden, und es ist eine der schwierigsten Erzählungen der deutschen Literatur. Darin wird Hans Werner Richter, der Gründer der Gruppe 47 – für Linke lange Zeit eine heilige Instanz – modellhaft als Figur eingearbeitet. Als Demokrat spricht er die Sätze, die man auch vor dem Krieg gesprochen hat. Wortgewaltig trennt er in Opfer und Täter, wähnt sich dabei stets auf der richtigen Seite und merkt nicht, wie er durch sein selbstgerechtes Reden und seine Trennungen die nächste Jagdszene eröffnet.

Opfer und Täter: Wer von Missbrauch spricht, setzt das Muster voraus. Die Jagd stützt darauf ab. Wer Täter jagt, tut Gutes. Und das bringt Zuspruch. Politiker machen, was Zuspruch bringt. Als mein Fall publik wurde, kam aus der Politik kein Einspruch gegen die Hatz, sondern gegen literarischen Sex. Drei Kantonsräte reichten nach dem Urteil des Bezirksgerichts Ende des Jahres 2011 ein Postulat ein. Ein Postulat gegen einen Unterricht mit literarischem Sex, wie sie sich ausdrückten:

»Die Berichterstattung in den Medien über den pädophilen Kantonsschullehrer im Gymnasium Rämibühl lässt aufhorchen und gibt zu verschiedenen Fragen Anlass. Der betreffende Lehrer liess seine Klassen umstrittene Werke über pädophile, inzestiöse [Rechtschreibefehler im offiziellen Dokument, DS] *und sodomistische* [Rechtschreibefehler im offiziellen Dokument, DS] *sexuelle Handlungen lesen und besprach diese ausführlich im Klassenverband. Gemäss Zeitungsberichten handelt es sich um Werke wie ›Die Menschenfresser‹* [falsch zitiert, DS], *›Frühlingserwachen* [falsch zitiert, DS]*‹ oder ›Warum das Kind in der Polenta kocht‹. Der Lehrer wurde auf Grund der Vorwürfe bis auf Weiteres freigestellt.*

Der Lehrer wurde nun aber vom Einzelrichter im Hauptpunkt, seine Schülerinnen und Schüler mit Pornographie konfrontiert zu haben, vom Vorwurf der Pädophilie freigesprochen mit dem Hinweis auf die ›künstlerische Freiheit‹. Die anklagende Mutter und die Staatsanwaltschaft wurden sogar getadelt, dass dieser Fall vor Gericht gebracht wurde. Pikantes Detail: In einem Nebenanklagepunkt wurde der Lehrer aber schuldig gesprochen, denn man fand auf seinem Computer Nacktaufnahmen von Kindern.

Wir bitten den Regierungsrat um Beantwortung der folgenden Fragen:

1. *Was wird ausgehend von diesem Urteil unternommen, wenn eine Lehrperson in irritierender Häufung Literatur behandelt, die sexuelle Praktiken beinhaltet?*

2. *Wie stellt sich die Bildungsdirektion zur Behandlung von pornographischen und harten pornographischen ›Werken‹ in der Schule? Wo zieht sie die Grenze zum Zumutbaren?*
3. *Was gedenkt der Regierungsrat bezüglich des verurteilten Kantonsschullehrers zu unternehmen?*
4. *Findet die Regierung , Lehrpersonen, die Umgang mit Kinderpornographie pflegen, seien im Lehrdienst tragbar, nachdem das Bundesgericht festgehalten hat, dass Personen mit Hang zur Kinderpornographie ›eine wesentliche persönliche Voraussetzung für einen Volksschullehrer nicht erfüllten‹?*

Ich stelle fest: Die Wirklichkeit der Staatsanwaltschaft greift weiter als jene des Richters, der die Jagd bremst. Wenn die drei just da, wo sie lügen, Rechtschreibfehler begehen, so mag das symptomatisch sein. Sie lügen allerdings auch ohne Rechtschreibfehler, wenn sie den Grund des Freispruchs mit künstlerischer Freiheit angeben. Dass sie die Texte nicht kennen, das darf – die falschen Titel als Indiz – angenommen werden. Und würden sie sie kennen, ihre als Zusammenfassung gedachte Falschaussagen (Werke »über pädophile, inzestiöse Handlungen« etc.) beweisen es, mangelte es an Verständnis. Für das Letztere sind sie nicht verantwortlich, für alles andere schon.

Die Gruppe, ergänzt von Mitunterzeichnern, konnte vor einem offiziellen schweizerischen Parlament behaupten, der »pädophile Lehrer« sei zwar vom Vorwurf der »Pädophilie« freigesprochen worden, trotzdem lasse der Fall *aufhorchen.* Man muss vergleichen: Der homosexuelle Lehrer sei vom Vorwurf der Homosexualität freigesprochen worden. Die Hexe von der Hexerei. Weiteres überlass ich dem Leser. Ingmar ist noch da. Diesmal ist das Entsetzen, das aus dem Vergleich hervorgeht, zunächst ein solches über das Ausmaß der Ignoranz. Doch weil sich kein einziger Parlamentarier findet, der dagegen anspricht, weil das alles ohne Korrektur abgeht, wandelt sich das Entsetzen zunehmend in eine andere Richtung. Ich bin niemals der Pädophilie angeklagt gewesen. Doch in der Falschaussage steckt die Wahrheit. Es ist wieder so weit: Ein Schädling ist geortet. Den gilt es zu tilgen. Noch ist das So-Sein juristisch allerdings kein Delikt direkt, auch wenn die Justiz der Jagd zuarbeitet.

Der Anführer der antisexuellen Gruppe im Parlament des Kantons Zürich versteht sich selbst als Christ und er argumentiert angeblich aus einer christlichen Fundierung heraus. Nimmt man die Bibel zum Maßstab, entpuppt sich das allerdings als Selbsttäuschung. Ein Christ würde das Gebot kennen: Du sollst nicht falsch Zeugnis reden wider deinen Nächsten. Übernahme von Lügen, Diffamierung von Menschen, Menschenhatz, da bleibt – christlich gesehen – nicht viel Spielraum nach dem Tod. Auch ein Sozialdemokrat ist bei dieser Aktion führend beteiligt. Er sagt der Presse: Wenn ein Lehrer Aktbilder von Kindern besitze, höre der Spaß auf. Ich verstand mich nie als Teil der Spaßgesellschaft, und Aktfotos sind nicht da, um Spaß zu machen. Das allerdings setzt dieser Sozialdemokrat voraus. Um daraufhin den Spaß mit dem Argument *Kind* zu streichen. Das wiederum heißt, das Kind werde durch die Nacktheit geschädigt, deshalb das Spaßende. Geschädigt wodurch? Durch die Fantasien, die aufkeimen? Schützt der Sozialdemokrat das Opfer, weil er der Erste wäre, der auf es zugriffe, wäre da nicht dieser Schutz? Eine andere Politikerin, die das Postulat mitunterzeichnet hat, stört sich an der zunehmenden Sexualisierung in der Schule. Sie sagt laut einem Bericht im *Tages-Anzeiger:* »Ich hätte auch keine Freude gehabt, wenn solche Bücher für meine Söhne Pflichtlektüre gewesen wären.« Was, muss man sich fragen, ist die Grundlage des Sprechens dieser Politiker? Die Bücher können es nicht sein, denn sonst wüsste die Frau, dass die Bücher mit »Sexualisierung« nichts zu tun haben. Worum also geht es wirklich? Welche Mechanismen sind am Werk?

Hört der Spaß auf: *jeder* Spaß? Nein, einer geht weiter: Der Jagdspaß. *Aufhorchen.* Die Sprache – wir haben es in diesem Buch bereits erfahren – legt mehr frei, als den Sprechenden bewusst ist. Jäger spähen nicht nur, sie horchen auch. Auf jedes Geräusch, jedes Knacken im Unterholz. Und wenn sie etwas hören, *horchen* sie *auf.* Die Initianten des Postulats, so sagt es die Sprache, sind ein Jagdtrupp. Ein Jagdtrupp, der nervös wird angesichts des möglichen Verlustes des Wildes. Tot und starr wollen sie das Wild, auf dass es nicht irgendwo noch herumkröche, im Unterholz, und sie nicht wüssten, was genau es da täte. Das Wild tot und starr: das ist ihre Sehnsucht, ihre blaue Blume. Zu einem Zeitpunkt (November 2011), da ein Richter die Hatz immerhin ausgebremst hat, geht die Jagdgesellschaft zur offenen Terminologie über. Der Schädling wird benannt. Das ist bemerkenswert. Die Jagdinstanzen bisher hielten das Stigma verdeckt. Es sind keine Kriminellen, die da sprechen. Es sind Abgeordnete eines Parlamentes. Die landläufige Meinung hat sie da hineingespült.

Abstrahiert man für Augenblicke von konkreten Inhalten und betrachtet allein das Argumentationsniveau, das diese drei Politiker weit über ihre Orthografieschwächen hinaus offenbaren, dann ergeben sich Parallelen zu totalitären Politsystemen *allein schon aufgrund ebendieses Argumentationsniveaus selbst.* Ein Argumentationsniveau – der Begriff ist in diesem Zusammenhang als Paradoxon zu verstehen –, das minimalsten Ansprüchen nicht genügen kann, war etwa für den politischen Diskurs in ehemals kommunistischen Politgremien bezeichnend. Eindrückliche Dokumente, die den Absturz des Diskurses bis hinab zu infantilen oder gar pathologischen Formen belegen, existieren für das Albanien Enver Hoxhas und das Rumänien Ceausescus. Ein rationaler Diskurs musste im Rahmen dieser Regimes zwangsläufig mit den mythischen Herrschaftsstrukturen kollidieren. Dass das intellektuelle Niveau des Politdiskurses jedoch auch im Rahmen eines demokratischen Systems so sehr einbricht, würde dringend nach einer Analyse verlangen. Der Historiker im australischen Exil, von dem noch die Rede sein wird, schreibt zu Beginn des Jahres 2013 aus Armidale, New South Wales: »Ich denke in letzter Zeit viel über das Lesen und, was unser Schulthema anrührt, das Sich-Verständigen-über-Gelesenes nach. Von daher regen mich heute gewisse Randerscheinungen im Zusammenhang mit deiner Prosekution immer mehr auf. Die Tatsache einer überparteilichen Aktion im Zürcher Kantonsrat, unter anderem mit der Unterschrift des SP-Fraktionsvorsitzenden, macht mir immer weniger den Eindruck einer reinen Torheit, es geht wirklich darum, die Schule zur Sau zu machen – und dass es niemanden gibt unter den Kantonsratskollegen, der den Rundumschlag gegen Autoren wie Eugenides und Wedekind verhindern konnte, sagt genug aus über den Zeitgeist.«

Wenn mir die führende Beteiligung von Leuten aus der sozialdemokratischen Partei an der Jagd aufgefallen ist, so wohl deshalb, weil ich in früheren Jahren diese Partei gewählt habe. Die Unterstützung der Staatsanwältin PB durch die SP, wie sie mir zuerst berichtet wurde, konnte die SP des Kantons Zürich auf Anfrage zwar nicht bestätigen. Weder sei PB Mitglied der Partei noch sei sie als Staatsanwältin von der SP unterstützt worden. Vielmehr scheinen FDP-Kanäle zwischen RG, dem Mann von YUG, und PB bei der Initiierung der Jagd eine Rolle gespielt zu haben. Die Bildungsdirektorin allerdings ist SP-Mitglied. Und der Präsident der Stadtzürcher Sozialdemokraten verteidigte öffentlich das Vorgehen der Bildungsdirektorin. Einer der drei Initianten des Postulats gegen literarischen Sex ist ein SP-Politiker, eine Oberrichterin aus dem Trio, das mit seinem Papier die Jagd offiziell freigab, ebenso. Man mag das als Zufall sehen, doch die populistische Ausrichtung der Partei hat in den letzten Jahren stetig zugenommen. Der Pranger als politisches Instrument ist eine Selbstverständlichkeit geworden. Wenn Politiker aus der SP systematische Hetze tolerieren, befürworten, begünstigen oder selber betreiben, fällt das auch deshalb auf, weil es vor einigen Jahrzehnten noch Exponentinnen und Exponenten in dieser Partei gegeben hat, welche unter Duldung persönlicher Anfeindungen gegen Ausgrenzungen und Hetze angetreten sind. Dass der regulative Wahn, auf dem Jagdszenen basieren, auch in anderen Parteien, namentlich in der populistischen SVP, grassiert, dass sich auch da Hetzer und Hetzerinnen im Namen der landläufigen Meinung in ersten Reihen etabliert haben, versteht sich von selbst. Wenn aber dieser Wahn auch die SP erfasst hat, eine Partei, die sich einst linksliberal gab, so ist das ein nicht unwesentlicher Indikator dafür, wie sehr die Hatz vorangeschritten ist. Allerdings hat Ingeborg Bachmann in der zuvor angesprochenen

Erzählung *Unter Mördern und Irren* bereits vor über einem halben Jahrhundert die Jagdfantasien von Demokraten verschriftet. Auch von sozialen.

Der Vater tritt hervor

Einige Wochen nach dem Bezirksgerichtsurteil, noch im Jahre 2011, klingelt bei einer *anderen* Mutter das Telefon. Es ist RG, der sich meldet. Vater von LG, Mann von YUG. Bis anhin hat er sich bedeckt gehalten. Was will LGs Vater von dieser Mutter, die sich bemüht, eine Solidaritätsaktion zu meinen Gunsten in Gang zu setzen?

Die Mutter fasst seine Botschaft zusammen: Ihnen gehe es nicht um diese Literatur. Das sei eine blöde Diskussion. Letztlich gehe es um pädophile Neigungen. Die Staatsanwaltschaft habe das Ganze unter anderem an dieser Literatur aufgehängt. Ob das nun gut sei oder schlecht – es sei schwierig, da etwas zu machen.

Was die Lektüre der behördlichen Schriften aufzeigt, wird abermals bestätigt. Das So-Sein im Visier. Noch muss man es an etwas aufhängen. Noch kann man den Schädling nicht direkt aufknüpfen. Deshalb muss etwas gemacht werden. Ein Schaden konstruiert.

RG habe weiter von einer Verurteilung wegen Herstellung und Aufbewahrung von Pornografie mit Minderjährigen gesprochen, erzählt die Mutter. Außerdem von anderen Sachen, die man gefunden habe und von denen er ihr nichts sagen dürfe. Da gehe es um Handlungen, die gemacht worden seien mit Kindern im Schutzalter. Aufgrund von dem habe es einen Schuldspruch gegeben. Und die ganze Diskussion, die jetzt in den Medien laufe über die Bücher, sei völlig an der Sache vorbei, so habe er nochmals betont.

Ich stelle fest: Zweieinhalb Jahre nach dem Überfall und einige Wochen nach dem Gerichtsurteil ein Versuch, die Jagd wieder in Gang zu bringen, nachdem sie von einer blöden Diskussion behindert worden ist. Zu diesem Zweck wird die Liste der Vergehen erweitert: Herstellung von Pornografie und Handlungen, welche mit Kindern gemacht worden seien. Wer hat RG solche »Informationen« zugehalten? Ist er mit der Justiz verknüpft? Darf er Straftatbestände mitgestalten?

Gefragt, weshalb er nicht direkt zu dem Lehrer gegangen sei, habe RG irritiert reagiert. Bei einem Verdacht auf pädophile Handlungen könne man nicht zu diesem Lehrer gehen und sagen, er habe ein Problem mit Pädophilie. Warum nicht, so habe sie nachgehakt. (Ja, warum eigentlich nicht: Dieser Mutter sagt er es ja auch. Und die Politiker im Zürcher Kantonsparlament haben es auch gesagt: *Der pädophile Lehrer.*) Wieder habe RG irritiert reagiert. Dieser Lehrer werde das natürlich abstreiten. Man habe dort effektiv ein Problem, so seine Antwort. Sie habe darauf verwiesen, dass andere Eltern kein Problem gehabt hätten. Daraufhin habe RG sein Erstaunen ausgedrückt. Das sei ja das, was er ihr klarzumachen versuche. Sie wisse nicht alles.

Was weiß er denn? Wovon ist er Teil? Von welchem Staat im Staat?

Sie habe endlich wissen wollen, was ihn zu diesem Telefonat führe. Seine Antwort: Sie wolle etwas zugunsten des Lehrers unternehmen, weil diesem Unrecht geschehen sei, so habe er vernommen. Es sei jedoch nicht ihm Unrecht geschehen, es sei letztlich Unrecht gegenüber Schülerinnen und gegenüber Kindern, die auf den Fotos seien, gerichtlich festgestellt worden. Er sei gerne bereit, diese Sicht bei einer Aussprache einzubringen, so habe er geantwortet.

Sie habe auf den Rektor verwiesen, der womöglich etwas unternehmen wolle. Daraufhin habe RG festgehalten, dass es keinen Kontakt gegeben habe mit dem Rektor, man habe sie nicht zugelassen. Dreimal hätten sie es versucht, dann hätten sie sich an die Kinderschutzgruppe der Stadt Zürich gewandt. Die habe aufgrund der Gespräche dringend geraten, diesen Fall als Anzeige zu deponieren. Auf die Frage, ob er andere Eltern gefunden habe, die seine Sicht geteilt hätten, sei es zuerst still gewesen in der Leitung. Dann habe er eingeräumt, keine anderen Eltern gefunden zu haben. Das sei doch eigenartig, habe sie zu bedenken gegeben. Darauf sei er nicht weiter eingegangen, stattdessen habe er es ihr sozusagen freigestellt, ob sie das Ganze weiter eskalieren lasse, wie er das genannt habe. Und er habe in diesem Zusammenhang auf die Anfragen im Kantonsrat verwiesen. Diese Fragen habe er bei sich. Auch im Kantonsrat sei auf die Verurteilung wegen Pornografie mit Minderjährigen hingewiesen worden und man habe deshalb Auskunft vom Regierungsrat verlangt. So berichtete die *andere* Mutter von diesem Telefonat.

War RG der Informant der Politiker im Kantonsrat? *Herstellung von Pornografie, Handlungen mit Minderjährigen,* die man gefunden habe (wie findet man Handlungen?)? Die grundsätzliche Frage indes lautet: Ist es Entsetzen, was den Jäger antreibt, Angst, die Mission könnte implodieren? Der Schädling nicht Schädling genug? Oder ist es Fassungslosigkeit allein? Ja, vielleicht ist es mehr noch das Zweite: Wie bloß kann jemand nicht am gleichen Strick ziehen? Das fragt sich dieser unbescholtene Bürger, wie er seine Mission an dieser Mutter abprallen sieht. Es geht doch um *Solche.* Der gleichen Fassungslosigkeit begegnet man in Horváths Roman *Jugend ohne Gott,* wenn Bürger erkennen, dass nicht restlos alle mittun beim Aufspüren von Schädlingen. Er tut nichts Böses, dieser RG. Im Übereifer bloß erfindet er Schäden. Die Jagd, gesellschaftlich jeder Kritik enthoben, führt dieses Muster herbei.

Als ich von diesem Telefonat Kenntnis erlangte, Anfang 2013, da erfassten mich neue Ängste. Sie gründeten in der Erkenntnis, wie sehr ein Bürger wie dieser RG über die Verleumdungen den Unterricht betreffend hinaus weiterhetzen kann, ohne in Gefahr zu geraten, zur Verantwortung gezogen zu werden. Dass er mit der Botschaft, die er gegenüber dieser Mutter absondert, auch auf andere Seiten hin aktiv ist, davon ist auszugehen, zumal er zum Telefon greift, um seine Botschaft in einen weiteren Kreis zu tragen. Anzeige wegen Rufmord? Im Rahmen *dieser* Justiz? Die Frage ist rhetorisch. Die werden weiter *etwas machen,* konstruieren, ich bin mir dessen gewiss. Auch nach diesem Buch. Man wird verleumden und diffamieren. Das ergibt sich aus der Logik des Systems. Sie hat ganz und gar gegriffen, tief ins Bewusstsein geschnitten: die Vision der Lösung, der sauberen Welt.

Der Justizdirektor jagt nach

Knapp ein Jahr nach jenem Telefonat, September 2012: Die Justizdirektion schaltet sich ein. In Form eines Leserbriefs. Diesen Brief gilt es genau zu lesen. Er ist die Antwort auf meinen Beitrag in der *NZZ am Sonntag* (vgl. Website des Verlages). Der Chefredaktor der Zeitung hat ihn angeregt. Ich ringe mich in den Wochen nach dem Rückzug der Staatsanwaltschaft dazu durch, mit großen Zweifeln am Sinn des Ganzen, was übrigens auch auf dieses Buch zutrifft. Und doch wäre ein gänzliches Verstummen, zumal mir das Forum angeboten wird, keine Alternative.

Für das Zürcher Politestablishment und die Justizszene war kaum verdaubar, dass sich mit der *NZZ am Sonntag* eine der renommiertesten Zeitungen des Landes in diesem Fall gegen die Jagd positioniert hatte. Empfand man die Stellungnahme der Schule bereits als lästig, so war mein Beitrag in dieser Zeitung nicht hinzunehmen. Die Replik des Justizdirektors des Kantons Zürich, die er in Form eines Leserbriefes seinen Kommunikationsbeauftragten schreiben und unterschreiben lässt, geht allerdings weit über eine verärgerte Reaktion hinaus.

»In diesem Artikel zeichnet der Gymnasiallehrer DS das Bild von sich als engagiertem Literaturvermittler, der gänzlich zu Unrecht in die Fänge der Zürcher Justiz geraten ist. Dazu bleibt festzuhalten, dass DS rechtskräftig wegen des Besitzes von Kinderpornografie verurteilt worden ist. DS hortete Dutzende Bilder wie dieses: »Gespreizte Beine, geöffnetes Kleid gibt Blick auf den Schambereich frei, lasziver Blick, posierende Haltung« (Beschreibung des Gerichts). Alle Fotos zeigen laut Gericht Mädchen von 10-15 Jahren. Der Mann ist Lehrer.« BT, Kommunikationsbeauftragter der Justizdirektion

In der Propaganda der 30er-Jahre kam der Sprache eine zentrale Funktion zu. Der Sprachgebrauch zielte auf Stereotype. Diese Stereotype hatten die Funktion, *unmittelbar* Emotionen zu erzeugen. Das limbische System sollte angesprochen werden, kognitiv höhergestellte Netzwerke dagegen ausgeklammert. Die Propaganda kam deshalb weitgehend ohne kausale Sprachmuster aus. Stattdessen belebten isolierte

Reizwörter, in dauernder Wiederholung, die Klischees, die als landläufige Meinung bereits abgespeichert vorlagen. Eines dieser Klischees war das Konzept der *Raffgier,* welches mit verschiedenen Vokabeln stimuliert wurde. Unter anderem mit dem Begriff des *Hortens.* »Horten« bezeichnet nicht einfach einen Besitz, es konnotiert diesen Besitz negativ. Wer hortet, nimmt anderen weg. Begeht ein Unrecht. Vollzieht etwas Krankhaftes. So setzte die Propaganda den Begriff ein. Dass die Wertungen dieser Propaganda auf falschen Prämissen beruhten, mitunter auf Lügen, spielte insofern keine Rolle, als die fehlende oder lückenhafte Argumentation bei der Rezeption infolge der Strahlkraft der verwendeten Reizwörter gar nicht erst erkannt wurde. Zumindest nicht von denen, die, über längere Zeit der Rhetorik ausgesetzt, bereits fest in der landläufigen Meinung ankerten.

Mit zur emotionalen Wirkung gehörte ein Unterhaltungsfaktor, der eine gefühlsmäßige Aufwallung zwischen landläufiger Empörung und verächtlichem Spott anpeilte. Zu erzeugen war dieser Faktor über verknappte, auf Sentenzen heruntergebrochene Aussagen, die an sich keinen Informationsneuwert hatten (»Der Mann ist Lehrer.«), deren moralischer Impetus (So was ist Lehrer!) sich durch die Verknappung beziehungsweise bezuglose Setzung im Text einer Hinterfragung entzog. Die Propagandasprache ist eine Appellsprache. Sie bedient Instinkte, ersetzt Argumente, macht Stimmung. Das Schreiben des grünen Justizdirektors weist erhebliche Parallelen zu solchen Mustern auf. Die strategischen Überlegungen, welche dem Leserbrief zugrunde liegen dürften: Was macht den Schädling – dieser Begriff wird mit dem Wort »horten« evoziert – am meisten kaputt? Was kann ihn nachhaltig zerstören? Eine euphemistische Version dieser Frage muss in den Räumen der Justizdirektion gestellt worden sein. Die Antwort: Man isoliere aus dem Urteil die Fotobeschreibung mit den meisten landläufig verankerten Reizwörtern und stelle diese Beschreibung, unter der impliziten und rechtfertigenden Vorgabe, ich hätte meine Verurteilung im *NZZ am Sonntag*-Artikel ausgeblendet, ins Zentrum. Das Reizwortpaket wird im Rahmen des Raffgier-Musters, eben des *Hortens,* aufgestellt.

In der Sache führt der Leserbrief der Justizdirektion die Verzerrungen und Lügen aus der Schrift der Anklagekammer und der Anklageschrift der Staatsanwältin nahtlos weiter. Die Aussage, ich hätte im Artikel ein Bild von mir als Lehrer gezeichnet, entspricht nicht den Tatsachen. Der Unterricht wird darin nur so weit thematisiert, als Aussagen der Justiz zu korrigieren sind. Ein Bild eines Literaturvermittlers wird nicht geliefert. Diese Verzerrungen indes sind nötig, um die Replik zu legitimieren. Durch die implizite Lüge, ich hätte meine Verurteilung im Artikel ausgeblendet, wird suggeriert, mit der Bildbeschreibung würde eine Argumentationslücke geschlossen. Das ist falsch. Ich habe in der *NZZ am Sonntag* geschrieben: »Die Gründe, die in meinem Fall hängen blieben: 36 Fotos von Menschen unter 16.«

Mit dem *Horten* spätestens wird explizit, was im ganzen Verfahren latent gegeben ist: ein Kontext mit erheblichen Parallelen zu Denk- und Handlungsmustern, die man heute nur allzu schnell von jedem Vergleich ausnimmt. Der Schädling *hortet.* Gold, Geld oder was auch immer. Und indem er hortet, schädigt er. Über die explizite Erwähnung des Hortens allein lässt sich der Schädling herbeiführen, auf dass er dann »zum Wohle des Volkes« (»zum Wohle der Kinder« – so schreibt mir eine Kinderschützerin) getilgt werden kann. Was manche Freunde nicht begreifen wollten, liegt hier ausgeführt vor: Zwischen der Jagd von heute und der von damals bestehen Referenzen. Das ist umso auffälliger, als der Begriff des Hortens in meinem Fall sich in keiner Weise aus der Sache ergibt. Auch einen bloß entfernt verwandten Begriff sucht man im Gerichtsurteil, auf das sich der Leserbrief beruft, vergeblich. Der Begriff beziehungsweise seine Aktivierung für diesen Leserbrief ist als genuine Leistung des Leserbriefes selbst zu verstehen. Er entspringt allein dem Geisteshorizont des Verfassers. Ich hatte zum Zeitpunkt des Überfalls auf kein einziges Bild einen Zugriff. Nicht einmal auf die wenigen, die ich einst tatsächlich besessen hatte. 90 Prozent der angeblich rekonstruierten Aktbilder waren zu keinem Zeitpunkt in meinem Besitz. Von Horten keine Rede. Was man hortet, das unterliegt dem Zugriff. Doch zielt der Begriff auf etwas anderes, nämlich auf das Schädliche und Krankhafte, das in seiner Konnotation mitschwingt. Wäre dem nicht so, so hätte dieser Kommunikationsbeauftragte geschrieben: DS *besaß* einst Bilder.

Horten ist indes nicht nur vom Vorgang her ein sachlich falscher Begriff, sondern auch von der *Quantität,* die in der Semantik des Wortes enthalten ist. Wer hortet, häuft an. Beim Lesen entsteht der Eindruck von »viel«. Das Gerichtsurteil hält *explizit* das Gegenteil fest: »relativ geringe Anzahl«. Der Begriff des Hortens steht deshalb in einer Linie mit sprachlichen Verzerrungen, welche die Staatsanwältin benutzte, und vor allem mit dem Begriff, den die Anklagekammer des Obergerichtes (AK, PD, IJS) als vorgetäuschte Rechtfertigung vor das ganze Verfahren stellte: *Übermaß.* Das Horten ergänzend, ist im Schreiben des Justizdirektors von *Dutzenden von Bildern* die Rede. Übermaß als Rhetorik. Der Schädling wird groß *gemacht,* auf dass er (moralisch bloß) getilgt werden kann.

Das blaue Wild auf schwarzer Liste

Um zu verstehen, was die Bildungsdirektion antreibt, wenn sie nach dem Rückzug der Staatsanwaltschaft ein Administrativverfahren gegen mich eröffnet, sind ein paar Etappen zuvor anzupeilen. Ganz zu Beginn steht die Tatsache, dass sich die Bildungsdirektorin vollständig an die Position der Staatsanwältin schleust. Das angebliche Administrativverfahren versucht dieses Schleusen weiterhin zu legitimieren, indem es die Suggestion, es habe sich, bezogen auf mein Handeln, etwas von krimineller Tragweite abgespielt, aufrechterhält. Auch über drei Jahre nach dem Überfall noch. Diese Botschaft ist sowohl an mich gerichtet wie an andere, welche von diesem Verfahren Kenntnis haben. Die schwarze Liste hinwiederum ist ein Instrument, das spezifisch populistische Anliegen aufgreift und bedient. Ein Instrument der Sicherheit und der Schädlingsbekämpfung. Es ist immer dann gefragt, wenn der Sicherheitsgedanke grassiert. Es ist ein genuin politisches Instrument.

In repressiven Zeiten waren Listen mit Berufsverbot stets gang und gäbe, auch in der Schweiz. Und auf diese schwarze Liste schielen die Politiker, welche das Postulat im Kantonsrat eingereicht haben. Sie haben, davon darf und muss RA ausgehen, ihr Anliegen, mich zu entsorgen, nicht vergessen, auch wenn es nach dem *Magazin*-Artikel deutlich stiller wird um die Postulanten im Kantonsrat. Doch der *Magazin*-Artikel verblasst mit der Zeit. Das Hatzwort *pädophil* (»der pädophile Lehrer«) dagegen nicht. Das ist der Trick der Schablonen-Rhetorik. Diese Fakten gilt es zu bedenken im Zusammenhang mit einem Administrativverfahren. Allerdings erreichen die Bildungsdirektion, einmal abgesehen vom *Magazin*-Artikel, weitere Zeichen, die sie irritieren. Leserbriefe schreiben die Aktion S. in einen *Fall Staatsanwaltschaft* um. Noch mehr verärgert aber hat sie ein Schreiben der Eltern jener Klasse 3i vom 12. März 2012. Ein Schreiben, das im Gegensatz zu den Parolen der Jäger aus dem innersten Kreis stammt. Hier werden keine Hatzparolen über landläufige Kanäle verbreitet, hier sprechen Leute aus erster Hand. Leute, die über Jahre von der Justiz übergangen worden sind und die meinen Unterricht kennen. Wirklich kennen.

»Sehr geehrte Frau Regierungsrätin A.,

Im Folgenden nehmen wir Bezug auf den Artikel ›Die nackte Wahrheit‹ von MN im Magazin des Tages-Anzeigers vom 3.3.2012. Wie aus dem Artikel ersichtlich, wurde Herr DS Opfer inkompetenter und fahrlässig agierender Fachpersonen, die ihre Anklage nur auf eines aufbauten: Annahmen und Unterstellungen. Weder die Personen beim Kinderschutz noch die Staatsanwältin fühlten sich bemüssigt Fragen zu stellen. Weder die Schüler noch die Schulleitung, noch die Kollegen oder Eltern wurden befragt. Bei genauerer Untersuchung hätte sich alsbald herausgestellt: es gibt keinerlei Hinweise auf pädophile Tendenzen bei Herrn S., keinerlei Klagen von Seiten der Schüler, dass Herr S. unseriös gearbeitet oder sich zweideutig verhalten hätte. Sein Unterricht war höchst engagiert und instruktiv. Er hatte den Mut, das Thema Jugend und Sexualität mit den Schülern offen und ohne Tabus zu bearbeiten, ebenso wie andere Tabuthemen wie Tod und Vergänglichkeit. Als Eltern kann man sich so etwas nur wünschen, zumal

Jugendliche es vorziehen sich untereinander auszutauschen und häufig zu wenig oder falsch informiert werden.

Nicht viele Lehrer gehen diese Thematik so beherzt an. Einmal anders betrachtet: vielleicht hat das Interesse von Herrn S., das ihm nun zum Verhängnis werden soll, dazu geführt, dass er sich ohne Scheu vor eine Klasse Jugendlicher stellen konnte und dasjenige Thema mit ihnen diskutieren konnte, was sie am meisten beschäftigt. Als ein Informierter und als ein starkes Gegenüber.

Trotz oder vielleicht gerade wegen der Allgegenwart von Sexualität in den Medien scheint unsere Gesellschaft in anderen Bereichen wieder zunehmend in die Prüderie des 19. Jahrhunderts zu versinken. Und diese Verdrängung der Sexualthematik ist bedenklich. Nicht umsonst sind die Zahlen vergewaltigter jugendlicher Frauen erschreckend hoch. Um unsere Kinder zu schützen, braucht es mehr aufklärende Erwachsene, nicht weniger.

Wir, die Eltern der ehemaligen 3i, plädieren dafür, dass Herr S. rehabilitiert wird. Es ist schon genug Unrecht geschehen und genug Schaden angerichtet worden!«

Die Antwort RAs:

An die
Eltern der ehemaligen 3i
z.H. G[redacted] F[redacted]
[redacted]
[redacted] Zollikerberg

Zürich, 27. April 2012

Ihr Brief vom 12. März 2012

Sehr geehrte Damen und Herren

Ich beziehe mich auf Ihr oben genanntes Schreiben und nehme dazu gerne wie folgt Stellung:

Im Lehrpersonalgesetz des Kantons Zürich ist verankert, dass strafbare Handlungen gegen die sexuelle Integrität nicht toleriert werden. Nicht die Bildungsdirektion, sondern die Strafbehörden beurteilen, ob der Tatbestand von Kinderpornografie erfüllt ist. Diese Rollenteilung gilt es zu respektieren. Verurteilt wurde die im Magazin des Tages-Anzeigers erwähnte Lehrperson in erster Instanz wegen des Konsums kinderpornografischer Bilder. Im Falle einer rechtskräftigen Verurteilung der Lehrperson ist es Aufgabe der Direktion, im Rahmen eines Administrativverfahrens Massnahmen, wie z.B. der Entzug des Lehrdiploms, zu prüfen.

In diesem Zusammenhang ist es mir ein Anliegen, noch auf den von Ihnen erwähnten Artikel einzugehen. Darin kommen leider wichtige Aspekte der Thematik zu kurz: Zum einen die Problematik der Kinderpornografie selbst. Pornografische Bilder von Kindern kommen durch Übergriffe an diesen zustande. Zum anderen wird zu wenig klar aufgezeigt, wie die rechtsstaatlichen Abläufe bei allfälligen Verfehlungen in diesem Bereich ausgestaltet sind.

Mit freundlichen Grüssen

R[redacted] A[redacted] Regierungsrätin

Die Antwort, das ist offensichtlich, zielt systematisch am Schreiben der Eltern vorbei. Schon mit dem ersten Satz versucht RA den Fall zu drehen und in *die* Ecke zu rücken, in welcher sie ihn haben will. Und *muss,* um ihr bisheriges Verhalten zu rechtfertigen. Das wiederum lässt sich nur rechtfertigen, wenn die Bilder alles überstrahlen. Die geradezu übereilige Evokation der Kinderpornografiediskussion in der Antwort RAs muss allerdings irritieren. So provoziert bereits die zweite Zeile der Stellungnahme die verwunderte Gegenfrage: *Sexuelle Integrität?* Das soll Thema sein in dieser Sache? Jeder und jede, der oder die sich mit dem Fall befasst hat, weiß: Sexuelle Integrität – das ist nicht das Thema. Die Anklage hat vieles zusammengelogen, dieser Vorwurf allerdings fehlt. Die Staatsanwältin hat vielmehr an verschiedenen Stellen festgehalten: Es gibt keine Geschädigten. Die Integrität von wem auch immer: sie stand juristisch nie zur Diskussion.

Abgesehen davon, dass RA, basierend auf dieser Unwahrheit, sich vollständig auf die Fotos beschränkt, missachtet sie auch *innerhalb* der Fotodiskussion sämtliche Sorgfaltspflichten, denen ein Text von dieser Tragweite nachkommen müsste. So blendet sie systematisch aus, was nicht ins Bild der monströsen Fotos passt. Ihr Schreiben zielt einzig auf den Aufschrei. Und der wird durch den bereits in der dritten Zeile erstmals platzierten Begriff *Kinderpornografie* erzeugt. Das Reizwort wird in der Folge insgesamt dreimal wiederholt (ein weiteres Mal substantivisch, zweimal adjektivisch) und dies innerhalb weniger Zeilen. Allein diese Verwendung zeigt: Es handelt sich um ein auf Stereotype beschränktes Stimmungsschreiben ohne kausale Muster, ein Schreiben mit Appellfunktion, in dieser Hinsicht vergleichbar mit dem Leserbrief der Justizdirektion. Dabei wird – durch den ausschließlichen und nachweislich falschen Fokus auf die Bilder – suggeriert, es sei der Elternbrief, der am angeblich wichtigsten Fakt vorbeiziele. Das ist nachgerade eine Perversion. Damit nicht genug. RA, vielleicht um die alleinige Schlagkraft des möglicherweise bereits etwas ausgelaugten Totschlagwortes *Kinderpornografie* fürchtend, greift, um den gewünschten Effekt zu steigern, zu Ungeheuerlichkeiten, die sich im Prinzip so nur mit Ungeheuerlichkeiten von totalitären Behörden beim Aufblasen von durch Schädlinge beziehungsweise Regimegegner verursachten angeblichen Schäden vergleichen lässt.

Dass sexuelle Integrität kein Thema war, in keinem einzigen juristischen Dokument, nicht im Urteil, das ist das eine. Doch RA lässt es dabei nicht bewenden. Im zweiten Abschnitt, ganz im Sinne des Übereifer-Musters, das die Jagd systematisch kennzeichnet, und ähnlich wie RG im Rahmen seines Telefonats (Herstellung von Kinderpornografie) verbindet sie den Begriff der Kinderpornografie mit dem Begriff des Übergriffes. Das heißt: Indem sie diese Fotos, bei denen zunächst selbst nach richterlicher Einschätzung nicht einmal klar war, ob sie überhaupt pornografisch seien und die auch im Urteil als von »leichter Natur« eingestuft werden, mit Übergriffen verbindet, unterstellt sie mir einen solchen. Ein Übergriff war in keinem Dokument, keinem Protokoll, in keiner Anschuldigung, zu keinem Zeitpunkt und schon gar nicht im Urteil ein Thema. Übergriff – das ist eine neue Kategorie. Ich wiederhole, weil es in diesem an sich schon ungeheuerlichen Verfahren nochmals als Ungeheuerlichkeit heraussticht: Ein Dokument oder ein richterliches Urteil, das die Bilder in einen Zusammenhang mit Übergriff setzt, existiert nicht. Der Richter wägt die Fotografien in seinen akribischen Ausführungen auf alle Seiten hin ab. Ein Wort, das auch nur entfernt in die Nähe eines Übergriffs käme, sucht man in seinen Ausführungen vergeblich. Wer den Fall mit einem Missbrauch in Zusammenhang bringt, schreibt die Geschichte um.

Hätte RA das Gerichtsurteil genau gelesen, hätte sie zur Kenntnis nehmen müssen, weshalb BGE 131 Kinderpornografie nicht mit Übergriff gleichsetzt. Weil nämlich bereits eine blaue Haarschleife ausreicht, um eine Aktfotografie als kinderpornografisch einzustufen. Das ist die Kehrseite des Täter erzeugenden Subsumierungsparagrafen: Eine blaue Haarschleife, im Rückschluss, kann bei aller Jagdorientierung nicht als Übergriff taxiert werden. Das heißt: *Kinderpornografie* im Sinne des BGE, der in meinem Fall angewendet wurde, und *Übergriff* sind zwei getrennte Dinge. Wenn RA die beiden Begriffe gleichsetzt, so muss von einem Wahn ausgegangen werden. Ein Wahn, der ernsthafte Zweifel an der Zurechnungsfähigkeit aufkommen lässt. Wie sagte die Frau über mich: Auch Kriminelle können nett sein.

Das Muster ist bekannt: Jemand wird als Schädling ausgerufen. Man erfindet Fakten, um ihn überfallen zu können. Unter Anwendung verschiedener juristischer Konstruktionen wird er schließlich auch kriminalisiert. Und einmal kriminalisiert, wird das Kriminalisierte aufgeblasen, damit der Kollateralschaden das einfangen kann, was das – juristisch gesehen – als bloßes Bagatelldelikt fungierende Vergehen nicht zu erzeugen imstande ist. Bis dahin habe ich RA als bloße Opportunistin eingestuft. Eine Fehleinschätzung. Eine der Kehrseiten: Wer den Begriff des Übergriffs für seine Zwecke so instrumentalisiert, wie dies RA in diesem Schreiben vollzieht, der verharmlost den wirklichen Übergriff. Wirkliche Übergriffe haben nichts mit Haarschleifen und Posieren auf einem Ahornblatt zu tun, bei wirklichen Übergriffen geht es um Gewalt.

Wenn RA in ihrem Schreiben zuletzt noch bedauert, der *Magazin*-Artikel habe rechtsstaatliche Abläufe nicht genügend aufgezeigt, so ist das angesichts eines Verfahrens, das jeder Rechtsstaatlichkeit spottet, als Realsatire zu begreifen. Es war der *Magazin*-Artikel, der erstmals rechtsstaatliche Maßstäbe an dieses Verfahren gelegt hat, und es war die Bildungsdirektion, welche mich unter Verdrehungen von Tatsachen mit der Lohneinstellung bestrafen wollte. Die Juristin RA, so bleibt lakonisch festzuhalten, hat wahrlich einen seltsamen Begriff von Rechtsstaatlichkeit.

Im Frühjahr 2012 erreichen die Bildungsdirektorin zwei weitere Postsendungen. Einmal ein von über 70 Prozent der Lehrerschaft meiner ehemaligen Schule unterzeichnetes Schreiben, das auf die bedrohlichen Mechanismen des ganzen Falls hinweist, insgesamt aber angesichts dessen, was geschehen ist, harmlos bleibt (selbst dieses harmlose Schreiben wurde von einer erheblichen Minderheit des Lehrkörpers nicht mitgetragen). Um einiges deutlicher dagegen wird eine Petition vom 21.3.2013. Ein ausgewanderter Ex-Lehrer und Historiker organisiert sie von Australien aus. Dort hat er sich zur Ruhe gesetzt. Irgendwo in den Hügeln dreihundert Kilometer nördlich von Sydney. Keiner kann ihn entlassen, keiner mit einer disziplinarischen Strafe drohen. Zuvor hat er in Zürich sein Lebenswerk getan, ein durchaus unkonventionelles. Er schreibt nun an alte Bekannte in aller Welt, unpathetisch, zufällig. Und einer der Briefe erreicht mich an der Nordsee, über Umwege. Ein Brief über das Leben in den Hügeln nördlich von Sydney. Ich zögere lange mit einer Antwort. Was soll ich zurückschreiben? Wurde verhaftet wegen *Frühlings Erwachen?* Glaubt das einer in diesen Hügeln, einer, der an nichts Böses denkt? Ich schreibe dann doch. Der Historiker allerdings hat die Geschichte verfolgt aus der Ferne, ohne zu wissen, dass ich es bin, der gemeint ist. Vor Jahren schon hat er ein Buch über Ketzer geschrieben. Er ist gewappnet. Das Buch schickt er mir. In erster Linie aber wird er politisch aktiv. Ungefragt, unaufgefordert. Ohne Sicherheiten erst noch. Er klärt nicht zuerst ab, ob auf den Fotos vielleicht doch das eine oder andere Bein zu weit links oder rechts abgeht, ob Brüste zu aufdringlich gehalten, Schleifen im Haar mehr als romantisch, Blicke so lasziv, dass sie den Übergriffsgedanken lösen. Kurz: Er handelt ohne zu wissen, ob ich einer bin oder keiner. Weil es die Kategorien für ihn nicht gibt. Sie gibt es historisch, als Machtinstrument, darüber hat er geforscht. Und wieder ist nun die Zeit reif, so sagt er. Und er schreibt. Verfasst eine Petition, organisiert Unterschriften. Adressatin: die Bildungsdirektorin. Die Forderungen an sie:

Erstens sich öffentlich dafür starkzumachen, dass in solchen Fällen, wo sich Strafklage erhebende Eltern gegen eine Lehrperson wenden, die Strafverfolgungsorgane den Inhalt der Beschwerde sehr genau zu überprüfen haben, was ihrer gesetzlichen Pflicht entspricht und in diesem Fall sehr schnell zu einem ganz anderen Ablauf der Dinge geführt hätte.

Zweitens auch zu bestätigen, dass Ermessensurteile eines Lehrers über eine möglicherweise diskutable Auswahl von Literaturstoff niemals rechtfertigen können, was diesem Mann angetan worden ist, und alles für ihn zu unternehmen, dass er wieder in den Schuldienst zurückkehren kann, wenn er auch von der höheren Instanz freigesprochen wird. [Die Petition wurde vor dem Rückzug der Berufung verfasst, DS]

Drittens klar zu sagen, dass ein Berufsverbot für einen Lehrer wegen des zeitweiligen Besitzes von Aktfotos unerhört wäre und keine »schwarze Liste« eine derartige Konsequenz haben dürfte, weil sie viele gewissenhafte Personen im Erziehungswesen in einen Graubereich versetzen würde, den es in viktorianischer Zeit gegeben hat, der aber nicht wieder entstehen darf in unserem Kulturbereich.

Die Petition wird von 350 Lehrerinnen und Lehrern im Kanton Zürich unterschrieben, vom Postdienst des Bildungsdepartements in Empfang genommen und quittiert. Eine offizielle Reaktion der Bildungsdirektion auf die Petition hin erfolgt nicht. Auf einen Brief des Historikers vom August 2012, worin dieser die kafkaesken Umstände seiner Bemühungen, die Petition auf dem Bildungsamt zu übergeben, nachzeichnet und den Versuch der Bildungsdirektion kritisiert, zwecks Rechtfertigung des eigenen Handelns die Fotografien aufzublasen, reagiert sie auch nicht. Stattdessen leitet sie um dieselbe Zeit ein Administrativverfahren gegen mich ein. Es droht die schwarze Liste.

Der Fokus auf die Liste suggeriert, es sei alles geordnet abgelaufen im Vorfeld und aus dem korrekt Abgelaufenen ergebe sich nun ebenso korrekt die Listenfrage. Geregelt über Dokumente, Abläufe und Kaffeepausen. Ich bekomme also eine Einladung zu einem Gespräch, Ende August 2012. Per Mail. Wieder ist es so weit. Ein Grund, ein Thema wird nicht genannt. Ich schreibe zurück und stelle klar:

»Nach Zürich reisen werde ich in absehbarer Zeit allerdings nicht. Einerseits gibt es medizinische Gründe (mein Augenleiden, wesentlich verursacht durch das Verfahren, lässt ein alleiniges Reisen nicht zu, meine Frau kann bis auf Weiteres an der Uni nicht fehlen), andererseits bin ich für unsere kleine Tochter (11 Monate) zuständig, die ich nicht allein lassen kann. Für ein Gespräch reicht aus meiner Sicht das Telefon oder allenfalls Skype. Frau A. kennt mich als Lehrperson bestens (ich war Klassenlehrer ihrer Tochter), mein Gesicht ist also bekannt. Was ich übrigens sachlich zu diesen 36 Fotos zu sagen habe (das dürfte der Grund für das Gespräch sein; alle schulischen Vorwürfe wurden vom Bezirksgericht mit kaum zu überbietender Deutlichkeit zurückgewiesen), das kann

ich Ihnen gerne bereits in elektronischer Form zustellen. Darüber hinaus aber würde ich selbst gerne mit der Bildungsdirektion sprechen (auch für die geplante Buchdokumentation), denn ich (und andere mehr) sind einigermaßen irritiert, dass sich die Bildungsdirektion in keiner Weise kritisch zu diesem ganzen Verfahren geäußert hat. Insbesondere nicht zum Verhaftungsgrund, der aus fünf anerkannten literarischen Werken bestand, zu denen teilweise Schulbuchverlage Material herausgeben. Im Gegenteil: Ich hatte vom Gespräch mit Herrn K. an das zwingende Gefühl, dass die Bildungsdirektion mir feindlich gesinnt sei. Vielleicht täusche ich mich. Wie gesagt, gerne würde ich darüber sprechen, zum ganzen Verfahren als solchem, zu der Rolle der Bildungsdirektion, zu den Fotos oder zu Aspekten, die Sie interessieren.«

Offene Worte sind nicht das Ding der Bildungsdirektion. Wie ihre Einladung zu einem Gespräch gemeint war, wird in der Antwort auf meine Mail deutlich:

»Gegen Sie liegt ein rechtskräftiges Urteil vor. Es stellt sich nun die Frage, ob gestützt auf die Verurteilung ein Diplomentzug/Berufsverbot verfügt werden soll. Es geht daher in einem Gespräch nicht darum, uns mit Ihnen über die Bilder zu unterhalten, denn ein Zusammentragen der Fakten im Sinne einer Administrativuntersuchung ist nicht vorgesehen [das Ganze soll aber doch Administrativverfahren sein, Anm. DS]. *Vielmehr werden wir Ihnen vorhalten, welche Massnahmen als Folge der strafrechtlichen Verurteilung in Erwägung gezogen werden. Dazu können Sie Stellung nehmen. Eine solche Stellungnahme im Sinne der Gewährung des rechtlichen Gehörs stellt eine grundlegende Verfahrensmaxime dar, welche in jedem Verfahren zu berücksichtigen ist. Eine mündliche Stellungnahme im Rahmen eines Gesprächs kann durch ein Telefongespräch nicht ersetzt werden. Daher bitte ich Sie, uns mitzuteilen, ob sie in absehbarer nicht doch nach Zürich kommen können.«*

Die Staatsanwältin schreibt wieder. Dies mein erster Gedanke, als ich das lese. Stil: Beamtenprosa. Mittel: Imponiergehabe. Textsorte: Herrschaftsdiskurs. Zweck: Hatz. »Vielmehr werden wir Ihnen vorhalten, welche Maßnahmen in Erwägung gezogen werden.« Hintergrund, um es in Erinnerung zu rufen: 36 Aktbilder; Location: Zürich, nicht das Kabul der Taliban, nicht das Teheran der Mullahs. Weil alles zusammengefallen ist, müssen zuletzt nochmals (und wieder und immer wieder) die Fotos aufgeblasen werden. Ich darf und soll also zu den Maßnahmen etwas sagen. Deshalb die Einladung. Gefällt mir, gefällt mir nicht. Es soll ja alles rechtmäßig zu- und hergehen. Wenn man bedenkt, in welchen Justizsumpf diese Rechtmäßigkeitspflöcke gerammt werden: Eine weitere Realsatire. Ich schreibe zurück:

»Vorab: Danke für die Information betreffs dessen, was an diesem Gespräch nicht Thema sein soll. Mich würde natürlich grundsätzlich interessieren, was denn Ihrer Vorstellung gemäß Thema sein soll. Was ich in meiner ersten Mail betreffs Nicht-Reisemöglichkeit geschrieben habe, gilt unabhängig von Anlass und Thema eines Treffens/Gesprächs. Ebenso meine Gesprächsbereitschaft über andere Kanäle. Nach der Lektüre Ihrer Mail sind allerdings Zweifel aufgekommen, ob es sich bei dem angepeilten Anlass überhaupt um ein Gespräch handelt. Mir scheint das eher eine hierarchische Veranstaltung zu sein, allein schon die Zusammensetzung der Beteiligten zielt in diese Richtung [drei Bildungsdirektionsbeamte und ich, Anm. DS]. *Vielleicht ist grundsätzlich zu betonen: Mit Liste, Stempelung und Berufsverbot (was ich alles aus der Literatur bestens kenne) habe ich, hat mein Denken nichts zu tun. Menschen, die mit solchen Instrumenten arbeiten, zu beeinflussen, das steht nicht in meiner Macht. In dieser Hinsicht habe ich demzufolge kein Anliegen an die Bildungsdirektion. Wenn der Anlass indes darauf hinausläuft, dass ich vorgefasste Positionen irgendwie quittieren sollte, dann kann das durchaus auch schriftlich geschehen. Weshalb ich persönlich anwesend sein soll, geht übrigens auch sachlich nicht aus Ihrer Mail hervor. Also wären präzise Angaben, was Themen und Art der Kommunikation betrifft, aus meiner Sicht hilfreich. Und zwar bevor Sie telefonieren – ein Telefonat hat Ihrer Mail zufolge ja bloß den Sinn, einen Termin in Zürich festzulegen, es braucht also bis auf Weiteres nicht zu erfolgen.«*

In einer weiteren Reaktion beharrt die Bildungsdirektion auf meinem Erscheinen. Ich antworte nicht. Dann wird am 16. September mein Beitrag in der *NZZ am Sonntag* publiziert (vgl. Website des Verlages). Am Montag darauf ist die Stimmung in der Bildungsdirektion verwandelt:

»Vielen Dank für Ihre Antwort. Gerne halte ich nochmals fest, dass es sich bei der Möglichkeit zur Stellungnahme um ein Verfahrensrecht im Verwaltungsverfahren handelt. Die Stellungnahme hat einen Einfluss auf den Entscheid, der getroffen wird, weshalb Ihre allfälligen Vorbringen im Entscheid auch behandelt werden müssen. Da Sie in absehbarer Zeit nicht nach Zürich reisen werden, wird Sie das Mittelschul- und Berufsbildungsamt schriftlich zur Stellungnahme auffordern. Sollten Sie weitere Fragen haben, wenden Sie sich bitte ungeniert an mich.«

Am 3. Oktober die Mitteilung in einem zweiseitigen Schreiben, einer Mischung aus inhaltsleeren Worthülsen und letzten Muskelspielen: »... *ist vorgesehen, auf den Entzug der Lehrberechtigung zu verzichten.«* War es die Tochter, die meinen Unterricht als den besten Deutschunterricht, den sie je hatte, bezeichnete (was mir die Bildungsdirektorin selbst ausgerichtet hatte), war es das Ansehen der *NZZ am Sonntag*, die meinen Beitrag nicht nur veröffentlichte, sondern sich über den Chefredaktor selbst positionierte, oder war es vielleicht doch die Sachlage selbst, welche die Bildungsdirektion von der Aufstockung dieser Liste abgehalten hat? Letzteres wohl zuletzt. Eines aber weiß ich: Dieser Verzicht bedeutet in der Sache nichts. Die Bildungsdirektion hat mit diesem aus dem Unmensch-Arsenal aufgegriffenen Instrument gespielt und geprotzt, und wenn ich nun nicht auf dieser Berufsverbotsliste lande, so hat das wohl mit Gründen der Opportunität allein zu tun. *Noch* ist es nicht opportun genug, einen Menschen wegen 36 Aktfotos, von denen er nur 11 überhaupt jemals besessen hat und die nach einem Überfall basierend auf der Lektüre von *Frühlings Erwachen* und *Dunkler Frühling* rekonstruiert wurden, auf eine schwarze Liste zu setzen. Allein dies in Erwägung ziehen bedeutet indes: Es ist wieder so weit. Wenn die Bildungsdirektion den Entscheid an die allerkleinste Glocke hängen wollte und den Rektor, dem sie den Bescheid kommunizieren musste, anwies, sich bei Fragen ausschließlich an die Bildungsdirektion zu halten (es soll kein Lärm erzeugt werden, so sein Eindruck), dann wird deutlich: Der

Jagd entgegentreten, nein, das ist nicht das, was dieser Entscheid bezweckt. Im Gegenteil. Die Stille, in der der Entscheid vollzogen wurde, ist vielmehr eine Facette der Jagd selbst. Noch immer steht jede Stellungnahme von Seiten der Bildungsdirektion bezüglich der Tatsache aus, dass ein als kompetent eingestufter Unterricht mit kanonischem Schulstoff von einer Staatsanwaltschaft und einer Anklagekammer eines Obergerichts für einen Überfall *missbraucht* worden ist.

Ein Detail am Rande: Die Bildungsdirektion hatte in der Verfügung vom 13. Juli 2009 den geplanten vorfinanzierten Urlaub zu ihren Gunsten ausgenutzt. Obwohl suspendiert, sollte für die Zeit von Herbst 2009 bis Sommer 2010 doch die Urlaubsregelung gelten, als wäre ich eben gar nicht suspendiert. Diesen Urlaub hatte ich durch Überstunden bereits verdient. Auf diese Weise musste die Bildungsdirektion ihrem Versprechen, mich während der Suspension zu entlöhnen, für neun Monate nicht nachkommen. Dass ich, vom Verfahren gezeichnet und noch immer geschockt, damit einverstanden sein und nicht versuchen würde, die Regelung rechtlich zu bekämpfen, darauf konnte die Bildungsdirektion zählen. Sie stellte sich in der Tat inhaltlich nicht nur hinter die Anschuldigungen der Staatsanwältin, sie konnte finanziell von der Situation auch noch profitieren.

Lektürewahldiskussion

Lehrer sind nicht mutig. Es sind Beamte. Mit Patrick habe ich oft darüber gesprochen. Und dass wir selbst Beamte und Lehrer waren, dessen waren wir uns durchaus bewusst. Unklar war uns jedoch, wie sehr andere Lehrer genau gleich über Lehrer denken würden, wie wir über sie dachten. Letztlich aber, so glaubten wir, waren es nur die Kafka-Typen, die Selbstzweifler, welche eine solche Reflexion betrieben und sich dabei nicht ausklammerten. Solche Kafka-Typen gab es. Doch sie waren an einer Hand abzuzählen.

Wenn in der Fachschaft, der ich vorstand, und in weiteren Deutschfachschaften nach der Aktion S. die Lektürewahl diskutiert wurde, dann kann das nur eines heißen: Die Einschüchterung sitzt. Hätte unter rationalen Gesichtspunkten nicht eine Totalitarismusdebatte angestanden? Die indes blieb fast gänzlich aus. Nur einzelne, Querdenker, haben sie geführt. Oder besser gesagt: haben *versucht* sie zu führen. Doch sie sind abgeprallt. Jene *andere* Mutter meldete sich über alle drei Proceßjahre hinweg regelmäßig bei mir. Sie benötigte keinen *Magazin*-Bericht, um sicher zu sein, ich sei kein *Dieser* oder *Solcher.* In einer Mail nach Verfahrensende schreibt sie: »Die Bemerkung, man lese solche Lektüre nicht oder später, bekam ich von drei LehrerInnen am Literargymnasium zu hören, ohne dass ich sie dazu gefragt hätte.« An der Kantonsschule Wetzikon, einem Gymnasium etwa dreißig Kilometer von Zürich entfernt, wurde nach dem Urteil eine Fachschaftssitzung einberufen. Thema: Lektürewahl. Der Rektor einer anderen Stadtzürcher Kantonsschule, ein Germanist, sagte der Presse gegenüber, er würde Aglaja Veteranyis Roman allenfalls mit einer 6. Klasse lesen. Im Übrigen wollte er sich nicht zum Fall äußern, mit dem Hinweis, er kenne die Fakten zu wenig. Dass Faktenkenntnis in diesem Fall als Grundlage einer Äußerung nicht gefragt war – das Beispiel der Staatsanwaltschaft selbst zeigt es –, konnte dieser Germanist vielleicht nicht wissen. Doch wurde ich allein wegen literarischer Texte überfallen. Andere konkrete Gründe lagen nicht vor. Und das hat man nach dem *Magazin*-Artikel gewusst. Und trotzdem ist diesem Germanisten – wie vielen anderen ebenso – dazu nichts eingefallen. Der Hinweis, er würde Veteranyi erst in einer 6. Klasse lesen, war sein gesamter Beitrag. In der Situation, wie sie gegeben war, bedeutete die Aussage: Beteiligung an der Jagd.

Wer im Nachklang zu meinem Fall darüber nachzusinnen begann, was man denn lesen dürfe und was nicht, der nahm den Ball auf. Und heiligte das Spiel. Der Schaden für die Literatur ergibt sich nicht allein aus der Tatsache, dass filigrane und komplexe Texte von Justizorganen inkriminiert wurden. Er ergibt sich auch aus dem Verhalten derer, denen diese Literatur angeblich etwas bedeutet. Und es ist nicht bloß ein Schaden, es ist vielmehr eine Radikalstreichung, die ansteht. Auch zu anderen Zeiten, wenn Großes am Werk war, diskutierten Pädagogen die Lektürewahl. Und wenig später wurde sie von oben diktiert. Nachts, wenn ich nicht schlafen kann, höre ich aus dem Munde meiner ehemaligen Kollegen die hehren Worte: Humanismus, Aufklärung und dergleichen. *Nathan der Weise, Iphigenie, Die Physiker* als Vorlage. Die Sätze aus Unterrichtsmaterialien kopiert.

Meine ehemalige Deutschfachschaft, ungefähr vier Monate nach dem Bezirksurteil, rang sich doch noch zu einer Stellungnahme durch – eine Zangengeburt, wahrlich – und ließ sie anderen Kantonsschulen zukommen. Was darin steht, ist korrekt. Es wird deutlich: Die Verfasser sind mit der Justiz nicht einer Meinung. Empörung allerdings, einen intellektuellen Angriff auf die ausführenden Behörden, das Wort *Hatz* oder auch nur etwas entfernt Verwandtes: man sucht das alles vergeblich im Schreiben. An der Kantonsschule Wettingen sprach kurz nach dem Bezirksgerichtsurteil eine Mutter unter Verweis auf meinen Fall vor. Sie war nicht einverstanden, dass ihre Tochter ein Werk von Martin Walser lesen müsse. Arthur Schnitzler und Elfriede Jelinek sind auch nicht mehr erwünscht. *Faust* nur in zensurierter Form. Die Lektürewahldiskussion trägt Früchte. Auftritte von Eltern, welche ihre Söhne von Literatur verschont wissen wollen, sind vorprogrammiert. Am besten den Literaturunterricht insgesamt ersetzen. Durch Medienkunde, durch Umgang mit Twitter und Facebook.

»Die Bemerkung, man lese solche Lektüre nicht oder später, bekam ich von drei LehrerInnen am Literargymnasium zu hören, ohne dass ich sie dazu gefragt hätte. Interessant. Der Neid sprach. Mehr als du denkst, waren sie dir die Liebe der Kinder neidisch. Was bleibt? Sie machen doch alles korrekt und arbeiten wie Mäuse im Rad. Warum ist mir die Liebe der Schüler versagt und jenem laufen sie hinterher?, fragen sie sich.« Diese Mail erreichte mich im Herbst 2012. Sie stammte, wie gesagt, von jener *anderen* Mutter. Der Rektor, als ich ihn darauf ansprach, sagte bloß: »Neid, ich weiß. Ich kenne das. Das dürfte auch eine Rolle gespielt haben. Leider.« Wenn mir viel später ein verbliebener Freund und Deutschlehrer erzählt, er habe mich – nach meinem Abgang, wohlverstanden – gegenüber anderen Lehrpersonen oft »durch alle Böden hindurch verteidigen« müssen, dann passt das. Verteidigen wofür? Für Literatur? Für den Unterricht, den ich erteilt habe? Hat der gestört? Beschämt? Nicht alles an einer Hatz ist politisch.

Literaten und Künstler

Einige der heute aktiven Autoren haben Aglaya Veteranyi noch persönlich gekannt. Deren Roman *Warum das Kind in der Polenta kocht,* mit vielen Preisen ausgezeichnet, ist von der Zürcher Staatsanwaltschaft mit in die Ecke der entarteten Kunst gestellt worden. Autoren und Literaten nehmen das hin. Wortlos. Aglaya Veteranyi selbst konnte sich nicht mehr wehren. Sie nahm sich 2002 das Leben im Zürichsee. Auch Unica Zürn, Marlen Haushofer und Frank Wedekind konnten sich nicht wehren, sie waren schon tot, als die Politiker im Zürcher Kantonsparlament, darunter federführend ein Sozialdemokrat, ein selbsternannter Christ und eine um ihre Söhne besorgte Mutter, zum Kampf gegen den literarischen Sex bliesen. Sie hätten die Stimmen der lebenden Autoren benötigt.

Wenn die Lehrerseite keine forschen Töne der Kritik anstimmte, so war das Schweigen der Schriftsteller vollkommen und absolut. Es hat sich bis auf den heutigen Tag gehalten. Das fällt deshalb besonders auf, weil es durchaus Literatenstimmen gibt, die sich im Übrigen oft und zu fast jedem Thema zu Wort melden. Bestimmt aber zu jedem Abstimmungsplakat der SVP, auf dem sie Menschenrechte verletzt sehen. Menschenrechte, so fragte ich mich manchmal einsam am Deich, gelten die nur für Asylsuchende? In meinem Fall, in dessen Rahmen kanonische Werke der Weltliteratur, der Schweizer Literatur und der Frauenliteratur inkriminiert wurden, ist denen, die sich als Hüter humanistischer Werte begreifen, nichts eingefallen. Ein paar Aktfotografien von Jugendlichen – ist es das, was fürs Schweigen ausreicht? Setzt kritisches Denken deshalb aus? Dabei wären diese Fotografien bei einer Stellungnahme völlig auszublenden gewesen. Sie spielten keine Rolle bei der Verhaftung und bei der Degradierung von Literatur zu Pornografie durch Staatsorgane. *Frühlings Erwachen* und weitere literarische Texte als Überfallgrund: Die Meinung der Literaten dazu wäre gefragt gewesen.

Novalis endlich

November 1794. Ein Mann und ein Mädchen begegnen sich auf einem kleinen Schlossgut im thüringisch-sächsischen Grenzgebiet. Er Dichter und Naturwissenschaftler, zweiundzwanzig, sie ein zwölfjähriges, lebensfrohes und offenbar tanzfreudiges Mädchen. Beim Dichter Liebe auf den ersten Blick. Die Gefühle des Mädchens sind nicht dokumentiert. Wie überhaupt die ganze Verbindung sich weitgehend außerhalb von Aufzeichnungen und Protokollen abspielt. Dass Sophie von Kühn Friedrich von Hardenberg, wie Novalis mit bürgerlichem Name heißt, zumindest mag, das indes wird aus ihrem Umkreis bestätigt. Ein Jahr später ist Verlobung. Weitere zwei Jahre später stirbt Sophie mit fünfzehn nach langer Krankheit an Tuberkulose. Goethe besucht sie kurz vor dem Tod in Jena. Ist beeindruckt von ihrem Charakter, ihrem Lebenswillen. Novalis folgt seiner Geliebten wenige Jahre später ins Jenseits. Eine einfache Geschichte, eine traurige. Heute: eine pädophile.

Novalis gilt als der philosophischste Dichter der deutschen Romantik. Sein knappes Werk fasst eine abgründige Gegenwelt. Nicht nur sein Denken, auch sein Äußeres, darf man Porträts trauen, die überliefert sind, ist filigran, fast weiblich. Wie kommt es, dass ein Mensch, der zu seinen Zeiten ein engelhafter Dichter war, heutzutage ein »Schwein« wäre? Was ist geschehen? Was an Novalis muss, seitdem er tot ist, krank geworden sein, damit er in die Kategorie der »Täter«, in der er sich heute zweifelsohne wiederfände, passt?

Hinter meinem Fall steht – so weit konnten der Kinderschutz und die Staatsanwaltschaft die Wirklichkeiten nicht verzerren – kein »Verhältnis« mit einer Schülerin. Und auch keine Vorstufe dazu konnte konstruiert werden. Eine Verlobung stand nicht an. Und doch, vielleicht bin ich ein Novalis. Nicht von der dichterischen Potenz her, aber was bestimmte Konzepte des Denkens betrifft. Ein Grenzgänger, ein Nahtloser. Und vielleicht strahlte ich dies aus im Unterricht. Dass Dogmen, Gesetze, Einteilungen bloß Dogmen und Gesetze und Einteilungen sind und dass jede Einteilung, unter veränderten Gesichtspunkten, anders ausfällt, diese Erkenntnis peilte ich im Rahmen eines mehrperspektivischen Umgangs mit Zeichen stets an. Die Bedingtheit von Werten zu durchschauen, ihre Gebundenheit an Interessen, das war Teil des Lektüreunterrichts. Faust und Gretchen in meinem Unterricht war niemals eine Unmöglichkeit des Alters wegen, sondern der Umstände, die der Text anführt. Intellektuell bestand, ideal betrachtet, in meinem Unterricht nur eine Grenze: Etwas nicht zu denken vermögen. Und diese Grenze wollten wir ausweiten, stets und kontinuierlich. Es war ein romantischer Unterricht, das Fallen von Grenzen genuines Ziel der Didaktik. Die Leute sollten erleben, wie sie etwas denken, was sie zuvor nie gedacht haben. Und mit dieser Ausrichtung verblassten die Maßstäbe außerhalb. Das wiederum ließ eine Unmittelbarkeit im Schulzimmer entstehen. Eine gefährliche.

Intellektuelle Unmittelbarkeit hat eine sinnliche Komponente. Nicht die Schultermassage war das Sinnliche, das blaue Wild, das PB jagte. Das Denken selbst war sinnlich und im Grunde Ziel der Jagd. Dass in einem solchen Arrangement etwas entstehen kann, das über Normen hinausgreift, das ist das Vergehen. So funktionierten einst auch reformpädagogische Ansätze, die nun wieder durch Knigge-Kurse für Kinder ersetzt werden. Beziehungen zwischen Menschen sind nicht über Gesetze zu definieren. Nicht von Juristen und Staatsanwälten gutzuheißen. Vielleicht strahlte ich diese romantische Selbstverständlichkeit aus. Wo etwas entsteht, eine Verheißung, eine Utopie, ein Knistern, haben Staatsbeamte nichts zu suchen. Für Romantiker sind Staatsanwälte unmöglich. Polizisten und Kameras ebenso. Und wenn mein Anwalt sagt, die verstünden nur *Ja* oder *Nein* oder *Weiß nicht,* so ist das eine Bestätigung aus dem Innern der Justiz. Ein Romantiker versteht alles – außer *Ja* oder *Nein* oder *Weiß nicht.* Vielleicht war es das solchermaßen Subversive, das mich als blaues Wild verriet. Es gibt keine Bedeutung *an sich* und diese Erkenntnis war in meinem Denkunterricht selbstverständlich. Was jener Junge damals mit dem Konzept des Pädophilen verband, war womöglich genau *diese Hintergehung von Bedeutungen.* Eine solche Hintergehung setzt einen nahtlosen Bezug zwischen den Denkpartnern voraus. Goethes Werther, ein Querdenker und beinahe Querulant, der das Gewehr zuletzt gegen sich wendet, fängt vielleicht ein, was ich damit meine: seine Art, auf Menschen zuzugehen, Menschen ohne Vorgabe von Mustern anzusprechen, sein kindlicher wie auch präzise reflektierter Glaube, etwas neu setzen zu können, die Welt stets neu zu erfinden, unabhängig von Regeln und Normen. Dabei überfordern seine ultimativen und zutiefst auch sinnlichen Ansprüche das Gegenüber und ihn selbst nicht selten. Etwas verstörend Oszillierendes, stets Provisorisches: das ist Werther eigen. Und ein unverankertes System ist interessant für andere Unverankerte. Grenzgänger. Wanderer abseits der Wege.

Das, so denke ich mir, ist es, was man zum Kranken erhoben hat, zum Schädling, zum Pädophilen. Nicht ohne Neid. Weshalb sonst würde man Haare reißen, an Scham und Bauch? Der Leib, immerhin, soll kindlich bleiben, wenn alles andere verankert ist. Tot und starr. Es waren Frauen im Umkreis des Dichters, Frauen in seinem Alter, die sich ablehnend zur Beziehung zwischen Novalis und Sophie von Kühn äußerten. Frauen, die sich selbst eine Chance ausgerechnet haben. Bei Stigmatisierungen ist stets Neid im Spiel. Verbitterung über das Altern, das Sterben. Das alles hat nichts mit Verklärung zu tun. Wie überhaupt das Romantische äußerst denkscharf ist. Es gibt ausbeuterische Verhältnisse, Gewalt, Perfidie, in allen Beziehungen und über alle Altersstufen hinweg. Das ist mehr als offensichtlich. Unser ganzes Wirtschaftssystem basiert darauf. Und dass Kinder und Jugendliche in mancherlei Hinsicht und nicht zuletzt kommerziell ausgebeutet werden, das ebenso. Der Verbindung von Novalis und Sophie von Kühn irgendetwas

Ausbeuterisches zu unterstellen, wäre indes reine Ideologie. Es gibt keinerlei Indizien in dieser Richtung. Die Beziehung fand Ausdruck in einer der abgründigsten und komplexesten Dichtungen der deutschen Literatur, den *Hymnen an die Nacht.* Allein – und dies versuchte ich Freunden, Deutschlehrern klarzumachen – allein dass Novalis heute am Pranger stünde, wäre Anlass, die Wertungen, welche die Jagd antreiben, infrage zu stellen. Es kann etwas Fundamentales nicht in Ordnung sein, wenn ein Novalis zum Wild wird.

Auf dem Pult der Kinderschutzpolizistin lag ein Handy: Kinderarbeit. Das I-Phone im Gestell hinter der Kinderschutzpolizistin: Kinderarbeit. Der Kaffee, den HH zuerst nicht bekam, als man mich überfiel: mit einiger Wahrscheinlichkeit Kinderarbeit. Vielleicht auch die Arbeitskleider: Kinderarbeit. Über erzwungene Sexualität kann demütigende, ja himmelschreiende Ausbeutung stattfinden. Das jedoch hat, so glaube ich, genuin nichts mit Sexualität zu tun. Wenn Vierjährige auf realistische Figuren schießen und die daraufhin zusammensacken, so wird gehirntechnisch einiges durcheinandergebracht. Vielleicht mehr als bei Sex. Novalis hatte mit Sophie von Kühn wahrscheinlich keinen Sex. Und es spielt im Grunde keine Rolle, ob sie hatten oder nicht. Sex haben oder nicht: das war kein romantisches Paradigma. Doch heutzutage, vorausgesetzt, die Totalüberwachung funktionierte, wäre PB, Sex hin oder her, beim ersten Zusammentreffen von Novalis und Sophie mit dabei. Begleitet von der Kinderschutzpolizei. Novalis sähe Sophie durch einen Raum tanzen, wäre berauscht. Der Rausch wäre kurz. PB mit ihrem plärrenden Dialekt träte hervor: »Stadtpolizei Zürich, Abteilung Kinderschutz. Sie sind verhaftet.« Vielleicht stünde *Kindsmissbrauch* auf dem Zettel, den sie ihm entgegenhielte. Vielleicht auch *Pornografie etc.* – keine Zeit, einen neuen Verhaftungsgrund zu erfinden. Das alles dank des Gesetzes, das ihr das Zürcher Kantonsparlament mit Unterstützung der Sozialdemokratie, die einst noch gegen den Überwachungsstaat angetreten war, nachlieferte. Meine Freunde verstanden das Argument *Novalis* nicht. Sie erkannten nicht, was alles zertrümmert wurde und wird mit diesem Säuberungswahn. Dieses Unverständnis hat mich am meisten gebrochen. Die *Hymnen an die Nacht,* so glaube ich, hätten in einer Gefängniszelle nicht entstehen können.

Eine Anmerkung: Zu einem gesellschaftlichen Konsens zu kommen, was erlaubt sei, was nicht, ist ethisch vertretbar, ja wahrscheinlich notwendig. Einer Diskussion, die rational geführt würde, wäre indes bewusst: äußere Festlegungen werden dem Einzelfall nicht gerecht. Es gibt nicht nur in Haruki Murakamis *Norwegian Wood* die Dreizehnjährige, die eine erwachsene Person – in diesem Fall eine Frau – verführt und während des ganzen Vorgangs das Steuer nie abgibt. Und es gibt nicht nur in Claude Millers *La petite voleuse* mit Charlotte Gainsbourg – der Film steht *My Life as a Dog* an Qualitäten nicht viel nach – die Jugendliche, die ein Verhältnis mit einem verheirateten Mann hat und *gerade dabei* nicht ausgebeutet wird. Es gibt das auch in der Wirklichkeit. Eine Wirklichkeit, die nicht in den Satzbau der Justiz passt. Und in keine landläufige Anschauung. Ein rationaler Diskurs wäre sich dessen bewusst. Strafen wären nicht mit Jagdszenerien verbunden, die Justiz diente keiner Tätererzeugung zu und böte keine Reizwörter wie Kinderpornografie für Aktfotos zwecks Anheizung der Jagd über das Urteil hinaus. Vor allem aber könnte *Frühlings Erwachen* im Rahmen eines solchen Diskurses niemals zu einem Überfallgrund mutieren. Einem solchen Diskurs wäre vielmehr bewusst: die Normen, die heute gelten, sind nicht die einzig denkbaren. Mit dieser Relation wäre das Heilige weg. Wenn jedoch eine Staatsanwaltschaft einen Unterricht anlässlich von *Frühlings Erwachen* oder *Dunkler Frühling* kriminalisiert, wenn eine Staatsanwaltschaft am Ende einer achtjährigen Hetzjagd das Anlehnen eines Kopfes an den bekleideten Oberschenkel eines anderen Menschen als Straftatbestand bezeichnet, dann allerdings hat man sich von einem rationalen Diskurs verabschiedet. Dann herrscht heiliger Krieg. Bei jedem Einkauf bei H&M, bei der Benutzung eines Mobile-Device-Gerätes, beim Verzehr von billigem Fleisch liegt der angerichtete Schaden wohl ein Vielfaches über demjenigen, der durch das Anlehnen eines Kopfes an einen Schenkel entsteht (wenn da überhaupt einer entsteht). Es hat uns im Zeitalter der Daten und des Internets nicht aus der Mythologie hinausgeschleudert, es hat uns tief in sie hineingespült.

Novalis' Liebe zu Sophie von Kühn war eine notwendige. Und eine, die das Mädchen, das mit fünfzehn sterben musste, leben lässt. Es lebt in einer Grenzsprache, die am Ende der menschlichen Zivilisation vergeht. Bis dahin jedoch brauche ich sie. Als Korrektiv, als Utopie, als Gegenwelt zum Satzbau der Justiz. Wenn denjenigen, die eine solche Liebe brauchen, das Prädikat *pädophil* zukommt, dann, bitte, bin ich gerne pädophil.

Die kaltgestellten Opfer

Ich weiß über das Beispiel des Schriftstellers Josef Haslinger hinaus von Menschen, die als Jugendliche eine Beziehung oder körperlichen Kontakt mit jemandem hatten, der über zwanzig war. Einige von ihnen haben im Nachhinein das Gefühl, es sei schlecht gewesen. Es wäre bloße Ideologie, eine solche Wertung ausschließlich auf gesellschaftliche Einflüsse zurückzuführen. Gleichwohl wird seit Jahrzehnten ein Medienfeldzug inszeniert, der *solche* Beziehungen, auch Novalis-Sophie-Beziehungen, undifferenziert als krank bewertet. Es wäre deshalb ebenso ideologisch auszuschließen, dass Negativbewertungen von *solchen* Beziehungen unter dem Eindruck dieser Rhetorik *im Nachhinein* zustande kommen, zumal Missbrauchsgeschichten sich gut vermarkten lassen. Ich kenne Menschen, die halten trotz dieser Rhetorik daran fest: Es war nicht schlecht. Sogar gut. Vielleicht wird diese Geschichte auch einmal vom Markt entdeckt. Was bestimmt gilt: Das eine wäre gegen das andere nicht auszuspielen.

Aber es wird ausgespielt. Als der österreichische Schriftsteller Josef Haslinger anlässlich des sogenannten Diskurses über die Fälle von Kindsmissbrauch in der katholischen Kirche – von der Presse geradezu zelebriert und von Kirchengegnern exzessiv instrumentalisiert – mit dem Verweis auf eigene Erfahrungen als Jugendlicher in einer katholischen Einrichtung eine behutsame Entideologisierung der Diskussion herbeiführen wollte, wurde er medial kaltgestellt. Dabei gab Haslinger lediglich zu bedenken: Das Bild des Pädophilen, der ein Kind ausbeutet, muss nicht mit der Wirklichkeit übereinstimmen. Er stellte den Missbrauch insgesamt keineswegs in Abrede, er mahnte nur Differenzierungen an, wollte einen individuellen Blick statt Stereotype. Noch drastischer war die Kaltstellung eines nicht genehmen Opfers im Falle der Frau, die als Jugendliche von Roman Polanski gegen ihren Willen zu Geschlechtsverkehr gezwungen oder gedrängt worden war. Polanski habe sie längst verziehen. Wem sie jedoch nie verziehen und wer ihr Leben zerstört habe, das seien die Medien und die Justiz gewesen. So ließ sich die Frau übers Internet vernehmen. Das kommt einer Radikalumwertung ganzer Missbrauchsszenerien gleich. Ein Frontalangriff auf die Opferschützer. Vorgenommen von einem der Opfer, in deren Namen man angeblich jagt. Die Reaktion: Totschweigen. Der Unterschied, mit welchem Pola Kinskis Enthüllungen über ihren Vater einerseits und die Aussagen des Polanski-Opfers andererseits in der Presse verarbeitet wurden, hätte größer nicht sein können. Facetten einer Jagd. Das eine passt, das andere nicht.

Justiz und Jagd

Zurück zu meinem Verfahren. Im Herbst 2012 habe ich die relevanten Dokumente nochmals gesichtet. In sämtlichen juristischen Schreiben ist *ein jeder* Lizenziatstitel *eines jeden* Juristen bis hinab zum letzten Sekretär erwähnt. Jeder lic. iur. in noch so unbedeutender Seitenstellung, jeder, der ein Datum gesetzt oder ein paar Zeilen abgeschrieben hat: er ist mit Titel verewigt. Ebenso konsequent und im Kontrast dazu auffällig: Das Weglassen meines Doktortitels inmitten dieser Titelflut. *DS Lehrer.* Nicht einmal Gymnasiallehrer.

Als Guttenberg über das Abschreiben seines juristischen Doktortitels stolperte, konnte ich nicht anders: Ich musste, vielleicht polemisch, ich gebe das zu, die beiden Dinge zusammensehen. Als Steigerung der Titelgroteske sozusagen. Mit Guttenberg nämlich wurde deutlich, was juristische Titel wert sind. Dies deshalb, weil nach dem Fall des Freiherrn überproportional viele *juristische* Arbeiten als Plagiate aufflogen. Dabei ist meines Erachtens nicht das Abschreiben das Peinliche, sondern der Umstand, dass juristische Professoren dies selbst dann nicht erkannten, wenn aus *Tagespresse*-Erzeugnissen abgeschrieben wurde. Das sagt vieles über das akademische Niveau aus, das in dieser Disziplin vorherrscht. Vermag das ausbildende Hochschulpersonal keinen höheren Ansprüchen zu genügen, dann sind Produkte wie PB vorprogrammiert. Dass solche sich sodann in Staatsanwaltschaften anhäufen, war auch zu anderen Zeiten so.

Das Erwähnen jedes einzelnen Lic.-iur.-Titels als Form der Selbsterhöhung spielt gewissermaßen zusammen mit der falschen Wiedergabe meines Namens. Diesbezüglich übertroffen wurden der Bezirksrichter TM und die federführenden Staatsanwälte PB und DK vom Leiter der Staatsanwaltschaft Zürich-Limmat, HB, selbst. Dieser nämlich schreibt den Eltern jener ehemaligen Klasse 3i, die nicht nur die Bildungsdirektion angeschrieben haben, sondern auch die zuständige Staatsanwaltschaft Zürich-Limmat, einen kurzen Brief, der so beginnt: »Ihr Schreiben vom 20. April 2012 in Sachen gegen *Sahin*«. Pfusch ist, wenn es um die Kriminalisierung von Menschen geht, auch nicht die beste Visitenkarte. Vielleicht sind Staatsanwälte kognitiv nicht in der Lage, Namen richtig zu decodieren und zu reproduzieren. Ein polnischer Bekannter jedoch, der mit weißrussischen Oppositionellen in Kontakt steht, sagte mir, die Justiz in Weißrussland verfälsche die Namen der Angeklagten systematisch. Es sei dies als Teil der Erniedrigung gedacht.

Das allerdings sind Äußerlichkeiten. Ganz wesentlich geht die hohe Stellung der Justiz aus der Vehemenz hervor, mit der Beamte ihr zudienen. Ich erinnere mich an einen alten Bekannten, der nun als Staatsjurist arbeitet. Daran, wie er als junger Erwachsener nicht selten vom

Dreinschlagen sprach. An seine Faszination beim Gedanken, wie der Staat dreinschlage, einfahre, irgendetwas zerstöre und zu einem Ende bringe. In Erinnerung blieben mir weniger die konkreten Anlässe seiner Fantasien, in Erinnerung blieb mir vorab die Begeisterung, welche seine Mimik beim Aussprechen des Wortes *dreinschlagen* zeichnete. Ist vielleicht dieses *Dreinschlagen* die Antwort auf die Frage: Wie kommt ein Mensch dazu, sich mit einer Ordnung so weit zu identifizieren, dass er sein tägliches Tun gänzlich im Namen dieser Ordnung bestreitet? Steckt in diesem Dreinschlagen die Vehemenz? Sind es solche Fantasien, die jemanden prädestinieren, *zugunsten einer Ordnung* zu jagen? Täglich zu spähen und zu horchen? Aufzuhorchen, ob da ein Knistern im Unterholz sei, ein verdächtiges Geräusch? Die Staatsanwältin indes, vom *Magazin*-Journalisten gefragt, weshalb Kinder vor solcher Literatur geschützt werden müssen, antwortet reflexartig mit dem Gesetz und nicht mit Schlagfantasien. *Der Gesetzgeber sieht es vor.* Was verleiht der Justiz nun also die Kraft? Dreinschlagfantasien oder eine reflexartige Identifikation mit einem Gesetz, das aus dem Innern strahlt? Oder geht am Ende beides zusammen?

Die Überhöhung der Justiz ergibt sich jedoch nicht bloß aus der bedingungslosen Hingabe der Justizbeamten an die Ordnung, nicht nur aus der Titelzelebrierung bei gleichzeitiger Zurücksetzung der Angeklagten mit subtilen Mitteln. Auch die *Rezeption* der Inszenierung führt den Glanz herbei. Der Obrigkeitsglaube, der früher absolutistischen Herrschern galt, hat sich, so scheint es, gänzlich auf die Justiz verlagert. Legislativen wie Exekutiven dagegen sind als Autoritäten gefallen. Sie fungieren im besten Fall als Unterhaltungspersonal mit all dem Spott, der dabei anfällt. Je mehr indes Berlusconi, Sarkozy, Wulff und wie sie alle heißen im Soap-Sumpf verschwinden und verschwanden, desto unangreifbarer werden richterliche Entscheidungen und Würdenträger, vor allem in der medialen Darstellung. Kritik an der Justiz – davon ist kaum jemals zu lesen. Der Totalitarismus, Patrick, der heute herrscht und den du sehr präzise vorausgesagt hast, gründet in der Tatsache, dass Verbote nicht von einem Ceausescu oder Putin oder Lukaschenko diktiert sind, sondern der landläufigen Anschauung entstammen. Eine Justiz als Hüterin dieser landläufigen Meinung ist, was das totalitäre Potenzial betrifft, einem Putin im Grunde überlegen. Die Chancen für den Einzelnen, etwas bewirken zu können, sind bei einem im Volk verankerten Totalitarismus, zu dessen Realisator die Justiz geworden ist, noch geringer. Das wiederum erhöht die Stabilität der Justiz abermals. Selbst die Laientheaterkostüme, mit denen sich hohe Richtergremien behängen, tun dem keinen Abbruch. Im Gegenteil, diese Verkleidungen, den Kostümen des Zeitschriftenadels vergleichbar, bestärken die landläufige Meinung in ihren Projektionen. Kern dieser Projektionen ist der Wunsch nach dem gerechten und klaren Urteil. Nach dem Beständigen in einer unbeständigen Welt.

Für eine Jagd nun ist die Überhöhung der Justiz eine geradezu ideale Basis. Ein wesentliches Merkmal einer erfolgreichen Hatz nämlich ist das Ausmaß der Unkenntlichkeit, welche sie zu erlangen imstande ist. Eine Hatz, die nicht erkannt wird, eine Hatz, deren Handeln vollständig der Normalität zugeordnet beziehungsweise als Indiz für ein gutes und gut funktionierendes System begriffen wird, bringt es am weitesten. Eine Verschränkung von Hatz und Justiz hinwiederum – ich habe konkret für meinen Fall aufgezeigt, wie diese Verschränkung im Rahmen von justiziellen Grundlagentexten vollzogen wird – ist allerbester Garant dafür, dass dies genau so geschieht. Ein deutlich besserer Garant etwa als die bloße Kopplung einer Hatz an einen exekutiven Entscheidungsträger, dessen Autorität heutzutage keinen Bestand hat und mit dessen Verschwinden die Machtgrundlage entfällt.

Die Jagd, vermag sie sich als Teil der Justiz zu inszenieren und wird sie von dieser bedient, partizipiert dagegen am mythologischen Autoritätsbonus, welcher der Justiz heutzutage zukommt. Kann eine Hatz an ein Strafverfahren gekoppelt werden, greift niemand ein. Die Begründung eines Autors, weshalb er sich in dieser meiner Sache nicht geäußert habe, ist Beleg dafür. Er berief sich in einer Mail, die er mir zusandte, darauf, dass es sich von Anfang an um eine Justizsache gehandelt habe.

Schnitt durch Familie

Zurück an den Anfang. Nach Hofgeismar bei Kassel. An den Ort jenes Jungen mit dem magischen Gespür. Genauer: zur Familie meiner Frau und wie sie von der Jagd betroffen war. Für diese Familie war Hofgeismar und der nahe Reinhardswald einer unter mehreren Kriegsschauplätzen. Einer der anderen lag in Norwegen. Die Familie ihres Vaters nämlich ist zur Hälfte deutsch, zur Hälfte skandinavisch. Ihre norwegischen Wurzeln lassen sich bis ins 17. Jahrhundert verfolgen. Einer der frühen Verwandten war Pastor in Voss, einer Ortschaft mit ungefähr 7000 Einwohnern auf der Bahnstrecke zwischen Oslo und Bergen. Über magische Erkennungsfähigkeiten liegen aus Norwegen keine Erzählungen vor, und Eichen wie im Reinhardwald gibt es dort nur spärlich. Doch ein anderer Umstand ist erwähnenswert: Im hohen Norden schnitt die Grenze zwischen Jagenden und Gejagten die Familie auseinander. Geschwister standen sich als Todfeinde gegenüber. Hier die Kollaborateure, dort die Widerstandskämpfer. Im Grunde war es eine stille Grenze. Ein Schweigen. Direkt aufeinander geschossen haben die Geschwister nicht. Man muss vergleichen, sagt Ingmar.

Nach der Einlieferung in die Klinik erkundigte sich weder meine Schwester noch mein Bruder nach meinem Befinden. Es herrschte Stille, über Jahre hinweg. Dass diese Stille ein Schweigen ist, eine Grenzziehung, darüber vermochte ich mich bald schon nicht mehr hinwegzutäuschen. Meine Schwester arbeitet im Kinderschutz eines Krankenhauses. Die Kinderschutzgruppe dieses Spitals kooperiert mit der Staatsanwaltschaft. Mit Leuten also, die für meine berufliche Tilgung vom Staat Geld bekamen. Gehälter. Die Schwester meldete sich erst wieder, nachdem der *Magazin*-Artikel dies als gesellschaftlich opportun erscheinen ließ. Doch wussten meine Hände da nicht mehr, was sie mit dieser Meldung anfangen sollten. Der Bruder ist Primarschulleiter. Vielleicht erklärt das alles. Vielleicht denkt ein Schulleitungsgehirn an die Zentrale und daran, wer da einsitzt. Ist eine Hatz im Gange, gibt es Fronten. Und handelt es sich um eine Hatz, so machen diese Fronten auch vor Familien nicht halt. Das war damals so in Norwegen und ist heute nicht anders. Dass die Mutter über die Fronten hinweg Mutter blieb, hat vielleicht mit einer Weiblichkeit zu tun, die aus der Gender-Diskussion fällt.

Die Freunde und die Einsamkeit

»Ich hab's gelesen, Lehrer (48) freigesprochen, mit absurdem Foto, das noch weit übertroffen wurde von der Absurdität der Vorwürfe. Du bist freigesprochen, wenigstens das, aber wie frei ist man, wenn man freigesprochen ist. Das Gesagte, gesprochen Angehängte hängt noch dran, das Leben ist unwiderruflich verändert, und alles in den Formen unseres Rechtsstaats. Die niederträchtigen Kläger bleiben geschützt, werden nie, niemals zur Rechenschaft gezogen. Wahrscheinlich musst du deinem Rektor noch tief dankbar sein dafür, dass er hinzukam, um dich zu unterstützen gegen ein System, an dem sie alle sich aufgeilen, die wichtigen Leute, die Verantwortungsträger, die Oberen in der lächerlichen Hierarchie. Persönlich bedauern sie es, aber Korrektheit muss sein. Dass der Rektor, die Lehrerschaft, die Berufsverbände und alle Lehrergewerkschaften, die Germanistik, so saturiert sie ist, auf die Barrikaden steigen müssten im eigenen Interesse, das entgeht ihnen in ihrem infamen ›Bedauern‹. Feiglinge, und Feiglinge sogar in eigener Sache. Ich mache mir da nichts mehr vor; man muss sogar zulassen, dass die eigenen Freunde Feiglinge sind, sonst hätte man gar keine mehr.«

So wie der Patrickfreund und Philosoph schrieb keiner. Eher erreichten mich folgende Zeilen: »Wir werden einander nicht verlieren.« Darauf hat man sich verloren. So wie der Patrickfreund und Philosoph verstand keiner. Wie hätte man verstehen sollen, ohne sich selbst infrage zu stellen. Und all die Sätze, die man mitgesprochen hat. Doch es gab auch die, die verstanden haben, wie Patrick verstanden hätte. Nämlich die, die den Totalitarismusgedanken bereits gedacht haben, gedacht, bevor ich überfallen worden bin. Zum Beispiel der Historiker aus Australien, der über Ketzer ein Buch geschrieben hat. Und fand ein Zeichen des Begreifens zu mir, so fühlte sich das an wie eine Botschaft aus einer verlorenen Heimat, aus dem Innern *meines* Gesetzes. Religiös ist das durchaus, zumindest in dem Sinne, wie ich das Wort verstehe. Soll die Welt ein Ort bleiben, darf man nicht alles den Juristen überlassen. Ich hab das schon gesagt.

Der Philosoph und Patrickfreund schreibt Briefe, verfasst in deiner Sprache, Patrick. Es sind radikale Bekundungen, scharf, brutal. Selbstvernichtend. Zum Lachen, zum Schreien. Er spricht vom Schmusen mit den Jägern. Und er nimmt sich nicht aus. Lese ich seine Briefe, habe ich zuweilen den Eindruck, du lebest noch. Gelacht wird auch mit den Berlinern. Manchmal zumindest. Auch sie einst deine Freunde. Das Groteske verspotten wir, die Zerstörung verfluchen wir, und am Ende der Gespräche sitzen wir erschöpft und ratlos, suchen Ziele. Und da ist auch ein Pfarrer mit den Vorzügen des Unzeitgemäßen. Er fragt, wie es mir geht, und erst weit danach – wenn überhaupt –, was denn die Justiz gerade so treibe in meinem Fall. Die Justiz, die diesseitige Ordnung: es ist nicht das, was ihn interessiert. Es gibt die Freunde, die mich nicht fallen lassen. Und die dies auch dann nicht täten, hätte ich ein paar Justizbeamte über den Haufen geschossen. Das ist viel wert. Auch im Rahmen einer Hatz. *Gerade* im Rahmen einer Hatz.

Viele haben die Zeichen eingestellt, als die Fotos zum Thema wurden. Sie lesen den *Tages-Anzeiger*, sie lesen *20 Minuten*, die NZZ (nicht die am Sonntag), sie lesen die freie Presse. Einige haben auf die Geburt der Tochter eine letzte Schenkung getätigt, waren froh, konnten sie das Zeichen der Freundschaft in diese Richtung wenden. Bademäntel und Bodys, Spielfiguren. Dann schwiegen sie sich weg.

Andere hatten von der Hatz nichts bemerkt. Ich saß ihnen gegenüber, sprach von Novalis, versuchte ihnen *meine* Wirklichkeit zu vermitteln, und es blieb dabei: Ihnen war nichts aufgefallen. Das trennte ab, mehr noch als bloßes Verstummen. Nicht sie gingen, ich zog mich zurück. Ich hatte keine Kraft, *ihre* Wirklichkeit auszuhalten. Oder Freunde, welche Protagonisten der Jagd zu ihren Arbeitskollegen, guten

Bekannten oder gar Freunden zählten. Mit dem obersten Staatsanwalt auf Du und mir Freund: Es mag kleinlich klingen, aber auch das war nicht möglich. Auch da zog ich mich zurück. Dass meine Freunde selber zu *Mördern und Irren* geworden wären, das will ich nicht denken. Doch Freundsein mit Menschen, die mit *meinen Mördern und Irren* Umgang pflegen, mit ihnen arbeiten, einen Kaffee trinken, sich weiterhin austauschen, sie an einem Flughafen abholen, mit ihnen übers Theater reden: Nicht, ich *will* nicht. Ich *kann* nicht.

»Sag mir, wenn ich etwas für dich tun kann.« Das war der Satz, der mich oft erreichte. Gut gemeint. Zeichen der Freundschaft. Eine Entschuldigung auch. Und Indiz für ein Missverständnis. Sollte ich, der Zerzauste, der Ge- und Verjagte, der Ausgetretene Aktionen diktieren? Aktionen, die *innerhalb* greifen sollten? Den Unterricht, jede Lektion, sichtbar unter einen Protest stellen? Theateraufführungen ebenso, das Wort »Hatz« deutlich markiert? Das waren Ideen, die ich hatte. Ideen im Kleinen. Läppisch vielleicht, besser als nichts. Sollte ich sie meinen Freunden ins Ohr sprechen? Weil ihnen nichts einfiel. Auch nach dem Urteil des Bezirksgerichts nichts einfiel, das griff? Oder gar große Ideen ins Ohr sprechen? Demos gegen Totalitarismus? Wird das nicht schon beim Nennen lächerlich? Immerhin, es wäre ein Bewusstsein zum Ausdruck gekommen. Das Bewusstsein: *Es* war nicht einmal. *Es* findet statt. Jetzt und heute. *Es* ist im Gange, wie damals und einst und immer wieder. Technologisch verstärkt. Nicht bei Putin, im Iran, nicht in Nordkorea. Nicht bloß da, wo die *Regimes* sind. Indes, nahtloses Denken und ein romantisches Bewusstsein: das kann man nicht diktieren. Das ist kein Programm. Und darum ginge es. Selbst beim Nachdenken über die, welche man dem Totalitarismus zuordnet übrigens. Mehr noch: sich selbst von diesen nicht abgesetzt denken. Das ist schwieriger als Transparente spannen. Mir seien die vielen Zeichen nicht genug, schreibt ein Freund, auf einen Alltag verweisend, auf seine Korrekturlast, darauf, dass das Leben weitergehe. Nicht *mir,* müsste ich ihm zurückschreiben, seien sie nicht genug. Sie seien nicht genug. Das ist das Missverständnis. Für *mich* tun? Was haben sie gemeint, die Freunde?

Haben sie sich etwas vorgestellt? Geld? Kleider? Materielle Unterstützung? Ja, vielleicht hätte ich das nennen sollen (was wäre wohl gekommen?). Wenn man nicht mehr weiß, wie zu protestieren wär, dann hat der Totalitarismus gesiegt. Auf gute Weise. Ohne Blutvergießen.

Doch es muss endlich gesagt sein: Mir, einem Herausgefallenen, Freund zu bleiben, das ist nicht einfach. Es ist sogar außerordentlich schwer. Aus sämtlichen Zeichen erhoffe ich eine Retourmachung des Ganzen, infantil und märchenhaft, und gleichzeitig schließe ich genau das aus. Mit Vehemenz. Ich sehne mich nach der Instandsetzung der alten Welt und habe diese alte Welt gestrichen, radikal und für alle Zeiten. Ich erhoffe Begreifen und ermüde, wenn statt Begreifen Anteilnahme erfolgt. Ja, ich ermüde selbst schon über ein *Teil*begreifen. Ich schreibe, auch damals hätten Freunde die Hatz nicht erkannt. Es war ihr Alltag eben. Und noch im Vergleich drin erwarte ich, dass meine Freunde erkennen. Das ist absurd. Es ist schwierig mit mir. Es ist schwierig mit jemandem, der etwas Absolutes einfordert, dem er selbst nicht genügt. Und doch malte ich mir immer wieder Sitzungen aus, Konvente, an denen über meinen Fall gesprochen wurde. Oder hätte gesprochen werden können. Und ich malte mir aus, wie der oder die aufgestanden wäre und das Wort, um das es geht, in den Mund genommen hätte. *Menschenhatz.* Und er oder sie hätte auf mein ehemaliges Kollegium gezeigt und gesagt: Wenn ihr jetzt nicht aufsteht, seid ihr dabei. Diesen einen, so weiß ich, hat es nicht gegeben. Es ist niemand in diesem Sinne aufgestanden, es hat niemand die Worte gesprochen, die man hätte sprechen müssen. Und diese Worte zu erwarten, war und ist dumm. Denn gerade meine Vergleiche, die ich in diesem Buch anführe, sagen: Es ist logisch. Es kann niemand aufstehen. Vielleicht war ich immer schon einsam. Wie der Blonde Eckbert in Tiecks Horrormärchen, der das am Ende seines Lebens im Übergang zum Wahnsinn erkennt. Und doch: Jener Freund, mit dem ich gebrochen habe ob der Person des obersten Staatsanwaltes, war einer, der mit der Inszenierung von *Frühlings Erwachen* im Frühjahr 2013 doch noch ein Zeichen provozierte, eines, das man als Aufstand lesen konnte. Als Aufstand gegen das Vergessen. Es gibt Freunde, die bleiben verbunden über den Bruch hinaus. Auch das: Facetten einer Jagd.

Die Revolution am Horizont

Der Mann ist Lehrer. Schrieb die Justizdirektion in ihrem Leserbrief. Falsch. Der Mann *war* Lehrer. Einer, der seine Schülerinnen und Schüler liebte. Die einen vielleicht etwas mehr, die anderen weniger. Vor allem jedoch: die einen so, die anderen anders. Sie fehlen mir. Ich sage das widerwillig. Ich wollte, sie fehlten mir nicht. Zuweilen habe ich mir einen Aufstand vorgestellt. Angezettelt von all diesen meinen ehemaligen Schülern, die mir jetzt widerwillig fehlen. Und das, was da entstanden wäre, wäre nicht auf Zürich beschränkt geblieben, nicht auf die Schweiz. Eine Gegenbewegung kam auf. Ganze Heerscharen sah ich aufziehen. An Horizonten, die es nicht gibt. Eine Verheißung entstand. Die Frucht meines ganzen Unterrichts: eine Revolution.

Die Frucht meines Unterrichts sah anders aus. Es blieb still. Nicht gänzlich. Es kamen Zeichen, ja. Weniger als erhofft. Ein Träumer, das bin ich. Ein Romantiker. Fremd in der Zeit. Mag sein, dass der eine oder die andere einen Gedanken fasste. Einen Gedanken, den er oder sie ohne mein Training niemals hätte denken können. Mag sein, dass einige meiner Schüler gegenüber Vorgaben kritischer wurden und die Interessen hinter hehren Moralbekundungen erkannten. Mag sein, dass einige davon einiges behielten und nicht bloß an ihre Karriere dachten. Und es gab ja auch Reaktionen, die mich berührten.

R. aus jener ehemaligen 3i schrieb ihre Maturarbeit im Jahre 2012 über Novalis' *Hymnen an die Nacht.* Sie beleuchtet dabei die Schwelle zum Jenseits, den oszillierenden Ort an der Grenze zur Auflösung, und fragt nach der Rolle der sinnlichen Erfahrung hierbei, die, zumindest indirekt, auf die Beziehung zu Sophie referiert. R., meine ehemalige Schülerin, ist eine Figur dazwischen. Eine Undine. Durchaus mit dem

Bewusstsein der Bachmann-Undine. Eine junge Frau mit einem Weiblichkeitskonzept fernab von Quoten und Gender-Studies. Und dies in einem Zeitalter, das bloß in Daten zu denken vermag. Für einen Bericht des *Tages-Anzeigers* lässt sie sich interviewen (vgl. Website des Verlages). Dieses Interview ist der einzig lesenswerte Beitrag einer Tageszeitung zum ganzen Fall. R.s Antworten lassen die Fragen vergessen. Weshalb erzähle ich von R.? Natürlich, als Beispiel dafür, dass mein Unterricht Romantiker erzeugt hat. Oder zumindest nicht vernichtet. Grenzfiguren existieren auch zu Zeiten der Jagd. Und der Daten und Statistiken. Weil R. Novalis begriffen hat, mehr als alle Deutschlehrer an Zürcher Kantonsschulen zusammen und mehr als die ganze Germanistik an der Universität Zürich. Sie hat überdies begriffen, dass man Novalis begreifen müsste. Um jeden Preis in dieser Zeit. Ja, ich erwähne sie, weil es in diesen Tagen noch Menschen gibt, welche über Novalis nachdenken, seine Hymnen analysieren, präzise, unkindisch, verständig. Weil es noch Menschen gibt, für die Novalis das ist, was er war, und nicht das, was er heute wär. Und weil R. meine Schülerin war und ich nach Reaktionen meiner Schüler frage und ich mich nach solchen sehne. Auch deshalb erzähle ich von ihr.

R. hat mich besucht. In Bremen. Als ich ihre Schritte in den Gassen der Hansestadt hallen hörte, wusste ich: Es gibt noch ein Bewusstsein, das mir vertraut ist. Nicht alles ist eingebrochen. Es folgt noch ein Zeitraum und vielleicht noch einer und ein halber. R.s Schritte in Bremen zu hören machte mich so glücklich, wie mich seit Urzeiten nichts mehr glücklich gemacht hatte. Es machte mich glücklich für unsere Tochter. Solche Schritte soll auch sie einmal setzen. Stolze Schritte. Stolz wie einst Wendla, als sie zum Fluss hinabschritt, bewundert von ihren drei Freundinnen. Oder stark wie Emilia Galotti, wenn sie zum Selbst ansetzte. Erhaben wie Gretchen, wenn sie, sozial und juristisch vernichtet, über Faust thront. Und schwebend wie Undine. Das auch. Als Projektion.

Ich dachte oft an P., an R., oft an L. Immer wieder an F. und A., jenes umwerfende Paar vereint unter einem roten Regenschirm. Ich dachte an N., die mir einige Male schrieb und gerne als Zeugin ausgesagt hätte, wieder an F., an M., an P. sehr oft, an S. auch, an Z., an B. und C., auch an D., an M., an K., an A., an L., an T. und E. und H. und immer weiter und ich stellte mir vor, wie die das nun einlesen: *Kinderpornografie.* Haben sie die Wertungen übernommen? Sind sie eingeknickt? Dann wurde klar: Ich muss die loslassen, muss alles lassen. Die Romantikstunden mit Novalis und den Bäumen von Caspar David Friedrich, im Hintergrund auf Beamer. Die Lektionen über Goethes Urpflanze im Botanischen Garten. Die Analyse der Gottesdiskussion mit Nina Hagen. Die unzähligen Kritzeleien zu Kafkas Texten mit Pferdeköpfen und liegenden Ärzten. Das Gehirn und seine Wirklichkeit, zu welcher ich von allen Themen aus stets Brücken schlug. Die Filmstunden im Freikurs, *Lost Highway* und *Mulholland Drive* bis in alle Nacht. Loslassen muss ich die Theaterwerkstatt im feuchten Proberaum, halbwegs versenkt unter Erde, und die letzte Produktion, die daraus hervorging: Pimp my Dreams, eine Hommage an den toten Patrick, mit den Hunden am Ende, bellend. Loslassen die Meditationen über Mittag im innersten Innern des Betonbunkers, fensterlos, finster, im kleinsten Kreis – manchmal war nur eine Schülerin anwesend –, und ebenso die Buddha-Botschaften in Französischlektionen hinein und da wieder heraus. Auch die Pläne für eine Waschmaschine gesprayt an eine Mauer des Schulhauses, die Fotos aus der Spezialwoche mit den ernsten Blicken, einmal aufgenommen in der Lagerhalle des Opernhauses, einmal im Morast zwischen Schweinen und Würmern, all das und mehr, much more than this – war das nicht auch so ein erzkonservativer Texaner, Patrick, der das sang? So grenzenlos pathetisch?

Als von A. und R. und L. keine Zeichen mehr kamen, war das schmerzhaft. Doch Abschiede, im Grunde, sind banal. Und ich habe sie vollzogen und erkannt: ich war ein Idiot. Zu erwarten, dass etwas gegen eine Jagd Bestand haben könnte! Ob es eine Zeichenflut gegeben hätte, wäre ich in einem anderen Bereich zum Täter gemacht worden, wegen eines Betrugs etwa, vermag ich nicht zu sagen. Schüler und Schülerinnen, so intensiv der Dialog gewesen sein mochte, streben weg. Bei den meisten verblasst die Schule bald. Ja, ich hätte womöglich auch in einem anderen Bereich abgeschossen werden können und es wäre etwa gleich still geblieben. Und doch dürfte bei manchen nicht nur der neue Alltag, sondern – zumindest unbewusst – eben doch exakt *diese* Jagd und die landläufige Stimmung, worauf sie fußt, eine Rolle gespielt haben, wenn sie, über ein Zeichen an mich sinnierend, ein solches doch bleiben ließen.

Und dann, wie gesagt, kamen doch einige Zeichen. Über R. hinaus. Nicht für eine Revolution reichten sie, nein, aber für eine Gewissheit, dass irgendwo auf der Welt noch Denkmuster sind fernab landläufiger Anschauungen. Dass es ihn noch mehrfach gibt: den freien, stolzen Schritt: »Bald 16 Jahre ist es her, seit du mich an der Kanti Wettingen unterrichtet hast. Ich war 17, neugierig, offen, lernbegierig und lesbisch. Es war für mich eine neue, wunderbare Welt, dich als meinen Deutschlehrer zu haben. Nur ein Jahr, leider, warst du mein Lehrer, nachher machtest du dich auf den Weg Richtung Indien. Du und dein Unterricht haben mich stark geprägt. Du hast scheinbar feste gesellschaftliche Konventionen einfach infrage gestellt. Mit einfachen Fragen. Du hast uns neue Unterrichtsmethoden gezeigt. Den Blick erweitert. Zum Staunen gebracht. Zum Erröten. Du hast uns gelehrt, über das schwarzweisse Denken hinauszudenken. Du warst streng. Und anders. Anders als alle anderen. Ich danke dir dafür. C.«

»... besonders seit dem Artikel im Tagi-Magi wollte ich eigentlich schreiben, um dir etwas mitzuteilen – auch wenn das jetzt etwas pathetisch klingen mag, nämlich, dass ich dich nicht vergessen habe. Ich denke oft an dich und das Unrecht, das dir widerfahren ist. Es ist sogar noch schlimmer, als wenn dich einfach ein Schicksalsschlag irgendwie von der Schule gerissen hätte: eine schwere Krankheit, ein Unfall, Ähnliches, dann könnte man nämlich sagen: das Leben ist ungerecht. So aber muss man sagen: die Leute sind dumm oder unfähig oder feige. Auch wenn dich viele unterstützt haben: letztendlich konnten alle nicht verhindern, was passiert ist – nämlich deinen unrühmlichen Abgang von einem Ort, an dem du viel Gutes bewirkt hast. Ich persönlich werde dich als einen Lichtblick meiner Gymnasiumszeit in Erinnerung behalten. Andere Lehrer waren vielleicht pflichtbewusster, seriöser, aber dennoch am Ende wahrscheinlich nicht so motiviert und engagiert wie du. Du stachst eben heraus – mit deinen ungewöhnlichen Unterrichtsmethoden, mit deiner kontroversen Bücherwahl. Bei dir habe ich mehr gelernt als nur Deutsch und Literatur: tiefer buddeln, Zusammenhänge erkennen, auch wenn sie nicht an der Oberfläche liegen, in verschiedene Richtungen denken – das sind Techniken, die man nicht nur bei der Lektüre verwenden kann. Für einen Mathematikstudenten wie mich eignen sie sich beispielsweise ganz hervorragend. Und ich behaupte, dass ich vieles davon in deinem Unterricht gelernt habe. Nebenbei habe ich von dir die Lust an tieferer Literatur oder auch Filmen mitgenommen – Dinge eben, die mehrere Schichten haben, bei denen sich Sachen unter der Oberfläche, den Zeichen auf den Seiten abspielen, auch Mathematik gehört dazu. Kafka und Murakami lese ich beispielsweise furchtbar gerne mittlerweile. K.«

Schüler wären an der Verhandlung vor Obergericht mit Transparenten präsent gewesen. M. und A. versuchten verschiedentlich, politisch etwas anzustoßen. Ein Resultat gab es nicht, indes einen Willen, ob frei oder nicht. Ich nahm alle diese Zeichen mit an den Deich, mit in die Weite und trug sie da aus. Selten Tränen, zum Beispiel als P. Monate nach dem Erscheinen des *Magazin*-Artikels schrieb: »Ich habe den Artikel gelesen, aber erst vor ein paar Wochen. Denn ich wusste, wer du warst und bist. Dazu brauchte ich keinen Zeitungsartikel. Ich las ihn und danach dachte ich: ja, schön, und was sagt mir das über D.? Nichts.«

Frühlings Erwachen

Im Frühjahr 2013 führte die Theatergruppe der Kantonsschule Rämibühl *Frühlings Erwachen* auf. Das, so denke ich, war als Erinnerung an meinen Fall gedacht, vielleicht sogar als eine Art Protest. Im Anschluss an eine der Aufführungen fand eine Podiumsdiskussion mit Oberstaatsanwalt AB statt. Dabei wurde auch über den Text gesprochen. Der war nun nicht mehr pornografisch, sondern im Urteil von AB beliebig. Auch von Staub, der sich auf ihn gesetzt habe, war die Rede. Genaue Lektüre widerlegt beides und das Textverständnis von Justizbehörden wurde in diesem Buch bereits dokumentiert. Gleichwohl ist die Mutation bemerkenswert: Ich bin also nicht eines pornografischen, sondern eines beliebigen Textes wegen überfallen worden. Anlässlich der gleichen Diskussion sprach AB von »verschiedenen Wahrheiten«, die Arbeit seiner Behörde rechtfertigend. Und den Überfall auf mich gestaltete er, um die Gunst des Publikums buhlend, zu einem kleinen Scherz: Er würde, hätten Polizei und Staatsanwaltschaft sein Haus durchsucht, im Nachhinein wohl auch nicht sagen, das seien noch nette Leute gewesen. Das Fraternisieren funktionierte. Es wurde gelacht. Das Wort Hatz fiel kein einziges Mal. Der Rektor konnte aus gesundheitlichen Gründen an der Diskussion nicht teilnehmen. Er fehlte sehr. Apropos »mehrere Wahrheiten«: Eine gute Lösung, die Hatz weiterhin unkenntlich zu halten. Besser noch als Übereifer.

Das Theaterstück erzeugte nochmals ein Presseecho. Auch Oberstaatsanwalt AB äußerte sich öffentlich. Er sagte in der NZZ: »*Eine Entschuldigung stand nie zur Diskussion; dafür gibt es unsererseits keinen Grund, denn immerhin wurde der Lehrer ja wegen Besitzes von kinderpornografischen Bildern schuldig gesprochen und bestraft, was er anerkannte. Hingegen trifft zu, dass ich dem betroffenen Lehrer letzten Sommer das Gespräch angeboten habe. Dieses Angebot lehnte er jedoch klar und ohne Begründung ab. Ich hätte den Fall gerne persönlich mit ihm besprochen.*«

Wenn Staatsanwälte sprechen, bleibt zu korrigieren. Ich tue es ein letztes Mal: Ich habe zwar gegen das Urteil nicht rekurriert, von Anerkennung aber keine Rede. Weiter: Es gibt bis auf den heutigen Tag kein Gesprächsangebot. AB hat dieses Angebot offenbar dem Theaterschaffenden des Rämibühl gegenüber geäußert, zusammen mit der Aussage, er sei über meinen Fall nicht informiert gewesen. Das ist indes kein Gesprächsangebot. Das ist eine Geste gegenüber diesem Theaterschaffenden. Ein Gesprächsangebot, das mir gälte, müsste an mich gerichtet sein. Ein solches ist nie eingegangen. Die gegenteilige Behauptung entspricht nicht den Tatsachen. Das gilt es unabhängig vom Fakt festzuhalten, dass ein Gesprächsangebot nach dem Rückzug der Revision 24 Stunden vor Verhandlungsbeginn und nach drei Jahren Zermürbung der reine Hohn gewesen wäre. AB weiter in der NZZ: »*Wie bereits ausgeführt, gibt es keinen Anlass für eine Entschuldigung. Eine öffentliche Entschuldigung könnte ich mir höchstens bei krassesten Fehlern in der Untersuchung vorstellen. [...] Es wurden zu wenige Beweise erhoben, und die Untersuchung dauerte zu lange. Das ganze Verfahren lief von Anfang an unglücklich – jedoch nicht nur seitens der Staatsanwaltschaft, sondern auch was die Schulleitung, die Bildungsdirektion oder aber die Verteidigung des beschuldigten Deutschlehrers betrifft. Sie alle tragen eine gewisse Mitverantwortung, haben sich zu wenig eingemischt, zu wenig reagiert oder Stellung bezogen. Der sehr erfahrene und versierte Verteidiger hätte jederzeit Beschwerden einreichen können, um nur ein Beispiel zu nennen. Oder die Schulleitung hätte die besorgte Mutter sofort und unbürokratisch empfangen müssen, dann wäre es vermutlich nicht zur Strafanzeige gekommen. [...] Nein, ein Justizskandal liegt nicht vor. Aber wo Menschen arbeiten, werden Fehler gemacht, das gilt auch für die Staatsanwaltschaft. Wir mussten untersuchen, das hat das Obergericht so entschieden, wir haben angeklagt, und es kam zu einem Teilfreispruch, den wir akzeptierten. Wir hatten zwar Berufung erklärt, diese aber einen Tag vor der Verhandlung zurückgezogen. Der Lehrer seinerseits akzeptierte den Schuldspruch wegen Kinderpornografie. Ich sehe deshalb nicht ein, warum von einem Justizskandal die Rede sein soll.*«

Er hat recht. Das ist kein Justizskandal. Das ist Arbeit. Mit Unterschriften, Abläufen und Kaffeepausen. Nicht alles von Archive ist pathetisch, nicht alles könnte von Novalis stammen:

Bet you sleep like a child with your thumb in your mouth
I could creep up beside put a gun in your mouth
Makes me sick when I hear all the shit that you say
So much crap coming out it must take you all day

Can't believe you were once just like anyone else
Then you grew and became like the devil himself
Pray to God I can think of a nice thing to say
But I don't think I can so fuck you anyway

Das Lied habe ich, wenn ich die Stille nicht mehr aushielt, auf ohrenbetäubende Lautstärke geschaltet. In unserer Wohnung, hoch überm Wattenmeer, der Blick in den Wolken. Der Kiefer erstarrt.

Evaluation

Die Sache ist gelaufen. Es gibt kein Zurück. Die Schule Geschichte für mich. Zeit für eine landläufige Bilanz.

Vorgabe 1: Ich wäre spitz auf Kinder gewesen, auf Mädchen, nehmen wir mal an, denn Jungs fanden sich ja keine auf den Fotografien. Ich hätte das hinter einer wissenschaftlichen Inszenierung verborgen gehalten, aber wehe, eines Tages. Ergo: Der Überfall notwendig. Solche muss man aus dem Verkehr ziehen, gar keine Frage. Safety first. Null Toleranz. Zum Wohle der Kinder.

Vorgabe 2: Ich wäre spitz auf Kinder gewesen, auf Mädchen namentlich, denn Jungs fanden sich keine auf den Fotos. Ich hätte das hinter einer wissenschaftlichen Inszenierung verborgen gehalten und dabei, mehr zufällig vielleicht als intendiert, sehr gut unterrichtet, sodass nicht nur Schüler und Schülerinnen, sondern auch deren Eltern (bis auf RG und YUG) davon angetan waren. Der Überfall gerechtfertigt? Kurzes Zögern. Dann denkt man an die Sicherheit, die gegeben sein muss vom Morgen bis zum Abend und auch in der Nacht, und es wird klar: Null Toleranz, saubere Verhältnisse, zum Wohle der Kinder.

Vorgabe 3: Ich wäre vielleicht einstmals spitz auf Kinder gewesen, hätte etwas gehabt, denkbar, immerhin, irgendwoher muss doch dieses Nahtlose herkommen, und ich hätte das irgendwie unter Kontrolle bekommen und sogar umgepolt in einen Unterricht, den bis auf die Eltern RG und YUG alle als gut, mitunter als hervorragend eingestuft hätten. Ergo: Der Überfall nicht gerechtfertigt, zumindest fraglich. Doch dann denkt man an die Sicherheit. Einmal so – immer so.

Vorgabe 4: Ich wäre nicht auf Sex mit Kindern fixiert gewesen, weder heute noch zu einem früheren Zeitpunkt. Stattdessen müsste man von einer Art Novalis sprechen, ein Grenzgänger, zwischen Tag und Nacht, zwischen Mann und Frau. Ein Grenzgänger, für den eine Sophie-Beziehung nicht grundsätzlich ausgeschlossen gewesen wäre, wie überhaupt nichts grundsätzlich ausgeschlossen gewesen wäre, das sich ergeben hätte. Das Vorgehen gerechtfertigt? Nein, würde man sagen. Und dann überlegt man es sich nochmals: Nicht fixiert auf Kinder? Überhaupt nicht fixiert… auch nicht auf die Syntax der Justiz?…, oszillierend, nahtlos? Der Mann ist Lehrer… – darf so einer Lehrer sein? Heutzutage?

Vorgabe 5: Ich wäre ein Künstler gewesen, irgendetwas in dieser Richtung (Theater, Fotos, Texte – vieles im Tabubereich, nicht verwunderlich), kein Sex mit einer Schülerin, doch dann und wann das Gefühl des Verliebtseins, wie es Künstler so haben, und eben eine seltsame Fantasie. Nicht ungefährlich, vor allem für einen Mann. Und ohnehin: Künstlern ist nicht zu trauen, das Beispiel Kinski zeigt es. Besser kein Knistern, kein Funken. Besser sauber und steril. Überfall gerechtfertigt.

Vorgabe 6: Ich wäre ein kompromissloser Textwissenschaftler und Zeichentheoretiker gewesen und nichts anderes. Moralische Voraussetzungen hätte es nicht gegeben in meinem Unterricht und in meinem Denken, nur kritisches Hinterfragen, Zerlegen und Analysieren. Landläufige Anschauungen und Urteile, weil nicht wissenschaftlich, hätten keinen Platz gehabt. Keine sexuellen Absichten, zugegeben, doch auch keine Werte, vor allem nicht die der Bildungsbehörden und der Political Correctness. Ergo: Passt nicht in die Zeit. Überfall gerechtfertigt.

Vorgabe 7: Ich wäre ein Theoretiker gewesen. Denkscharf zwar, aber nicht richtig erwachsen. Ein ewiger Jugendlicher, ein Berufsjugendlicher vielleicht mit all der Tragik, die dabei anfällt. Gefährlich nicht wirklich, und doch: Ist das der Lehrer, den man will? Zugegeben, man müsste ihn nicht liquidieren, aber wo's halt mal passiert ist … Man kann es auch positiv sehen.

In der Christus- und Garnisonkirche

Novalis? Pädophil. Werther? Ein Querulant – mit Breivik-Potenzial. Wir stehen in der Christus- und Garnisonkirche, das Wetter schlecht. Die Kleine zeigt aufs Kreuz, sagt: *Je Suus.* Jesus? Was werde ich eines Tages ihr sagen, wenn sie fragt, wer das gewesen sei? Ein Grenzgänger? Ein Querulant? Ein Jud?

Die Spaziergänge am Deich sind selten geworden. Der Winter ist zäh und lang. Die Kleine will nicht mehr in den Kinderwagen. Sie will selber gehen, will auf die Schaukel oder aber Treppen steigen. Am Deich weht der Wind am kräftigsten. Es ist da kahl und öd. Die Kirche dagegen ist geheizt. Die Kleine weiß, wo der Stapel mit den Kerzen sich befindet. Sie möchte die Kerze für Patrick selber entflammen. Und dann stehen wir vor dem großen Kerzenständer, die Kerze für Patrick brennt, zwei weitere ebenso, eine erlischt bald, dahinter, an der Wand, ein Kreuz. Ich zeige darauf, sie sagt: Je Suus.

Der Philosoph und Patrickfreund schreibt: »Es wird nie mehr so sein, als wäre das nicht passiert. Du wirst nie mehr unbeschädigt gesund werden. Das ist nie gutzumachen, und auch dein Schreiben wird keine Therapie sein.«

Ich schaue hoch zum Kreuz. Dahinter strebt das Kirchenfenster in die Höhe. Backsteingotik. There's a light that burns with the strength to hold us inside when hearts collide to the end. Archive. Die Kleine kennt das Lied seit Geburt. Mit Pathos aufgewachsen, wird man sagen. Nun hat sie die Kanzel entdeckt. Da hinauf ist das nächste Ziel. Ingmars Hund wurde in der Tat in kein Tierheim gegeben. Er wurde eingeschläfert. Als Ingmar das Schicksal seines Hundes mit demjenigen Laikas verglich, ging er von einer falschen Annahme aus. Und trotzdem hat der Vergleich es ihm ermöglicht, mit dem Leben klarzukommen. Auch meine Vergleiche, Patrick, sind ein Raster der Erkenntnis, mehr nicht. Auch sie können auf falschen Voraussetzungen beruhen, ohne dass ich darum wüsste.

Der Philosoph schreibt in einem Brief über eine ehemals gemeinsame Freundin und ihre Reaktion: »Natürlich sei dir Schlimmes und Schlimmstes passiert, und das verstehe sie auch, aber wenn du sagtest, jene anderen seien Nazis gewesen, dann gehe das zu weit, sei das übertrieben, nicht mehr ernst zu nehmen. Meine Lösung des Rätsels: Sie hält das für metaphorisch. Und wenn man das tut, dann wird man doch sogleich auch sagen und ihr zustimmen müssen: diese Metapher geht einfach zu weit, das ist nun allzu überdrehte Hassrede, das ist sogar unerlaubte Bildlichkeit. Was sie nicht begreift und andere sicher auch nicht begreifen, aber ich schon: es handelt sich hier eben nicht um metaphorischen Sprachgebrauch. Das ist der Schock, hinter den wir in unserem Leben nicht mehr zurückgehen können.«

Die Kleine schreitet nun alle Kirchenbänke ab. Ich sehe, wie sie zwischen zwei Bänken hervor in den breiten Korridor tritt, wendet und in einer nächsten Reihe verschwindet. Jede dieser Reihen ist mit dem Namen eines deutschen Kriegsschiffes angeschrieben. Deutschland, Bismarck, Königsberg, Prinz Adalbert. Mit Jahreszahlen. Die hintere Zahl das Datum der Versenkung, nehme ich an. Früher hätte ich mich über diese Art des Gedenkens entsetzt. Ein Psychiater, Patrick, hat deinen Tod moderiert, ich habe es angesprochen. Nicht jener, der dich zur Zeit der Krankheit im Universitätsspital aufgesucht hat mit einem selbstentwickelten psychologischen Brett, das er an dir austesten wollte. Du hast gelacht und ihn angewiesen, dieses Brett wieder einzustecken, so erzähltest du. Dann sei es zu einem gar nicht so schlechten Gespräch über den Tod gekommen. Nein, dieser Brett-Psychiater als dein Sterbemoderator, das wäre angegangen. Doch es war jener andere, jener Gefängnispsychiater, den du einst als Law-and-Order-Menschen bezeichnet hast. Diesen Psychiater hat man angefragt, das Gespräch zu leiten, das im Anschluss an eine Theateraufführung gegeben wurde. Deine Texte und dein Tod, Patrick, waren Grundlage dieses Theaterstücks – ich weiß nicht, ob du im Himmel davon erfahren hast. Doch einmal abgesehen davon: Du wärest der Erste gewesen, der aufgestanden und gegangen wäre. Diskussionen nach Theateraufführungen – das war deine Sache nicht. Im kleinen Kreis bei Wein, vielleicht eine Zigarette: Das war deine Nachbearbeitung.

Patrick? Bist du noch da? Bist du überhaupt da? Was ist das: tot sein? Langweilen mich deine Erinnerungen? Meine Fragen? Der ganze Überfall?

Als du wusstest, du würdest sterben, fuhren wir nach Paris. Woyzeck, inszeniert von Christoph Marthaler in der Bastille. Das sollte das letzte Theaterstück sein. Doch die Agentur, die uns die Tickets verkaufte, hatte uns eine falsche Uhrzeit bekannt gegeben. Wir liefen nachmittags, als drinnen Woyzeck gespielt wurde, an der Bastille vorbei. Abends war die Bastille leer. Wir saßen dann am Rande des menschenleeren Platzes mit Sicht auf die dunklen, massigen Umrisse des Opernhauses. Bei Regen unter energiefressenden Wärmelampen. Tranken Wein und verfolgten die Lichter der Autos. Zuallerletzt Sizilien. In den Katakomben von Palermo. Links und rechts Mumien in der Höhe der engen Gänge. Einige stark zerfallen, andere, als lebten sie noch. Ich beobachtete dich aus der Ferne, wie du deinen Blick hobst, die Hand reichtest. Du wusstest, du würdest übertreten. In wenigen Wochen. Sie waren deine Freunde nun. Ich wollte heulen, hielt mich zurück. Da, wo die verschiedenen Gänge wieder zusammenkamen, trafen wir uns. Du wirktest aufgeräumt, fast fröhlich. Klopftest mir auf die Schulter, muntertest mich auf. Als du starbst, wünschte ich mir die Zäsur. Mit dir lebten die Orte ab, Zürich wurde hohl. Nun, ich habe die Zäsur bekommen. Eigentlich sollte ich glücklich sein.

Nacktheit ist schön. Niemand weiß dies besser als die Kleine. Wir stellen uns oft vor, du wärest dabei, wenn sie abends vorm Schlafengehen befreit von Textilien durch die Wohnung saust und dabei pfeift und schreit. Und tauchte eines Tages ein Novalis auf und sähe sie durch einen Raum tanzen, niemals, Patrick, würde ich das, was da entstünde, ausliefern. An den Satzbau der Justiz. Das schwör ich bei Gott.

Ich zeige aufs Kreuz. Tau tau, Je Suus. Sagt die Kleine, die das Spiel mit den Bankreihen beendet hat. Patricks Kerze brennt. Draußen, auf dem Weg hin zur Straße, wendet sie sich noch einmal um, zeigt auf die Kirche. Tau tau Je Suus. Vielleicht meint sie dich.

Wattenmeerhimmel

Es ist Flut, das Wasser still, kein Wind. Ich allein am Deich. Die Kleine bei den Hausmeistern, Pascale an der Arbeit mit Gehörlosen. Die Sonne ist da, endlich, nach einem überlangen Winter. Das Licht auf dem Wasser gleißend, der Himmel geöffnet. Patrick? Ich rufe ihn an, stehe still und richte den Kopf nach oben. Dann senke ich den Blick, schaue übers Wasser, hin zu den Windrändern jenseits des Jadebusens.

Stille.

Dich anwesend zu machen, nein, es ist mir nicht gelungen. In all den Jahren nicht, hier am Deich. Doch manchmal war die *Idee,* du seist da, genügend stark. Für ein kurzes Glück, für eine Wallung im Unterleib, für eine Sekundenhitze. Letztlich war es das Land hier, was mich gerettet hat. Die Weite des Raums.

Stille.

Ich schaue nach oben, sehe die Glocken über der Nordsee, höre den Klang. So schließt ein langer Leidensweg und so endet der überwältigende Film Lars von Triers, *Breaking the Waves.* Wenn zwei Dinge getrennt blieben, absolut und ohne Berührung, so waren das der Himmel überm Wattenmeer und der Satzbau der Justiz.

Rauchverbot

Der Historiker im australischen Exil, der auch Philosoph ist, schreibt bald fünf Jahre nach Patricks Tod: »Eben habe ich mir eine Pfeife angesteckt. Noch darf man das in Australien, es ist aber absehbar, dass Rauchen hier bald verboten wird. Immerhin bin ich schon verpflichtet dafür zu sorgen, dass kein Kind näher als 15 Meter an meine Feuerstelle herankommen kann; die Hunde des Nachbarn im nächsten Garten darf ich noch vernachlässigen.«